Les années passent...
la St Valentin demeure...
même chez les "vieux époux"...

A ma femme

Bisous

André

14.02.2007

LES « LARMES »
DE MARIE-ANTOINETTE

JULIETTE BENZONI

LES « LARMES » DE MARIE-ANTOINETTE

Roman

ÉDITIONS FRANCE LOISIRS

Édition du Club France Loisirs,
avec l'autorisation des Éditions Plon

Éditions France Loisirs,
123, boulevard de Grenelle, Paris
www.franceloisirs.com

ISBN : 978-2-7441-9867-0

À Evelyne et Patrick Rebeyrol,
mes chers Versaillais...

PROLOGUE

La nuit de juillet était chaude mais pas trop obscure.

Tapi derrière un mur de refend dans le vieux château fort aux trois quarts démantelé de Stenay, le petit homme ne quittait pas des yeux la porte que l'officier avait franchie tout à l'heure, la cassette sous le bras. Quand il avait vu s'éclairer la fenêtre voisine, il s'était approché avec précaution pour voir à l'intérieur. Il y avait là une chambre sommairement meublée, éclairée par une bougie posée près du lit sur lequel l'officier, assis, commençait à se déshabiller en bâillant. Quant à la cassette, celui-ci n'avait pas songé un seul instant à la dissimuler : elle était bien en évidence sur une table auprès d'un encrier, d'une plume et de quelques paperasses. Tout juste comme si c'était une chose sans importance. L'indignation du petit homme monta encore d'un cran.

Tout à l'heure déjà, quand la lui voyant sous le bras, le marquis de Bouillé lui avait demandé ce qu'il portait et qu'il la lui eut offerte en murmurant que c'étaient les bijoux favoris de la Reine, Bouillé s'en était emparé en disant qu'il verrait plus tard ce qu'il convenait d'en faire et, au lieu de l'entourer de soins respectueux, s'était contenté de la donner à un jeune aide de camp pour qu'il veille dessus. Le petit homme aurait voulu protester contre un traitement si désinvolte et reprendre le précieux dépôt... seulement il n'avait pas osé. À présent il cherchait fébrilement le moyen de le récupérer. Lui au moins saurait qu'en faire !

Il venait de quitter une fois de plus l'abri de son mur pour se rapprocher de la chambre quand il vit soudain un militaire arriver à pas de loup en rasant le bâtiment. Celui-là était de haute taille, tête nue, mais il portait un masque. Dans son poing serré le reflet de la lumière fit luire la lame d'un couteau. Le cœur arrêté, l'observateur se tassa contre la muraille...

Brusquement le soldat se rua à l'intérieur, faisant claquer la porte que, par habitude de la consigne, l'officier n'avait pas fermée à clef. Aussitôt le bruit d'une lutte rejoignit le petit homme qu'un coup d'œil à la fenêtre renseigna. Emmêlés sur le lit de camp écroulé assaillant et assailli s'empoignaient avec ardeur sans porter la moindre attention à ce qui se passait derrière eux. Le petit homme y vit sa chance : la cassette était à sa portée à trois pas de lui ! Cette vue l'emplit d'un courage inattendu : s'élancer à l'intérieur, saisir l'objet et s'enfuir ne lui prit qu'un instant... et personne n'avait paru le remarquer.

Il traversa la cour à toute vitesse, franchit un mur à demi écroulé et courut vers son cabriolet qu'il avait dissimulé, cheval attaché, sous un bouquet d'arbres, prêt à partir. Deux minutes plus tard, ayant rejeté son manteau noir et même son tricorne, il lançait la légère voiture sur la route de la frontière tournant le dos à Stenay mais aussi à Varennes où, la nuit précédente, le roi Louis XVI et sa famille, en fuite vers Montmédy cependant si proche, avaient été reconnus, arrêtés et retenus dans la maison Sauce...

Mais à tout cela le petit homme ne voulait plus penser. Il était jusque-là le serviteur quotidien et un peu le confident de Marie-Antoinette. Tellement indispensable qu'elle avait voulu qu'il allât l'attendre à Montmédy.

Pour satisfaire cette exigence, il avait été « enlevé » – c'était le juste terme ! – par M. de Choiseul sans avoir pu rentrer chez lui prendre le nécessaire ni trouver le temps de prévenir Mme de Laage – une fidèle pourtant ! – qui l'attendait peut-être encore.

L'émotion passée et, à y réfléchir, les choses ne s'arrangeaient pas si mal, après tout ! Paris devenait angoissant avec ses imprévisibles bouffées de fureur. Au moins, lui était libre à présent, libre et riche d'un vrai trésor ! L'aube d'une vie nouvelle était devant lui et, sans un regret, sans une pensée pour celle qui l'avait fait célèbre et qu'il abandonnait à l'enfer, le petit homme respira largement l'air tiède de la nuit et poursuivit son chemin.

C'était le 22 juin 1791.

Le petit homme s'appelait Léonard Autié.

Depuis vingt-quatre heures il n'était plus le coiffeur de la Reine.

PREMIÈRE PARTIE

LES CADAVRES DE VERSAILLES

I

« MAGIE D'UNE REINE »

Cela promettait d'être une réussite !

À voir l'importance de la foule qui assiégeait le bel escalier intérieur du Petit Trianon en agitant ses cartes d'invitation, on pouvait légitimement se demander si lesdits cartons n'avaient pas fait des petits par la grâce de cette alchimie sournoise qu'avaient appris à redouter tous les organisateurs de grandes manifestations artistico-mondaines.

— Combien, au juste, avons-nous envoyé d'invitations ? demanda plaintivement Mme de La Begassière qui assurait la présidence de l'exposition « Magie d'une reine » avec, sous ses ordres quelques demoiselles bien nées dont l'âge garantissait le sérieux et préservait de toute tentation frivole. Parmi elles brillait Marie-Angéline du Plan-Crépin, obligeamment prêtée pour la circonstance par la marquise de Sommières auprès de qui elle assumait d'habitude les fonctions de lectrice, demoiselle de compagnie aux talents multiples, âme damnée, cousine et inépuisable source de renseignements glanés, en général, à la messe de six heures à l'église Saint-Augustin. Ce fut elle qui répondit :

— Trois cent vingt-huit exactement, plus les ambassadeurs susceptibles d'être intéressés : environ une douzaine...

— ... parmi lesquels vous n'avez pas inclus, j'imagine, la Mongolie-Extérieure ? émit venue de nulle part une voix moqueuse aussitôt identifiée par les deux femmes avec des réactions différentes : Mme de La Begassière devint rose vif et Marie-Angéline eut un hoquet en fronçant son nez pointu. Ce qui n'avait rien d'étonnant.

Où qu'il aille, Aldo Morosini attirait le regard féminin et la curiosité – pas toujours malveillante d'ailleurs ! – des hommes. Prince vénitien ruiné par la Grande Guerre, il s'était reconverti en antiquaire et avait fait du rez-de-chaussée de son palais sur le Grand Canal un magasin devenu le pôle d'attraction de tous les amateurs éclairés ou non ainsi que des snobs des deux continents. Cela tenait surtout à la spécialité où il excellait : les joyaux anciens, célèbres de préférence, et surtout les pierres rares. Il était devenu, en même temps que collectionneur, un expert reconnu des deux côtés de l'Atlantique. S'y ajoutait son charme personnel : à près de cinquante ans, la légère argenture des tempes adoucissant ses épais cheveux bruns et son masque bronzé à l'ossature arrogante, au sourire désinvolte souvent teinté d'ironie, en accord avec des yeux clairs volontiers moqueurs, il promenait à travers le monde une longue silhouette racée, habillée à Londres, dont la pratique des sports entretenait la minceur. Enfin – et au grand chagrin de ses nombreuses admiratrices –, c'était un homme marié et déplorablement fidèle à sa belle épouse Lisa. Ce qui ne voulait pas dire qu'elles s'en trouvaient découragées.

Ce n'était pas le cas de Marie-Angéline du Plan-Crépin. Pour avoir couru avec lui plusieurs aventures passionnantes, elle lui vouait une admiration sans bornes et une affection toute fraternelle dont Lisa avait sa part.

— Comment vous trouvez-vous ici, Aldo? s'écria-t-elle revenue de sa surprise. Je vous croyais dans le salon de compagnie?

— J'y étais mais j'en suis revenu par l'appartement de la Reine et l'escalier de service. Quant à l'ambassadeur en question, je vous jure qu'il est bien présent. Non seulement il ressemble à Gengis Khan mais il sent bon le cheval et l'encens, ce qui lui assure une certaine liberté de mouvement. Je suis allé le saluer avec courage en le remerciant de son intérêt pour la reine Marie-Antoinette. Alors m'effleurant de son œil oblique, il a lâché par le truchement de son secrétaire:

— Connais pas!

— Dans ce cas, pourquoi une si honorable visite?

— Joyaux! Magnifiques joyaux! a-t-il fait entendre tandis que son œil encore plus oblique louchait sur les vitrines où sont les bijoux. Une reine a toujours beaucoup!...

Un bref mais profond silence suivit tandis que les deux femmes échangeaient un regard horrifié que Morosini traduisit sans peine:

— Rassurez-vous, elles sont solides puisque les verres sont doublés d'un treillage d'acier. Ce qui me tourmente le plus, c'est l'affluence : ces malheureuses qui « contrôlent » les invitations à l'entrée sont débordées. Un gros malin a dû réussir à copier les cartons...

— Avec le monogramme de Marie-Antoinette gravé en bleu et les lys de France en or ? se récria Mme de La Begassière. Ils ont dû lui coûter cher...

— Soyez certaine qu'il les a vendus plus cher encore ! On devait se les arracher. Songez que c'est la première fois que l'on ramène les souvenirs de la Reine dans son Trianon depuis qu'en 1867 l'impératrice Eugénie avait ordonné une manifestation semblable à l'occasion de l'Exposition universelle de Paris. Et c'était loin d'être aussi important !

Sans aucun doute ! L'impératrice avait en effet réussi à remettre en place quelques meubles dont un merveilleux petit bureau signé Riesener et rassemblé autour d'eux des souvenirs de la Reine. Cette fois, le prestigieux comité versaillais et international patronnait « Magie d'une reine » sous la présidence d'honneur de John D. Rockefeller – il avait, sept ans plus tôt sauvé les toits et diverses parties de Versailles – et une princesse de Bourbon-Parme avait réussi l'exploit de convaincre plusieurs collectionneurs de sortir de leurs coffres certaines parures personnelles de Marie-Antoinette. Aldo Morosini était de ceux-là et aussi son beau-père, le richissime banquier zurichois Moritz Kledermann. L'un comme l'autre avaient souhaité faire plaisir à la comtesse von Adlerstein, grand-mère de Lisa, qui appartenait au comité d'honneur et aussi, pour Morosini, à son ami Gilles Vauxbrun, l'antiquaire de la place Vendôme spécialiste du XVIIIe siècle et discret collectionneur de tout ce qui touchait au château de Versailles.

Vauxbrun s'était autant dire arraché le cœur en prêtant une table de trictrac à marqueterie précieuse, l'une des gloires de son hôtel particulier, mais il s'était révélé incapable de résister au sourire charmeur de la très belle Léonora, une pulpeuse Italienne mariée à lord Crawford, un Écossais déjà âgé, riche comme un puits et tout aussi secret, dont on savait seulement qu'il vouait au souvenir de la reine martyre un culte ancestral et qu'il possédait de nombreux objets lui ayant appartenu. Habitant Versailles une partie de l'année il était l'instigateur de « Magie d'une reine », et un membre des plus actifs du Comité où sa femme avait entraîné l'antiquaire.

Cette nouvelle passion de son ami amusait Aldo : chez Gilles, célibataire endurci au demeurant, les coups de foudre étaient toujours intenses, flambaient haut mais ne duraient guère : Léonora était la troisième en à peine deux ans, succédant à une merveilleuse Américaine, Pauline Belmont pour laquelle Aldo lui-même s'était senti un « faible », et à une danseuse tzigane du Schéhérazade. Ces toquades rapides s'expliquant peut-être par le fait qu'aucune de ces deux premières passions ne lui avait cédé bien qu'il fût entièrement disposé à les épouser alors que la belle Léonora s'était montrée beaucoup plus accessible. À certaines mines « confites » de son ami, à ses demi-confidences, Aldo était même persuadé qu'elle avait sauté le pas.

Toujours est-il que pour plaire à sa belle, Vauxbrun avait « tanné » son ami jusqu'à ce qu'il accepte de laisser exposer la paire de girandoles en diamants à peine rosés, l'une des pièces les plus émouvantes de sa collection, mais comme cela coïncidait avec la demande de la vieille comtesse relayée par Lisa, Aldo ne résista que pour juger de l'intensité des sentiments de Vauxbrun. À présent, les ravissants joyaux trônaient dans l'une des vitrines en compagnie de la paire de bracelets prêtés par Moritz Kledermann, d'un collier de perles et d'une seule boucle d'oreille : une sublime « larme » soutenue par un brillant d'un blanc-bleu exceptionnel. Les trésors portaient comme les autres bijoux un simple numéro renvoyant au luxueux catalogue. Encore que sur celui-ci les propriétaires ne fussent-ils désignés que par leurs initiales : lady H.H. pour les perles, le prince A.M. pour lui-même, M. M.K. pour les bracelets, Mlle C.A. pour la « larme »... Et ainsi de suite... D'autres objets moins importants, comme des bagues, des agrafes, des ornements de cheveux étaient exposés autour des pièces maîtresses. Deux autres armoires vitrées complétaient l'ensemble. L'une pour les petits objets précieux : drageoirs, tabatières, peignes, flacons, éventails, presque tous enrichis de pierres et portant le chiffre de la Reine. L'autre consacrée, curieusement, à ce collier fabuleux qu'elle n'avait jamais possédé et dont cependant le nom restait attaché au sien... On y voyait une parfaite reproduction du joyau destiné à l'origine à la Du Barry par Louis XV. Mais l'intérêt de la copie était renforcé par deux bijoux admirables : un diadème de lady Craven et un collier de la duchesse de Sutherland où figuraient les diamants qu'avaient arrachés les mains avides de la comtesse de La Motte. Le tout arrivé en France sous la surveillance attentive de Scotland Yard, relayée par la Sûreté.

À dire vrai, plusieurs personnes du Comité dont la présidente, les Malden, Morosini lui-même et Gilles Vauxbrun, étaient opposées à cet étalage, arguant que la sordide affaire qui avait éclaboussé le trône et surtout Marie-Antoinette ne pouvait guère participer à la « Magie » de la Reine mais lord Crawford s'était lancé dans un plaidoyer vibrant et passionné : toute magie possède ses ombres qui en intensifient les lumières. La Reine innocente et outragée sortait grandie de cette histoire qu'il était d'ailleurs impossible de contourner parce qu'elle était dans toutes les mémoires. L'Écossais avait su convaincre. Il l'avait emporté eu égard à sa propre participation, qui était importante. Aldo s'était gardé d'insister mais l'impression désagréable persistait. Même s'il éprouvait du plaisir à admirer les parures anglaises : chaque fois que son regard se posait sur l'énorme collier, il en éprouvait une impression désagréable.

— J'ai beau savoir que c'est une copie, confia-t-il à Vauxbrun, je ne peux m'empêcher de penser que ce machin porte malheur !

— Tu sais que tu deviens fatigant avec ta manie de voir des maléfices sur tous les joyaux un peu historiques ? Lady Craven et la duchesse qui arborent les vrais diamants du « monstre » – car objectivement cela ressemble plus à un harnachement de cheval qu'à un honnête collier – ne s'en portent pas plus mal. Quant à Léonora, elle le trouve sublime et voudrait le même en « vrai » puisque la copie appartient à son époux !

— Les femmes sont folles ! soupira Aldo avec un haussement d'épaules. Outre qu'elle serait ridicule avec cette montagne de diamants sur les épaules, je ne suis pas certain que la fortune de Crawford pourrait assumer une telle dépense sans y laisser des plumes.

— Une jolie femme a le droit de rêver l'impossible, fit remarquer l'antiquaire d'un ton sucré qui lui allait aussi mal que possible. De belle taille, le cheveu en voie de disparition, le nez important et le port majestueux, Gilles Vauxbrun ressemblait suivant l'éclairage à Napoléon ou à Louis XI s'ils s'étaient habillés à Londres. C'était un homme d'une extrême élégance à tous points de vue, un ami fidèle doué d'un grand sens de l'humour sauf si l'on faisait mine d'égratigner si peu que ce soit la favorite du moment. Alors il devenait féroce.

Pour l'heure présente il irradiait la joie de vivre quand il déboula dans le vestibule pour venir chercher Morosini :

— Les officiels arrivent ! Tu dois remonter ! Et peut-être faudrait-il arrêter ce flot jusqu'à ce qu'ils aient fait le tour des salons, ajouta-t-il en désignant la lente, l'inexorable procession des invités vrais ou faux qui s'étirait depuis la cour d'honneur comme une théorie de fourmis.

— Tu as raison. Va dire à ces types du service d'ordre qu'ils arrêtent ce flot. Tu fais partie du Comité, pas moi !

— Ça ne va pas être facile ! Mais d'où peuvent sortir tous ces gens ?

Un concert de protestations s'éleva naturellement. Vauxbrun prit alors la parole pour faire entendre raison : tout le monde pourrait entrer mais plus tard. Il y en avait déjà trop et il fallait au moins permettre à la cérémonie d'inauguration de se dérouler dans l'harmonie. Il finit par convaincre et rejoignit les salons avec Aldo.

Grâce au génie de Gabriel, son architecte, le Petit Trianon, bâti au bout d'une terrasse, était construit de telle façon qu'en entrant par la cour d'honneur, côté sud, il fallait gravir un étage pour atteindre les pièces nobles alors que, vers l'ouest, celles-ci se trouvaient au rez-de-chaussée. Un rez-de-chaussée un peu surélevé auquel on accédait par des degrés divergents avec balustres. Cette façade, avec ses quatre colonnes corinthiennes d'avant-corps sertissant trois des cinq hautes fenêtres, était la plus majestueuse de ce joyau de pierre blonde, peut-être le plus pur chef-d'œuvre de l'architecture de la seconde moitié du XVIIIe siècle. Elle ouvrait sur le Jardin français qui s'étendait jusqu'à une pièce d'eau ronde au-delà de laquelle apparaissait un charmant pavillon. Les quatre faces de Trianon étaient d'ailleurs différentes. Elles ouvraient toutes par cinq croisées d'une grande noblesse donnant, à l'exception de la cour d'honneur, sur des jardins dissemblables : fleuriste au nord et botanique au sud. Ainsi l'avait voulu Louis XV, amateur éclairé de plantes rares. Un attique où étaient les appartements intimes couronné lui-même d'une balustrade surmontait l'étage de réception. Et ce petit château en forme de cube qui aurait pu être pesant réussissait l'exploit d'être une merveille de grâce et d'élégance. En le recevant en cadeau de son époux, la jeune Marie-Antoinette en avait été si charmée qu'elle ne l'avait plus guère quitté, y passant ses journées d'abord puis ses nuits de plus en plus souvent, n'y recevant que ses amis proches, la « coterie » qu'on lui avait tant reprochée, faisant arranger différemment les jardins et surtout le Hameau, un joli jouet pour une grande fille ! En fait, elle n'avait abandonné son Trianon que pour les prisons d'un peuple aux yeux de qui le délicieux domaine n'était qu'un lieu de débauches...

Aldo, pour sa part, adorait Trianon. S'il rendait au sublime Versailles le tribut d'admiration méritée par ce chef-d'œuvre absolu dans son extraordinaire splendeur, il s'était pris de tendresse pour ce petit joyau de sobre élégance bien propre à séduire une jeune reine ou un homme de goût. C'était une raison de plus, et non la moindre, de laisser exposer au public l'un de ses précieux trésors.

Accoudé à une balustrade, il regarda la longue voiture noire avec chauffeur et valet de pied s'arrêter au bas des marches sur lesquelles le Comité avait fait disposer des laquais en perruque poudrée et livrée aux couleurs de la reine. Deux personnes en descendirent : d'abord l'ambassadeur des États-Unis, Myron T. Herrick, vieil et fidèle ami de la France représentant à la fois son pays et le mécène John Rockefeller, ensuite la présidente d'honneur, qu'il aida galamment à mettre pied à terre... Une autre voiture noire venait derrière amenant le président du Conseil, André Tardieu, mais sans escorte officielle.

Vêtue de crêpe georgette de ce bleu tendre qu'affectionnait Marie-Antoinette, blonde et belle, la princesse Sixte de Bourbon-Parme, née Edwige de La Rochefoucauld et belle-sœur par mariage de l'impératrice Zita, s'accordait à merveille au décor ambiant, ce qui n'était pas le cas de son compagnon en sévère jaquette noire. Seuls les cheveux blancs et les vifs yeux bleus du diplomate le rattachaient à l'instant présent mais tous deux semblaient ravis d'être ensemble, n'ayant pas jugé bon d'interrompre l'alerte conversation qu'ils avaient dû entamer dans la voiture. La princesse riait franchement en atteignant le haut des marches où l'attendait le Comité. Cela donna tout de suite le ton de la fête : et l'on échangea saluts, baisemains et autres politesses dans un aimable brouhaha, après quoi le conservateur du château de Versailles, M. André Pératé, souhaita une bienvenue érudite mais assez courte pour n'être pas ennuyeuse, à laquelle le président du Conseil joignit quelques mots louangeurs à l'adresse de l'Amérique et de son ambassadeur... qui ne put moins faire que de répondre en termes tout aussi flatteurs. Cela fait, la princesse coupa le ruban bleu interdisant l'accès à l'exposition, tandis que l'on délivrait la foule à cartons entassée dans l'antichambre et une partie du salon de réception délimitée par des cordons de velours rouge. Et la visite commença...

L'exposition rassemblait d'abord de nombreuses effigies de la Reine : peintures, sculptures ou simples dessins. En marbre, en bronze, en albâtre ou sur toile, partout l'on rencontrait le beau visage altier. Des meubles aussi, appartenant au château ou prêtés par des collectionneurs. Des livres aux armes ou au monogramme de Marie-Antoinette étaient revenus dans la pièce qui avait été la bibliothèque, et sur les murs provisoirement tendus de soie quelques billets écrits de sa main et encadrés d'or voisinaient avec trois aquarelles peintes par elle. Dans les vitrines des éventails, des flacons, des mouchoirs et un objet très émouvant, le livre supportant les échantillons de tissus de toutes ses robes, ce registre qu'elle avait mille fois feuilleté et qu'apportait chaque matin la dame d'atour. D'habiles ouvrières avaient réussi à reconstituer, à partir de ce livre, deux des toilettes de la Reine exposées sur des mannequins avec des gants brodés et des souliers de satin. Des jouets d'enfants et des timbales évoquaient la mère. Des miroirs, des brosses, des peignes, des flacons et de petits pots de Sèvres, de vermeil ou d'argent, la femme coquette, et plus loin un nécessaire de voyage qui n'avait guère servi puisque, au contraire de toutes les reines de France, Marie-Antoinette n'avait jamais quitté Versailles ni surtout Trianon.

Laissant la foule piétiner sur les pas du conservateur qui lui délivrait une conférence itinérante et Vauxbrun, complètement détaché du sujet, se consacrer à Léonora, Aldo rejoignit l'appartement de la Reine par le chemin qui lui avait permis, tout à l'heure, d'éviter la cohue. Il se composait de trois « petites » pièces entresolées où chacune des précieuses vitrines avait été disposée. Il n'y restait que peu de meubles. Encore les avait-on retirés au bénéfice de torchères dont les lumières mettaient les joyaux en valeur. Une vitrine par salon permettait une circulation réduite sans doute mais assurant une meilleure surveillance.

C'était surtout le boudoir de Marie-Antoinette qui attirait Aldo. Là étaient les bijoux les plus précieux et il voulait examiner d'aussi près que possible la « larme » de diamant que l'on y avait installée auprès de ses girandoles et des bracelets de son beau-père.

Arrivé la veille seulement de Venise, il avait eu juste le temps de remettre l'écrin au prince de Polignac, membre illustre du Comité et compositeur mondain descendu pour une fois de ses rêves musicaux. Il était chargé de recevoir les dépôts en présence de policiers armés. Visiblement dépassé par une responsabilité due au fait qu'il était le chef de nom et d'armes d'une famille que Marie-Antoinette avait portée au pinacle, il assumait là une corvée évidente dont il avait hâte de se débarrasser. Morosini, qui avait compté sur la présence du fameux joaillier Chaumet chargé de l'organisation des vitrines ou d'un de ses représentants, n'avait donc pu visiter comme il le souhaitait. Aussi espérait-il disposer d'un temps appréciable avant de voir arriver les invités.

Ainsi qu'il le pensait, le boudoir était vide à l'exception des deux policiers, en perruque poudrée, qui montaient la garde. C'était l'endroit le mieux protégé du château grâce à un caprice de la Reine : en choisissant l'ancienne « pièce du café » de Louis XV et pour qu'il devienne son refuge intime, elle avait fait installer un système de miroirs sortant du parquet pour venir obturer les fenêtres, s'assurant de la sorte une tranquillité absolue puisqu'il n'était plus possible de voir quoi que ce soit depuis les jardins. On avait réussi à remettre en marche le mécanisme et le boudoir isolé devait son éclairage à la seule lumière électrique.

En y pénétrant, Aldo se crut le jouet d'un rêve : la Reine était là ! En grand habit de satin et dentelles, blanches comme le piquet de plumes d'autruche fixé par une agrafe de diamants dans sa haute coiffure poudrée, un éventail à la main, elle semblait fascinée par le scintillement des pierres sur leur lit de velours noir. Cette femme était élancée, mince, imposante et gracieuse à la fois et Morosini la salua d'un mouvement irréfléchi :

— Votre Majesté !

« Marie-Antoinette » sursauta, se retourna et sourit :

— Dieu, que vous m'avez fait peur !

— Vous m'en voyez désolé, madame mais je pourrais presque vous en dire autant. L'illusion est parfaite...

Quand elle s'était retournée, en effet, il avait reconnu ce visage dont il avait pu voir nombre de photographies : celui de la comédienne Marcelle Chantal qui venait d'incarner la souveraine quelques mois plus tôt dans l'un des deux premiers films parlants tournés en France, *Le Collier de la Reine*. Le sourire de la jeune femme s'accentua :

— Merci. Puis-je vous demander qui vous êtes ? Je ne connais pas tous les membres du Comité, ajouta-t-elle, les yeux sur la cocarde bleue et blanche au revers du veston.

— Je ne suis arrivé qu'hier... avec ceci, continua-t-il en désignant les girandoles rosées, et...

— Oh ! Le magicien de Venise, je présume ? Prince Morosini ?

— Extrêmement flatté d'être connu de... Votre Majesté, fit-il en s'inclinant sur la main gantée qu'on lui offrait.

— Ne faites donc pas le modeste ! Vous savez fort bien que vous faites rêver toutes les femmes de goût ! Sans doute aussi les autres et j'aimerais infiniment bavarder un moment avec vous mais j'entends la horde qui arrive et je dois rejoindre mon poste. Je suis la « surprise » du jour ! ajouta-t-elle en riant.

Elle glissa à la rencontre des invités, Aldo revenant à la vitrine, se pencha pour approcher au plus près la pièce qui l'intriguait et tira de sa poche la loupe de joaillier qui ne le quittait jamais. Aussitôt, l'un des gardiens voulut s'interposer :

— Qu'est-ce que c'est ?

— Ni une clef ni une matraque : une simple loupe...

Il s'interrompit : même à cette distance, le puissant verre grossissant confirmait le soupçon qui lui venait. À savoir que la ravissante pièce devait être fausse. Et c'était bien la seule parmi celles qui l'entouraient. En outre, on lui avait donné la place d'honneur ! Un comble !

Replaçant le petit outil dans sa poche, il voulut se mettre à la recherche de Chaumet qu'il avait vu arriver pour avoir une explication. Impossible que l'un des plus grands joailliers du monde se fût laissé prendre ! Il devait y avoir une raison ! Seulement il fallait attendre : les pas nombreux approchaient à la suite de la voix cultivée et précise de M. Pératé. Ils arrivaient à l'appartement de la Reine ainsi que l'en convainquirent les exclamations de surprise en découvrant, au seuil, la somptueuse évocation qui les accueillait d'une révérence. Des bravos éclatèrent orchestrés par le président du Conseil : la très belle Marcelle était en train de remplacer la non moins belle mais plus imposante encore Mary Marquet, de la Comédie-Française, dans le cœur de l'inflammable Tardieu !

Il vint lui baiser la main avec un enthousiasme communicatif. Cela mit de l'animation dans la conférence, créant une sorte de tohu-bohu, un bouchon à l'entrée de l'appartement, que les organisateurs eurent quelque peine à rendre fluide pour amener, cinq par cinq, les invités devant les vitrines. Ce que voyant, Aldo repartit par où il était venu afin de prendre la foule à revers et chercher Chaumet. Et ne le trouva pas.

— Il vient de partir, le renseigna Mme de La Begassière. On l'a appelé au téléphone et il avait l'air dans tous ses états.

— Et il n'a rien dit ?

— Ma foi, non. Je ne lui ai d'ailleurs rien demandé. Par pitié, mon cher prince, laissez-moi savourer cet instant de paix, ajouta-t-elle en agitant l'une des invitations en guise d'éventail. Songez que dans un petit moment il va falloir emmener cette joyeuse compagnie « bâfrer » au champagne dans le Jardin anglais. Et comme nous n'avions pas prévu une telle cohue, je crains qu'il n'y en ait pas pour tout le monde !

— Bah ! Vous avez les Polignac sous la main et qui dit Polignac dit champagne Pommery. Demandez-leur quelques caisses en urgence ! Quant aux petits-fours...

— Marie-Angéline s'en occupe ! Elle s'est précipitée chez le pâtissier pour réclamer du supplément ! Une vraie perle, cette sainte fille ! Je ne remercierai jamais assez Mme de Sommières de nous l'avoir prêtée.

— Et vous aurez raison, approuva Morosini pensant avec amusement que l'aimable dame eût été fort surprise d'apprendre de quoi était capable la sainte fille en question lorsqu'elle était sur le sentier de la guerre. En attendant il alla fumer une cigarette dans le Jardin anglais où, en effet, une vaste tente rayée bleu et blanc avait été dressée pour abriter le buffet d'éventuelles intempéries.

Balayant momentanément l'affaire de la fausse larme qu'il jugeait offensante pour ceux qui, comme lui-même, s'étaient séparés héroïquement de véritables trésors destinés à leur seule contemplation, il laissa son esprit s'envoler vers son palais vénitien où, un mois plus tôt, sa Lisa avait donné le jour à un petit Marco avec une facilité confondante : à peine une demi-heure de douleurs et l'enfant était là, déjà potelé, braillant et gigotant sous une crête de cheveux roux laissant espérer une ressemblance avec sa mère au contraire des aînés, Antonio et Amelia, les jumeaux, bruns comme des châtaignes et résolument Morosini. Il était si mignon que tout le monde entra en extase. Aldo le premier quand la main minuscule du bébé se referma autour de son index et s'y cramponna. Mais le miracle, ce fut la soudaine sagesse des jumeaux habitués depuis qu'ils se tenaient debout à emplir le palais paternel de leurs galopades, de leurs jeux, de leurs cris, de leurs initiatives pas toujours appréciées et, depuis qu'ils savaient parler, de leurs joutes oratoires. À quatre ans, ils constituaient la paire la mieux soudée et la plus inventive de tout le pays, sinon de l'Europe entière. Or, le jour où la chambre de leur mère se referma sur les mystères de l'enfantement, ils se calmèrent net : plus de vacarme ! Ils ne se déplacèrent plus que sur la pointe des pieds et, une fois mis en présence du bébé, ils l'observèrent gravement, après quoi Antonio déclara :

— Je vais bien m'en occuper ! C'est moi l'aîné.

Indignée, Amelia protesta aussitôt :

— Je suis autant l'aînée que toi !

— Non, parce que moi je suis un garçon !

L'incident diplomatique fut évité de justesse par Aldo. Patiemment il leur expliqua que s'ils étaient en effet égaux sur le plan de la primogéniture, leurs rôles différaient : protection pour Antonio et soins attentifs pour Amelia.

— En fait, conclut-il après un quart d'heure de palabres, vous devez être auprès du bébé ce que nous sommes Maman et moi. En plus petit, bien sûr, mais il importe avant tout que vous vous entendiez. Au moins sur ce plan-là, conclut-il dans un silence qu'il n'osa pas interpréter sur le moment mais qui par la suite le rassura. En revanche, ce fut au tour de sa femme de l'inquiéter. Jusque-là, Lisa s'était montrée une excellente mère, attentive et tendre juste ce qu'il fallait et sans jamais tomber dans l'excès. Or, en l'honneur du nouveau venu, elle y plongea jusqu'au cou. D'abord elle tint à l'allaiter – ce qui n'avait pas été possible pour les jumeaux ! – et à la sourde inquiétude d'Aldo.

Toujours très amoureux de Lisa, il ne put s'empêcher de craindre égoïstement que les seins ravissants de sa femme eussent à pâtir des assauts répétés de ce jeune goinfre. Mais il n'osa rien dire tant le regard violet s'illuminait quand l'un des mamelons roses disparaissait dans la petite bouche avide. L'époux frustré préférait alors rejoindre son cabinet de travail avec l'impression qu'on lui volait quelque chose.

Et naturellement, quand vint le moment de partir pour Paris, Lisa refusa carrément d'accompagner son mari :

— Tu dois comprendre que je ne peux pas quitter Marco et qu'il est trop petit pour un long voyage en train !

— Nous autres Morosini sommes habitués à nous lancer sur les routes de l'aventure dès que nous ouvrons un œil ! ronchonna Aldo. Une bonne pinte de lait et vogue la galère !

Lisa se mit à rire :

— Tu n'exagères pas un peu ?

— À peine ! Mais toi aussi : essaie d'observer qu'il ne s'agit pas de l'embarquer dans un wagon à bestiaux mais dans l'Orient-Express.

— Je sais mais, de mon côté, le plus petit incident pourrait tarir mon lait ! Et Bébé en a besoin...

— Ce que tu peux être Suissesse quand tu t'y mets ! soupira Aldo déçu.

— Y verrais-tu un inconvénient ? répliqua Lisa, l'œil orageux.

— Tu sais bien que non mais cette exposition est une sorte de réunion familiale : outre Tante Amélie et Angelina, qui seraient tellement heureuses de voir le cher trésor, ton père a pratiquement promis de venir et il n'est pas exclu que ta grand-mère se lance elle aussi ! Alors, c'est toujours non ?

— C'est toujours non. Je crains que Marco soit fragile...

— Huit livres à la naissance, ça ne te suffit pas ?

— Si... mais quelque chose me dit qu'il vaut mieux rester ici. Père et Grand-Maman pourront venir nous voir en rentrant chez eux !

— Passe encore pour la chère vieille dame mais en ce qui concerne Moritz je n'ai jamais entendu dire que le plus court chemin de Paris à Zurich passait par Venise !

— N'aie crainte ! Il fera le voyage. Ne fût-ce qu'en septembre pour le baptême !

Il fut impossible de l'en faire démordre. Vaincu et d'autant plus mécontent, Aldo partit seul, laissant une fois de plus les commandes de son magasin au cher Guy Buteau, son ancien précepteur devenu le plus efficace des fondés de pouvoir, et à son secrétaire Angelo Pisani. Accessoirement aussi à sa femme, qui, durant des années et sous le masque de Mina Van Zelten, Hollandaise mal fagotée et sans éclat mais érudite [1], avait été la plus parfaite des collaboratrices... Depuis, chrysalide transformée en papillon, elle était devenue son épouse, sa maîtresse, sa meilleure amie, sa conseillère et la mère de ses trois enfants. L'amour qu'il éprouvait pour elle était absolu, même si par deux fois il avait donné un bref coup de canif au

1. *L'Étoile bleue.*

contrat[1], aussi trouvait-il amer de se voir dépossédé de la première place au bénéfice d'un marmot de cinquante centimètres installé en pays conquis avec l'approbation tacite d'un entourage quasi prosterné. Dont il faisait d'ailleurs plus ou moins partie. C'était « son fils » et il en était fier. Seulement la chambre de Lisa lui demeurait interdite – toujours le lait ! – et il le supportait très mal...

La brûlure de la cigarette qu'il avait laissée se consumer entre ses doigts le ramena à la réalité ainsi que le bruit des voix de tous ces gens en train de quitter le château pour se précipiter vers le pavillon de toile afin de s'y empiffrer congrûment !

Les réceptions mondaines lui étaient toujours apparues comme un étrange phénomène de société. Dès qu'il y avait un buffet les gens les plus élégants et les mieux policés s'y ruaient comme une nuée de sauterelles. Il est vrai qu'après avoir subi les longues cérémonies d'un grand mariage, les développements parfois interminables d'une conférence ou une succession de discours, il y avait quelque excuse à se sentir l'estomac dans les talons. Ce fut le cas ce jour-là : les rescapés de la visite déboulèrent sur le Jardin anglais en rangs si serrés que Morosini eut juste le temps de s'abriter derrière un arbre pour éviter d'être balayé. Après avoir été réduits au silence par les savantes périodes de l'académicien, les invités bavardaient sans contrainte. Cela faisait un bruissement d'abeilles chassées de la ruche... Et, soudain, un cri perça, dominant le bourdonnement. Tout se figea...

1. *Les Émeraudes du Prophète* et *Les Joyaux de la sorcière.*

Un instant de stupeur très bref auquel succéda un pandémonium d'exclamations, et même de hurlements. Des femmes éclatèrent en sanglots. Une autre s'évanouit cependant que la foule s'écartait, formant un cercle autour d'un espace vide. Morosini se précipita, se frayant un passage sans trop de douceur pour rejoindre Vauxbrun à présent au premier rang :

— Que se passe-t-il ?

Mais il avait déjà vu : au centre de l'endroit dégagé, le corps d'un homme gisait face contre terre, un poignard planté dans le dos... Chose étrange, l'arme clouait sur sa victime un « loup » de carnaval en velours noir, passant par l'une des fentes oculaires. Intrigué, Aldo se pencha, avança une main mais l'un des jeunes gens qui assuraient le service d'ordre – tant bien que mal ! – le retint :

— On ne touche à rien, monsieur. Il faut attendre l'arrivée de la police...

— Je sais, mais il faudrait peut-être s'assurer que cet homme n'a pas besoin de soins, qu'il est vraiment mort...

— Il l'est, soyez sans crainte. Il suffit de regarder l'implantation du couteau. Le cœur a été atteint...

C'était l'évidence mais l'immobilité de cette foule, son mutisme pétrifié agaçaient Morosini. Il avait envie d'agir ! Gilles, au moins, s'occupait de réconforter Léonora en pleine crise de larmes. Il l'avait conduite à un banc de pierre où il l'avait fait asseoir et lui tapait dans les mains. Le mari, lui, n'avait pas bougé. À deux pas d'Aldo, négligemment appuyé sur sa canne, il se contentait de regarder le président du Conseil et le conservateur qui s'entretenaient avec calme tandis que les policiers de garde prenaient possession du terrain en attendant l'arrivée de ceux de Versailles. Ce qui ne tarda guère. Pendant ce temps, Aldo se rapprocha de l'Écossais, dont l'attitude l'intriguait : au lieu de se porter au secours de sa belle épouse, il laissait ce soin à un autre qui ne prenait même pas la peine de dissimuler ses sentiments.

Crawford était un homme grand et massif dont le corps et la tête n'avaient pas l'air d'appartenir à la même époque. Si le premier admirablement habillé par un tailleur sans doute anglais était en phase parfaite avec le vingtième siècle, la seconde avec sa frange de cheveux grisonnants retombant d'une large calvitie sur le col du veston, son nez fort et ses yeux vifs derrière les petites lunettes rondes cerclées d'or offrait une indéniable ressemblance avec Benjamin Franklin. Ce qui ne semblait pas le tourmenter, bien au contraire. Il en jouait avec une certaine satisfaction, assurant même que la canne à pommeau d'or dont il étayait une légère claudication avait effectivement appartenu au père du paratonnerre dont il assurait tenir quelques gouttes de sang.

Découvrant Aldo auprès de lui, il le regarda pardessus ses besicles avec un sourire en demi-lune qui ne montrait pas les dents :

— Drôle d'histoire, vous ne trouvez pas ? Si nous allions boire quelque chose d'un peu fort pour nous réconforter ?

— Pourquoi pas ? Nous ne serions pas les seuls...

La ruée vers le buffet s'était sans doute cassée net mais nombre d'invités désireux de se remettre de l'émotion se hâtaient de s'en souvenir. Gilles Vauxbrun le tout premier, armé à présent d'un verre dont il faisait avec précautions boire le contenu à sa belle amie.

Les deux hommes eurent à peine le temps d'avaler un verre de champagne qu'un agent vint les prier de sortir : le commissaire Lemercier venait d'arriver et rassemblait sur la pelouse les témoins du drame :

— Vous étiez tous présents, déclara celui-ci d'une voix forte. Il est donc impossible que personne n'ait rien vu. Ceux surtout qui étaient proches de ce malheureux. Mes inspecteurs et moi-même allons donc vous interroger les uns après les autres pour recueillir vos dépositions. Cela prendra un peu de temps, ce dont je vous prie de m'excuser, mais c'est indispensable !

Aucune protestation ne se fit entendre. Rond de partout et sommé d'un chapeau melon qui lui donnait assez l'air d'une poire, le chef de la police versaillaise irradiait l'énergie et la mauvaise humeur par tous les pores de sa personne. Après s'être entretenu quelques minutes avec le ministre et l'ambassadeur américain qu'il ne retint pas longtemps et qui purent s'en aller, il déclara se réserver les membres du Comité et les pria de bien vouloir remonter avec lui vers Trianon dont les portes allaient être fermées afin qu'il puisse les entendre en toute tranquillité.

Tandis que l'on regagnait le petit château, Marie-Angéline rejoignit Aldo et se pendit à son bras avec un sourire béat fort peu de circonstance :

— Un meurtre ! Ici ! À Versailles ! fit-elle allègrement. Est-ce que ce n'est pas extraordinaire ?

— Une chance que vous n'ayez pas dit « merveilleux » ! Vous n'avez pas honte, Marie-Angéline ?

Elle fronça son long nez tout en maintenant sur sa toison frisée, qui la faisait ressembler à un mouton, le canotier de paille qu'une risée menaçait de déranger :

— Pas du tout ! Je pressens là une de ces aventures comme nous les aimons !

— Dites comme « vous » les aimez. Et je ne vois rien de romantique dans l'assassinat d'un homme déjà âgé qui venait peut-être ici en pèlerinage.

— Rien de romantique ? Et le masque noir que le commissaire a mis dans sa poche, qu'est-ce que vous en faites ? Je suis sûre qu'il y avait quelque chose d'écrit sur l'envers.

Le pire était qu'elle avait raison et que Morosini lui-même se posait des questions à ce sujet. Douée d'une imagination toujours prête à s'enflammer, « Plan-Crépin », comme l'appelait Mme de Sommières, n'avait fait qu'exprimer à voix haute ce qu'il pensait. N'avait-il pas tout à l'heure tendu la main d'instinct vers l'accessoire de bal travesti apparu de façon si dramatique ? Pour ce qu'il en avait vu, la victime était un personnage terne, suffisamment bien vêtu pour ne pas détonner dans une assemblée aussi élégante mais sans distinction particulière. Un physique neutre, un visage quelconque, plutôt laid, et pas le moindre ruban à la boutonnière de sa jaquette... Qui pouvait-il être ?

Il comprit vite qu'il ne fallait pas compter sur le commissaire Lemercier pour soulever le plus petit coin du voile. Avec une froide politesse il posa des questions nettes et précises aux divers membres du Comité, ce qui représentait une sorte d'exploit, tout le monde voulant parler en même temps, mais sans obtenir un résultat appréciable. En fait, personne n'avait rien vu.

— Il y avait énormément de gens, expliqua Morosini quand son tour fut venu, et quand on s'est dirigés vers le buffet, on s'est bousculés quelque peu. L'assassin en aura profité et pendant un bref instant le corps a dû rester debout étayé par les autres.

— Comment se fait-il qu'il y ait une telle affluence ? Une manifestation, surtout ici, est en général réservée à une... élite.

Une grimace dédaigneuse accompagnait le mot. À l'évidence, le commissaire devait nourrir des idées de gauche... ou alors il était vexé de ne pas avoir été invité. Ce qui était une faute puisque l'on avait fait appel à ses services. C'était même anormal et il se pouvait qu'il y ait un rapport entre la foule et le fait que l'on ait pas convié le policier principal. Cependant, il fallait répondre :

— Trois cent quarante invitations ont été prévues, dit-il. Mais il semblerait que l'on en ait tiré davantage à l'imprimerie...

— Quelle imprimerie ?

Ce fut Gilles Vauxbrun qui fournit le renseignement : l'imprimeur devait être celui de Crawford.

— Je le verrai, dit Lemercier. Mais revenons à vous, ajouta-t-il en se tournant vers Aldo avec une mauvaise grâce évidente. Si j'ai bien compris, vous êtes l'un des exposants ?

— En effet ! Il y a là-haut une paire de girandoles en diamants qui font partie de ma collection personnelle.

— Et vous êtes aussi... vénitien ?

Encore un mot qui n'avait pas l'heur de plaire et Aldo dut se faire violence pour répondre paisiblement :

— C'est également vrai. Y verriez-vous un inconvénient ?

— Peut-être une analogie... Cela est très en vogue chez vous ? fit Lemercier en sortant le masque de sa poche.

— Pendant le carnaval mais pas le reste du temps. Nous sommes des gens normaux, monsieur le commissaire. Puis-je voir cet objet ?

— Certainement pas ! C'est une pièce à conviction. Ainsi... vous êtes collectionneur de joyaux ? Cela suppose une grande fortune...

Oh ! Il commençait à chauffer sérieusement les oreilles que Morosini avait chatouilleuses mais cette fois il n'eut pas le temps de répondre : Marie-Angéline, dont les ancêtres avaient « fait » les croisades, tenait en permanence un fougueux destrier au service de ceux qu'elle aimait. Elle l'enfourcha sans plus tarder :

— Mon cousin est l'expert en joyaux historiques le plus célèbre d'Europe...

— Et même d'un peu plus loin, renchérit Vauxbrun. Qu'il possède une collection privée n'a rien d'anormal. C'est le contraire qui serait surprenant...

Le policier s'étira les lèvres d'un seul côté pour obtenir un vague sourire qui n'avait rien d'aimable :

— Eh bien ! On dirait que vous êtes apprécié ici, monsieur ?... Rappelez-moi votre nom ?

— Morosini !

— C'est cela !... Si vous le permettez j'aimerais à présent voir ces joyaux. En particulier les vôtres. Des... comment avez-vous dit ?

— Girandoles ! lâcha Aldo à qui ce manque de mémoire immédiate paraissait suspect. Autrement dit : des pendants d'oreilles. Pas des candélabres.

C'était parti tout seul, générant un coup d'œil glacial qui avait la couleur et la consistance du granit.

— Merci de venir au secours de mon ignorance ! Allons-y, maintenant.

On se dirigea vers la vitrine principale auprès de laquelle veillaient toujours les faux laquais poudrés. Aldo tendait la main pour désigner son bien quand il la retira avec une exclamation :

— La « larme » !... Elle n'est plus là !

En effet, entre les boucles d'oreilles Morosini et les bracelets Kledermann, il y avait un vide, à l'exception de la petite pancarte portant le numéro du catalogue. Or, les verres protecteurs doublés d'un grillage étaient intacts : pas la plus infime fêlure... Lemercier réagissait :

— Quelle larme ?

— Le bijou qui était à cet endroit : un ornement d'oreille, dépareillé d'ailleurs, composé de deux très beaux diamants blanc-bleu... vous êtes-vous absentés à un moment ou à un autre ? s'enquit-il en se tournant vers l'un des gardiens mais déjà le commissaire intervenait :

— S'il vous plaît ! C'est moi qui pose les questions et ceci est mon travail !... Alors ? Vous êtes-vous absentés ?

Les interpellés devinrent très rouges. L'un d'eux, visiblement gêné, expliqua qu'il s'était éloigné un court moment pour aller aux toilettes. Quant à l'autre, plus rouge encore, il admit être accouru aux fenêtres quand les cris avaient éclaté...

— Mais je ne me suis pas éloigné de plus de dix mètres...

— C'est plus que suffisant ! Et bien sûr vous n'avez vu personne ?

— Ben... non ! Je regardais dans le jardin...

— Et pendant ce temps-là quelqu'un est venu, quelqu'un qui avait la clef de la vitrine, l'a ouverte, a pris ce qu'il voulait et est reparti tranquillement ? Ah, bravo ! C'est ce qui s'appelle une garde efficace ! Nous aurons encore à en parler. Pour l'instant, il faut savoir qui a les clefs...

Le joaillier Chaumet s'avança :

— M. le conservateur et moi. Deux triples jeux de clefs. Voici le mien. Il faut que quelqu'un ait réussi à en prendre copie. J'ajoute que, ce qui m'étonne, c'est que l'on se soit donné tant de peine pour ne prendre que cette seule pièce... qui en plus était fausse !

— Ah ! C'est ce dont j'ai cru m'apercevoir, ajouta Aldo. Une belle imitation, vraiment, mais je ne vous cache pas, mon cher ami, que je n'étais pas très satisfait de la voir trôner entre deux joyaux incontestables tant par l'Histoire que la qualité des pierres...

— Cela veut dire que le voleur, lui, n'y a vu que du feu ! Mais je me demande aussi pourquoi il s'est contenté de ce maigre butin et a dédaigné les précieuses « girandoles » de monsieur, fit Lemercier sarcastique en détachant les syllabes... ou ces magnifiques bracelets. Qui sont à qui ?

— Au banquier suisse Moritz Kledermann, annonça innocemment le joaillier. Il n'est pas des nôtres aujourd'hui mais le prince Morosini le représente : c'est son beau-père...

— Ah... oui ? Comme c'est intéressant ! Dans ce cas, nous devrions avoir prochainement de longs et fructueux entretiens...

Son regard luisant était celui-là même du matou qui s'avise de la présence d'une souris dodue dans son voisinage. Pour un peu il se fût léché les babines. Aldo étouffa un soupir en essayant de comprendre ce qu'il y avait en lui qui braquait automatiquement tous les policiers dont il faisait connaissance dans quelque pays du monde que ce fût. Sauf, naturellement, à Venise et à New York où il s'était admirablement entendu avec Phil Anderson, le chef de la Police métropolitaine. Il est vrai que, à Londres comme à Paris, il avait fini par nouer de solides amitiés avec le Chief Superintendant Gordon Warren et le commissaire divisionnaire Langlois, mais cela n'avait pas été sans mal. C'était comme une fatalité ! Avec ce Lemercier, en tout cas, il ne se sentait pas la moindre envie de fraterniser mais joua le jeu :

— Avec plaisir, assura-t-il. J'ajoute que j'aimerais entendre la raison motivant la présence de cette fausse « larme ».

— Je n'en doute pas mais vous me permettrez de la garder pour moi ! Nous aurons d'autres sujets de conversation. En attendant, vous aurez l'amabilité de donner vos coordonnées à l'inspecteur Bon que voici et vous présenter demain après-midi à mon bureau dont on va vous communiquer l'adresse. À trois heures !

— Mais enfin, s'insurgea Gilles Vauxbrun, vous semblez supposer, commissaire, que M. Morosini a quelque chose à voir dans ce vol bizarre doublé d'un meurtre ? Nous sommes une dizaine à pouvoir jurer qu'il était au jardin avec nous tous... et trop éloigné du lieu du crime comme de celui du vol !

— C'est vrai ! affirma gravement Crawford. Je peux jurer moi aussi ainsi que ma femme et bien d'autres...

Lemercier fronça le nez et renifla peu gracieusement :

— Je vous remercie mais je suis seul juge des développements que j'entends donner à l'enquête. On peut être criminel sans avoir jamais manié une arme ou une pince-monseigneur ! Ainsi donc, monsieur Morosini, je vous attends demain comme convenu. Mais rassurez-vous, messieurs, votre tour viendra !

Et sur ces paroles réconfortantes, le commissaire Lemercier recoiffa son chapeau melon et s'en alla rejoindre dans le jardin ses assistants occupés à entendre le menu fretin, les personnalités les plus importantes ayant été libérées depuis longtemps ! Y compris, naturellement, l'ambassadeur de Mongolie-Extérieure, couvert par son statut diplomatique bien qu'il eût traité les policiers en général de « chiens aux dents jaunes ! » et ri, ou plutôt aboyé, au nez de Lemercier !

II

OÙ L'ON RETROUVE UN VIEIL AMI

Dans l'antique Panhard & Levassor noire étincelante de cuivres et menée en majesté par Lucien, le vieux chauffeur de Mme de Sommières qui les rapatriait rue de Monceau, Marie-Angéline s'enferma dans un mutisme tout à fait inattendu chez elle : d'habitude elle avait l'indignation volubile mais là, rien ! Pas un mot ! Assise très droite à côté d'Aldo, une main gantée passée dans la dragonne de passementerie bleue qui permettait de se tenir dans les cahots, l'œil sévère et le nez en l'air, elle regardait le paysage défiler derrière la vitre de la portière. Un peu surpris d'abord, Aldo ne s'en estima pas moins satisfait : il s'était attendu à un concerto vocal sur le thème des temps barbares que l'on vivait ; il récoltait un divin silence qui lui permit même de faire un petit somme...

À peine la voiture se fut-elle arrêtée dans la cour de l'hôtel familial que Plan-Crépin en jaillit et se rua à l'intérieur. Morosini la suivit plus calmement, s'étonnant de ne pas entendre, tandis qu'il traversait l'enfilade des salons, sa voix perchée lancée dans un reportage en forme de philippique sur les événements de Trianon. Tante Amélie serait-elle absente ? L'écho de son contralto vint le rassurer :

— C'est parfait ! À présent calmez-vous !

Elle était là, en effet, posée sur son trône en rotin de Manille garni de coussins en chintz fleuri au milieu de son jardin d'hiver, une coupe de champagne à la main selon le rituel. Car c'en était un : à partir de cinq heures du soir, la marquise de Sommières qui détestait le thé, le remplaçait par ce qu'elle appelait « la boisson des rois », la partageant d'ailleurs volontiers avec quiconque se présentait chez elle à cette heure sacrée. En arrivant près d'elle, Aldo reçut la coupe que venait de lui servir Marie-Angéline. Il la prit après avoir baisé les doigts minces sortant de mitaines de chantilly blanches et ornés d'une petite fortune en diamants :

— Assieds-toi là et prends le temps de te remettre !

— Oh, je suis complètement remis, Tante Amélie ! J'en ai eu le temps pendant le voyage de retour. L'idée de changer de voiture ne vous traverse jamais l'esprit ?

— Changer une pièce de collection contre un assemblage de tôles sans âme pour le plaisir d'arriver un quart d'heure avant les autres... ou ne pas arriver du tout sinon à l'hôpital ? Ce serait briser le cœur de mon vieux Lucien... et même le mien si tu veux le savoir. En tout cas et à propos de collections te voilà bien payé de ta générosité ! Tu aurais mieux fait d'imiter ton beau-père et de charger ton secrétaire de convoyer tes cailloux.

— Non. Dès l'instant où ils sortent de leur coffre je veux pouvoir les surveiller... et puis je pensais que vous seriez contente de me voir ?

Elle prit le face-à-main garni d'émeraudes qui pendait au milieu de ses sautoirs de perles pour considérer un instant son petit-neveu puis sourit :

— Comme si tu ne le savais pas ? fit-elle avec une tendresse qu'elle laissait rarement percer. Et je te ferai remarquer que tu ne m'as pas embrassée.

— Il semble que votre coiffeur soit venu aujourd'hui et j'ai craint d'offenser ce magnifique édifice capillaire, sourit-il en désignant le coussin de cheveux argentés traversé de mèches rousses qui faisait ressembler la marquise à Sarah Bernhardt dans son temps de gloire. Mais si vous m'y invitez...

Il se leva pour poser un baiser sur la joue poudrée de la vieille dame qui lui en rendit un bien claquant :

— Hmm ! C'est toujours un plaisir d'embrasser un beau garçon ! émit-elle avec satisfaction. À présent où en étions-nous ?

— Vous disiez que...

Il n'eut pas le temps de poursuivre : Cyprien, le maître d'hôtel, apportait une carte de visite sur un petit plateau d'argent. Mme de Sommières la prit et eut une exclamation de joie :

— Qu'il entre, mon Dieu ! Qu'il entre vite !

Un instant plus tard, le commissaire divisionnaire Langlois faisait dans le jardin d'hiver une entrée saluée par trois sourires. Le cheveu poivre et sel, grand, mince, élégant dans un costume bleu marine éclairé à la boutonnière d'un bleuet « blue bachelor », celui que l'on appelait « le dandy du quai des Orfèvres » vint s'incliner sur la main de la marquise, puis sur celle de Marie-Angéline qui en rougit de plaisir et finalement serra celle d'Aldo :

— Heureux de vous revoir, Morosini ! Mais je le serais plus encore si vous ne traîniez pas toujours après vous des histoires impossibles ! On dirait que vous les attirez...

— Je n'attire rien, mon cher. Elles me tombent dessus toutes seules ! Comment imaginer qu'un policier borné me suspecterait de je ne sais quoi dans une manifestation où je fais partie des membres bienfaiteurs ! Mais comment, diable, êtes-vous ici ?

— Ça, expliqua la marquise, c'est le travail de Plan-Crépin ! Elle m'a téléphoné de Versailles pour me raconter ce qui se passait, après quoi j'ai appelé mon vieil ami Langevin, votre « bon maître », mon cher Langlois, pour lui demander un conseil... et voilà que vous vous dérangez ! C'est vraiment trop gentil.

— L'an passé, votre neveu s'est « dérangé » de beaucoup plus loin pour venir me donner un coup de main. C'est donc bien naturel ! Comment va la princesse Lisa ?

— Elle pouponne ! ronchonna Aldo. Tellement même qu'il m'arrive de me demander si j'existe encore !

— Cela ne vous fait pas de mal ! dit le policier en riant. Les femmes vous ont toujours trop gâté ! Cela dit, parlons de ce qui m'amène ! Et d'abord ne commettez pas l'erreur de prendre mon collègue Lemercier pour un imbécile. Il a un caractère effroyable – on l'a surnommé le vieux « Dur-à-cuire » – mais c'est un excellent policier doué d'un flair certain...

— Alors il doit être enrhumé ! grogna Aldo rancunier. J'étais à un kilomètre du boudoir de la Reine comme du lieu du crime. En outre – et, en admettant que j'aie agi par personne interposée comme l'a suggéré votre limier –, je cherche encore quel intérêt pourrait présenter pour moi un bijou séduisant sans doute mais faux, ainsi que l'a confirmé Chaumet ! Pour me classer au nombre des coupables éventuels, il lui a suffi d'une idée géniale : je suis vénitien, de même que le loup de velours cloué dans le dos de ce pauvre type dont j'ignore tout...

— Il s'appelait Gaspard Tison et il travaillait aux Archives de Versailles, le renseigna Langlois.

— Il n'était pas sur la liste des invités, glapit Marie-Angéline. Si donc il était là, c'est avec l'une de ces fausses invitations si bien imitées dont nous ne savons pas d'où elles sortent. L'imprimeur, que Mme de La Begassière a appelé au téléphone, est formel : il en a tiré trois cent quarante, pas une de plus !

— Alors elles viennent d'ailleurs, fit Aldo, mais seul un membre de l'organisation a pu les faire copier...

— Cela, coupa Langlois, c'est l'affaire de Lemercier et je ne vous conseille pas de vous en charger. C'est déjà très beau qu'il ait bien voulu me donner – à titre confraternel ! – quelques renseignements. Vous ne le savez peut-être pas mais la police de la Seine-et-Oise est nettement séparée de celle de Paris. Moi je dépends du préfet de police, Versailles du préfet du département, ce qui est le cas dans les autres chefs-lieux. C'est pareil pour la justice :

chacun sait que les assises de Versailles sont plus sévères que celles de Paris.

— Sans doute, fit la marquise en se resservant du champagne, mais le ministère de l'Intérieur comme le garde des Sceaux sont à Paris. Donc l'autorité suprême ?

— Entièrement d'accord. Disons... que l'on s'attache à ne pas se marcher sur les pieds les uns des autres et à respecter une certaine autonomie. Jalousement protégée en certains cas : c'est celui de Lemercier.

— Je vois, soupira Aldo. Il faudra donc me rendre à sa convocation de demain. Dois-je amener un avocat ?

La mine accablée d'Aldo fit rire le commissaire :

— Ce ne sera pas nécessaire. Quant à la « convocation », vous pourriez, évidemment vous en dispenser mais je ne saurais trop vous conseiller d'y aller. Vous lui montrerez de la sorte une courtoisie dans laquelle notre homme verra peut-être un début d'enterrement de la hache de guerre.

— Acceptons-en l'augure !

Il n'y paraissait guère, en tout cas quand, le lendemain à trois heures pile, Morosini franchit, dans l'avenue de Paris, le seuil de ces fort beaux locaux administratifs en pensant que lorsqu'il rédigerait un ouvrage documenté sur les différents gîtes de la police à travers le monde – il aurait bientôt une documentation imbattable ! – celui-là occuperait une place privilégiée : c'était un ancien hôtel XVIIIe siècle digne de figurer auprès de Scotland Yard et autres monuments à la gloire des défenseurs des droits de l'homme. Tout simplement ravissant. Pas très bien tenu mais ravissant ! Et quand, annoncé par un agent en uniforme, il pénétra dans le bureau du grand patron – hautes fenêtres et lambris élégants recouverts d'une affligeante peinture grise ! –, il estima que c'était du gâchis. Langlois, qui adoucissait le sien d'un splendide tapis et y mettait des fleurs, aurait fait merveille avec ce décor !

Heureusement, la table sur laquelle Lemercier rédigeait quelque chose au milieu d'une marée de paperasses, n'était pas signée Riesener et c'était un soulagement. Aldo eut cependant le loisir de détailler le décor ambiant car le maître de céans ne parut pas s'apercevoir de sa présence et continua d'écrire comme si de rien n'était. Refrénant par prudence son envie de s'installer sur une chaise et d'y allumer une cigarette, il resta debout avec un stoïcisme quasi romain attendant que le grand homme eût fini sa page d'écriture. Mais il ne put, au bout d'un moment, retenir un toussotement agacé. Lemercier, alors, leva le nez :

— Ah ! C'est vous !

— Cela vous surprend ? Il me semble qu'on m'a annoncé...

— Oui, mais étant donné que je ne vous attendais pas...

— Lorsque l'on me donne un rendez-vous, monsieur le commissaire, j'ai pour habitude de m'y rendre. Ou bien m'auriez-vous fait l'honneur de m'oublier ?

L'aménité du sourire corrigeait l'insolence du ton et arrondit encore un peu plus l'œil brun du policier. Au-dessus, le sourcil se fronça :

— Oh non ! Asseyez-vous ! Je suis à vous dans un instant...

C'était dit de façon presque courtoise et Aldo, qui commençait à penser que l'heure était à la détente, allait s'enhardir jusqu'à demander l'autorisation de fumer quand le téléphone sonna :

— Excusez-moi ! fit Lemercier en posant son stylo. Puis, virant soudain au rouge vif, il hurla : « Qu'est-ce que vous dites ?... Où ça ?... C'est bon, j'arrive ! »

Reposé brutalement, le combiné émit une plainte. Aldo se leva :

— Un contretemps ? Je peux revenir plus tard... ou un autre jour ? fit-il suave.

Il crut que Lemercier allait lui sauter à la figure, et puis tout se calma et le commissaire retrouva sa couleur primitive :

— Non. Je vous emmène ! Ça va vous intéresser.

À une allure de tempête on descendit dans la cour où une voiture attendait déjà à deux pas du taxi qui avait amené Morosini. Ce que voyant, le policier lança à son compagnon un regard ironique :

— Vous l'avez fait attendre ? Qui vous a dit que vous en auriez besoin et que je ne vous garderais pas ?

— À tout hasard !... Une idée en passant ! fit Aldo désinvolte.

— Eh bien, renvoyez-le ! Je vous ai dit que je vous emmenais.

— Où cela ? En prison ?

— Non. À Trianon. Il y a eu un autre meurtre...

Cette fois, il s'agissait d'un des jardiniers. Il gisait près du Pavillon Français, charmant édifice élevé au bout du jardin de même nom. Face contre terre, son chapeau de paille à trois pas du corps à côté de la brouette contenant des pieds de giroflées, il portait, comme la victime de la veille, un long couteau fiché au travers d'un loup de velours noir... Ce que voyant, Morosini s'exclama :

— Encore ? Votre assassin doit tenir boutique d'articles de cotillons !

L'homme agenouillé près du corps et qui devait être le médecin légiste lui fit signe de se taire :

— Il n'est pas mort depuis une heure. Le corps est encore tiède...

Tout doucement, il tira l'arme – un vulgaire couteau de cuisine – qu'il tendit au mouchoir que présentait le commissaire. En même temps il dégagea le masque, le retourna et eut un hoquet de surprise en déchiffrant ce qui était écrit à l'envers sur la doublure.

— Bonté divine ! C'est la première fois que je vois ça.

À son tour Lemercier lut, étouffa un juron et passa l'objet à Morosini :

— Qu'en dites-vous ?

— Que ce n'est pas la bonne victime. Qu'y avait-il sur le premier masque ?

— Il est au laboratoire mais voici le texte, écrit comme celui-ci en lettres majuscules : « Les masques vont tomber et la Reine sera enfin vengée ! »

— Tiens donc ! C'est plutôt surprenant !

Le message, en effet, était identique à ceci près que l'on avait barré la seconde partie de la phrase et écrit, en dessous : « Désolé ! C'est une erreur ! »

— Une erreur ! fulmina Lemercier. Ce qui veut dire que ce type se serait trompé de personne et s'en serait aperçu trop tard ?

— On le dirait, remarqua le légiste. Sous le loup il y a une seconde blessure.

— Autrement dit, conclut Morosini, il recommencera. Comment s'appelle ce malheureux ?

Ce fut le chef jardinier accouru entre-temps qui lui répondit :

— Il s'appe...lait Hanel, Félicien Hanel, âgé de trente ans. Il ne travaillait pas ici depuis longtemps mais c'était un bon élément...

— Marié ? Père de famille ?

— Pas que je sache !

— Mais enfin comment peut-on se tromper de victime ? s'insurgea Aldo. Cela veut dire que le meurtrier ne connaissait pas celui qu'il voulait frapper ? Ou alors, à cause de ce chapeau de paille, il a été trompé par une silhouette ?... Et comme il a dû arriver par-derrière...

— Si j'ai besoin de votre avis, je vous le demanderai, aboya le commissaire. L'important, pour l'instant, est d'empêcher ces gens de venir voir ce qui se passe ici...

En effet, le Petit Trianon était interdit de visite pour les besoins de l'enquête, ce qui avait conduit à la fermeture de la porte Saint-Antoine le desservant ainsi que le Hameau. Toute une troupe, poussée par la curiosité, avait contourné l'obstacle en entrant par la place d'Armes, le palais et en traversant le parc. Elle fut aussitôt refoulée par un Lemercier furieux qui fit établir aussitôt des barrières de façon à préserver le site. Seuls les membres du Comité de l'exposition étaient autorisés et l'on vit arriver, accourus par le petit château, Mme de La Begassière, Quentin Crawford et lady Mendl. Inquiets sur le sort de leur œuvre, et habitant à proximité, près de la lisière du parc, ils étaient venus assurer la protection des nombreuses pièces prêtées et se rendre utiles si besoin en était.

Mme de La Begassière pleurait tout en discutant avec Crawford qui s'efforçait de la calmer.

— Nous ferions mieux de fermer « Magie d'une reine » au plus vite et de rendre aux collectionneurs ce qu'ils nous ont prêté. Sinon nous allons à la catastrophe, s'écria-t-elle.

— Ce serait folie ! Nous avons là un malheureux concours de circonstances mais renoncer serait dommage. Songez au mal que nous nous sommes tous donné !... Et aux besoins financiers de Versailles pour les réparations des Trianons et du Hameau de la Reine !

— Je dirai même que votre « malheureux concours » pourrait devenir bénéfique, émit lady Mendl. Restons fermé quelques jours jusqu'à ce que la police ait achevé son travail puis laissons revenir les visiteurs. Avec deux crimes dans le décor nous allons faire fortune !

— Vous êtes cynique, ma chère ! Absolument cynique, gémit la comtesse après s'être mouchée. Exploiter un pareil drame !... Je suis persuadée, mon cher prince, ajouta-t-elle en se tournant vers

Aldo, que vous souhaitez reprendre vos biens et ceux de votre beau-père le plus tôt possible...

— Rien ne presse ! En revanche, ce que je voudrais savoir, c'est si, pendant que le meurtrier commettait son erreur, aucune autre pièce n'a été volée.

— Vérification faite, rien ne manque, assura l'inspecteur Bon, qui venait d'examiner les vitrines dont le mystère restait entier, aucun des trousseaux de clefs qui permettaient de les ouvrir n'ayant quitté les poches ou le bureau de leurs détenteurs...

Après un certain nombre d'investigations, la police fit enlever le corps du jardinier. On établit un cordon autour du lieu du crime puis, laissant ses hommes finir leurs recherches, Lemercier proposa à Aldo de le ramener :

— À une station de taxis, alors, puisque vous m'avez fait renvoyer le mien.

— Êtes-vous si pressé ? coupa lady Mendl. Il me semble à moi que le Comité – la partie tout au moins qui travaille ! – devrait se réunir d'urgence. Je vous rappelle que, dans quinze jours, nous avons concert et fête au Hameau. Il me paraît difficile d'annuler : les invitations sont parties depuis belle lurette et presque tous ont accepté.

— C'est pourtant vrai, gémit Mme de La Begassière ! Je l'avais totalement oubliée, celle-là. Qu'allons-nous faire ? Imaginez que cet assassin même pas capable de savoir qui il tue recommence pendant la soirée !

Bonne organisatrice en temps normal, douée d'un heureux caractère et débordante de bonne volonté, la pauvre femme se sentait dépassée par les événements. Ce fut Crawford qui lui répondit :

— Il n'y a aucune raison d'annuler. Les frais engagés sont trop importants. Il suffira de faire tenir une invitation au commissaire Lemercier.

Celui-ci ayant donné son accord, lady Mendl proposa alors de réunir tout le monde chez elle le lendemain soir autour de la table du dîner.

— J'habite la villa Trianon, en lisière du parc. Vous serez des nôtres, commissaire ?

Celui-ci s'inclina :

— Merci, madame, mais je crains d'avoir trop à faire. Tenez-moi cependant au courant de ce que vous déciderez. À présent, partons, prince, si vous le voulez bien. Je vous ferai raccompagner, se hâta-t-il d'ajouter.

Aldo se serait volontiers attardé mais, peu désireux de ramener au noir une humeur qui semblait s'être considérablement adoucie, il se laissa emmener après avoir salué les personnes présentes. Il allait monter en voiture quand lady Mendl lui lança :

— Si Adalbert est à Paris, amenez-le !

Un pied déjà à l'intérieur, il se retourna, surpris :

— Adalbert ? Vous voulez dire Vidal-Pellicorne ?

— Il n'y en a qu'un pour moi avec un nom pareil ! fit-elle en riant. Pour vous aussi, j'imagine. Et je le connais depuis longtemps ! Soyez bon, venez avec lui.

— Avec plaisir !

Ça, c'était une bonne nouvelle ! Il comptait interroger le commissaire sur cette Anglaise qu'il ne connaissait pas, n'ayant découvert le Comité qu'à la veille de l'inauguration mais Adalbert ferait cela beaucoup mieux que lui et, puisque l'atmosphère était à la détente, il préférait employer le trajet à poser une question qui le tarabustait.

Il commença, prudemment, par demander :

— Si ce n'est pas contraire à votre enquête, j'aimerais savoir...

— ... ce qu'il en est du faux bijou qui vous tourmentait tant ?

— Bravo : vous lisez dans les pensées...

— Je n'y ai pas grand mérite : c'est la seule chose qui pouvait vous intéresser dès le moment où vous n'aviez rien à voir avec le vol... et le meurtre. Eh bien, vous allez avoir une surprise : le joaillier Chaumet a reçu pendant la préparation de « Magie d'une reine » une lettre d'une demoiselle Caroline Autié. Elle disait que sa famille avait possédé un bijou en diamants ayant appartenu à Marie-Antoinette mais se l'était fait voler et ne détenait plus qu'une copie réalisée par son grand-père. Elle demandait que l'on consentît à l'exposer avec les autres joyaux dans l'espoir que le voleur, ou tout au moins, le possesseur actuel, se manifesterait. Le bijou était joint à la lettre, l'expéditrice ajoutant qu'elle partait sur-le-champ pour Florence où une parente chère était au plus mal. Elle ne pouvait donc attendre la réponse et lui confiait son bien. S'il refusait de l'exposer, elle ne lui en voudrait pas et se contenterait de le reprendre, tout simplement...

— Dès l'instant où l'on montrait une copie du fameux collier, remarqua Morosini, il n'y avait aucune raison de ne pas accepter en effet. D'autant que Chaumet a dû en voir d'autres, comme tous les grands joailliers...

— Oui, mais s'imaginer qu'un voleur ou un acheteur se manifesterait était peut-être un peu léger.

— Pas tellement. La vanité des collectionneurs est sans limite. Qu'un quidam ose se prétendre possesseur de la merveille qu'il détient lui est insupportable. J'en sais quelque chose, soupira-t-il en accordant une pensée à la Rose d'York, le vieux diamant qui avait fait couler tant de sang. Il ne put s'empêcher de se manifester – plus ou moins ouvertement sans doute – mais il n'y manqua pas. Cela dit, Chaumet vous a donné, j'imagine, l'adresse de la demoiselle ? Vrai ou faux, on lui a volé sa « larme » : il faut la prévenir...

— Tout ce que l'on peut faire, c'est mettre une convocation dans sa boîte aux lettres à tout hasard. Elle habite une vieille maison assez solitaire et passablement en mauvais état à la limite du Chesnay. Et comme elle l'avait annoncé, il n'y a personne.

— Pas de domestiques ? Pas de voisins ?

— Absolument rien ! grogna Lemercier, qu'Aldo commençait à agacer. Elle n'a pas l'air de rouler sur l'or, on peut comprendre qu'elle ait envie de retrouver les vraies pierres...

— Cela vous ennuierait... de me donner cette adresse ?

Oui, ça l'ennuyait ! Devenu soudain rouge brique, le commissaire aboya :

— Pour que vous vous mêliez de ce qui ne vous regarde pas ? Pas question !... Tenez, il y a là deux taxis en station ! Prenez-en un et rentrez chez vous ! Je vous ai assez vu pour aujourd'hui !

— Et... pour les jours à venir ?

— Restez tranquille et surtout ne quittez pas Paris. N'oubliez pas que vous êtes témoin... au minimum. Alors, restez à ma disposition ! Et, au fond, je me demande si vous ne feriez pas mieux de vous installer ici le temps de l'enquête ?

— Mais c'est que je n'ai pas que ça à faire, moi ! Je suis commerçant et je ne suis venu que pour quelques jours...

— Désolé mais j'aime mieux vous avoir sous la main. Vous êtes, paraît-il, un homme précieux, un connaisseur dans les affaires de bijoux...

— Je préfère « expert », coupa sèchement Morosini. C'est mon titre officiel...

Lemercier balaya la mise au point d'une main désinvolte :

— Je ne vois pas la différence ! Quoi qu'il en soit, vous êtes une sorte de champion dans votre partie : c'est du moins ce que prétend mon collègue Langlois. Il lui serait même arrivé de faire appel à vos talents ! Ça le regarde ! Personnellement, je ne vous connais pas mais puisque vous êtes tellement intéressant je ne suis pas disposé à vous courir après jusqu'à Venise. Et ce, même jusqu'à Paris, au cas où j'aurais besoin de vous dans l'instant. En outre, la plupart des gens de votre comité habitent Versailles. Ils ne manquent pas de place et il y en aura certainement un qui se fera une joie de vous offrir l'hospitalité !

— Je déteste déranger ! protesta Morosini. Si je dois rester, ce sera à l'hôtel...

— Justement nous en avons un excellent : le Trianon Palace. À moins qu'il ne soit pas dans vos moyens ? ricana Lemercier sans imaginer un seul instant que sa victime mourait d'envie de lui aplatir le nez. « Maintenant, descendez ! »

Et sans lui laisser le temps de respirer, il l'embarqua dans le premier taxi en lançant au chauffeur :

— À Paris !

Un vague grognement en guise d'adieu et l'on se sépara. Aldo avec une certaine satisfaction : il avait besoin de réfléchir et le voisinage de ce policier hargneux avec lequel il ne savait trop sur quel pied danser n'y était pas favorable. Une chose était sûre : Lemercier ne l'aimait pas et, Dieu sait pourquoi, il adorerait pouvoir lui mettre sur le dos cette bizarre affaire de vengeance posthume suscitée sans doute par l'exposition de Trianon. Il n'aurait sûrement pas hésité si Langlois ne s'en était mêlé et sa dernière crise de mauvaise humeur venait peut-être de ce qu'en le convoquant à son bureau il lui avait fourni un alibi parfait pour le second meurtre.

Quant à lui-même, Aldo reconnaissait qu'il avait fait un pas de clerc en demandant l'adresse de Mlle Autié : c'était annoncer justement qu'il avait l'intention de se « mêler de ce qui ne le regardait pas ». Alors qu'il aurait été tellement plus simple de la demander à Chaumet.

Il en était à ce stade de ses cogitations quand la vitre coulissante qui le séparait du chauffeur s'ouvrit et il entendit une voix de basse-taille teintée d'un solide accent russe :

— C'est grand, Paris ! Nous allons rue Alfred-de-Vigny ou rue Jouffroy ?

— Quai des Orfèvres, répondit-il machinalement avant de réaliser ce qu'il venait d'entendre : « Mais... d'où sortez-vous ces deux adresses ? »

Le chauffeur arrêta sa voiture et se retourna, montrant un visage barbu grisonnant et hilare sous la casquette à visière vernie : Aldo l'identifia aussitôt :

— Le colonel Karloff ! C'est ce qu'un Anglais appellerait un « morceau de chance ». Mais que faites-vous à Versailles ? demanda-t-il en se hâtant de descendre pour venir s'installer à côté de l'ancien officier de cosaques. Les deux hommes se serrèrent vigoureusement la main. Aldo était incroyablement heureux de retrouver ce – bon ! – compagnon d'une de ses plus dangereuses aventures : celle où il avait été à deux doigts de laisser sa peau [1].

— Je viens juste de déposer un client américain à l'hôtel des ventes. C'était fermé mais il a voulu rester. Peut-être pour attendre que ça ouvre ? Ces gens-là s'imaginent toujours que le gouvernement français continue à brader le mobilier du château. Quant à moi, si je ne vous avais pas reconnu sur l'instant, j'aurais claqué mon drapeau au nez de ce foutu policier...

— Vous le connaissez ?

— Plutôt, oui ! J'ai toujours eu l'impression qu'il détestait le genre humain en entier mais avec un petit plus pour les Russes. Il faut vous dire : j'habite maintenant, pas loin d'ici, une modeste maison que ma femme a héritée d'un oncle qui la lui a fait attendre jusqu'à l'an dernier ! Cent trois ans qu'il

1. *La Perle de l'Empereur.*

avait le bougre quand il a vidé sa dernière bouteille de vodka ! Alors on a quitté Saint-Ouen pour s'y installer. Ça me complique bien un peu l'existence à cause de l'éloignement et je ne fais plus la nuit pour ne pas laisser Liouba seule, le coin étant retiré, mais elle est si contente d'avoir un jardin ! Moi aussi d'ailleurs ! Voisiner avec les plants de fraisiers c'est plus agréable qu'avec le marché aux Puces. Et puis je me suis fait une clientèle avec le Trianon Palace... Mais au fait, vous voulez vraiment aller quai des Orfèvres ?

— Vous avez quelque chose contre ?

— N...on ! sauf que je garde l'impression tenace que le commissaire Langlois me prend pour un vieux fou depuis qu'avec votre ami Vidal... machin, on a déboulé chez lui au petit matin après une mémorable virée à Saint-Cloud.

— Vous aviez fait un tel travail qu'il ne vous en a pas voulu longtemps. À propos, avez-vous vu Adalbert ces jours-ci ?

— Pas depuis mon déménagement. Pourquoi me le demandez-vous ? Vous ne savez pas où il est ?

— Je sais qu'il est en Belgique, sans plus ! Je ne suis arrivé qu'il y a deux jours, pour l'exposition de Trianon...

— De Trianon ?... Par saint Vladimir, vous ne changerez jamais ? s'écria Karloff en partant d'un rire homérique sous lequel tremblèrent les vitres de son taxi...

— Vous trouvez ça drôle ? Vous savez qu'il y a eu un mort... et même deux, sans compter un vol ?

Le rire s'arrêta net :

— Deux ? Ça commence bien mais si je riais c'est parce que cela ne m'étonne pas. Vous et Vidal... machin...

— Pellicorne ! Ce n'est pas si difficile !

— Si vous voulez ! Toujours est-il que vous deux avez un vrai talent pour vous fourrer dans des histoires incroyables. Qui est mort cette fois ?

— Un jardinier... mais il paraît que c'était une erreur.

Et Aldo relata tout ce qui s'était passé depuis la cérémonie d'inauguration.

— Curieuse histoire ! commenta le colonel en tiraillant sa moustache. Et que ça ait eu lieu chez Lemercier n'arrange rien. Quelque chose me dit que vous n'en avez pas fini avec lui... En revanche, si vous avez besoin d'un coup de main, n'hésitez pas ! De jour comme de nuit, je suis votre homme. Au moins vous aurez quelqu'un sur place. Je vais vous donner mon adresse...

— C'est une excellente idée ! Tout compte fait, oublions le quai des Orfèvres et rentrons rue Alfred-de-Vigny ! Tante Amélie sera ravie de vous voir...

— Avec enthousiasme !

Et joignant le geste à la parole, le colonel, qui roulait depuis le départ à une allure modérée – ce qui ne lui ressemblait guère ! –, appuya joyeusement sur le champignon et, poussant une sorte de cri de guerre, lança son taxi comme il eût éperonné son cheval pour charger à la tête de son régiment de furieux. Quand il embouqua le pont de Saint-Cloud avec un superbe dédain de la circulation vespérale, Aldo ferma les yeux, recommandant son âme à Dieu tout en sachant parfaitement que Karloff était aussi impétueux qu'habile conducteur. Mais on ne sait jamais ce qui vous attend au coin de la rue...

Il ne les rouvrit que lorsqu'un coup de frein triomphal mit fin à la chevauchée fantastique.

— Je vois, fit-il, que vous conduisez toujours avec la même ardeur juvénile. À Versailles aussi ?

— Bien entendu, voyons !

— Alors je commence à comprendre pourquoi vous ne vous aimez guère, vous et Lemercier, et ce n'est sûrement pas une question de nationalité.

— Ce moujik ignorera toujours le goût de la vie...

Quand Aldo tira son portefeuille pour régler la course, Karloff lui jeta un regard lourd, déplia sa grande carcasse, ôta sa blouse grise et sa casquette qu'il rangea soigneusement sous la banquette arrière où il prit un veston, des gants et un chapeau, les revêtit sous l'œil intéressé d'Aldo auquel finalement, il déclara :

— Quand je vais saluer une dame je n'ai pas coutume de faire payer celui qui m'offre ce plaisir !

Aldo ne put que s'incliner : le chauffeur de taxi venait en effet de disparaître pour faire place au seigneur qu'il avait été...

Leur entrée au jardin d'hiver fut saluée par une triple exclamation de soulagement. Triple parce que Adalbert était en train de partager le champagne du soir :

— Ah, enfin ! traduisit celui-ci. Nous nous demandions s'il allait falloir te porter des oranges.

— Ça te va bien de jouer les inquiets ! grogna Aldo pour mieux cacher sa joie de retrouver son vieux complice. Pourquoi n'étais-tu pas à l'inauguration ? Tu as dû recevoir un carton ?

— C'est la faute de ma voiture. Je revenais de Bruxelles où j'étais allé voir un confrère quand elle m'a laissé en panne à Beauvais. Le temps de faire venir une pièce de Paris et j'avais raté ton vernissage. Remarque, après ce qui s'est passé, je regrette sincèrement de l'avoir manqué !

— Est-ce que tu deviendrais sanguinaire en vieillissant ? Si c'est le cas tu n'auras loupé que le prologue : il y a eu un autre meurtre cet après-midi !

— Quoi ? s'écrièrent en chœur la marquise et Plan-Crépin jusque-là tout au plaisir d'accueillir le colonel Karloff.

— Eh oui ! Un jardinier cette fois, mais on pense que c'était une erreur...

Quand il eut achevé son récit, les yeux jaunes de Marie-Angéline brillaient tels des louis d'or :

— Passionnant ! C'est absolument passionnant ! Je sens que nous allons vivre des heures exaltantes !

— Je ne crois pas que vous aurez beaucoup l'occasion de les partager, soupira Aldo. Le cher commissaire désire – je ferais mieux de dire exige ! – que j'habite Versailles le temps de l'enquête. Je suis désolé, Tante Amélie, mais je vais transporter mes pénates au Trianon Palace...

— Ça c'est une idée ! exulta Karloff. Je vous ai dit tout à l'heure que je travaillais beaucoup avec l'hôtel. Ainsi je serai plus facilement à votre disposition...

— À condition que vous me laissiez payer mes courses...

Aldo eut tout à coup conscience d'un de ces silences accompagnant en général les grandes catastrophes. De fait, Plan-Crépin semblait foudroyée cependant que la marquise observait le phénomène avec amusement. Quand la vieille fille poussa une plainte douloureuse :

— Oh non ! Vous n'allez pas nous faire cela ?

Gentiment, Aldo s'approcha d'elle et lui prit la main :

— Il ne s'agit pas d'aller à l'autre bout du monde, Angelina ! En outre, vous allez pratiquement chaque jour à Trianon où vous avez encore à faire...

— ... et puis, renchérit Adalbert, je pourrai vous emmener aussi souvent que vous le voudrez : ma voiture marche mieux que jamais et vous irez plus vite qu'avec...

— ... mon antique carrosse ? Ayez donc le courage de vos opinions, Adalbert ! enchaîna Mme de Sommières. Quant à vous, Plan-Crépin, remettez-vous, bon sang ! Ne dirait-on pas que le ciel vient de vous tomber sur la tête ?

— Ça y ressemble ! fit celle-ci en reniflant dans son mouchoir.

— Mais c'est qu'elle est capable de se mettre à pleurer ! Allons, Plan-Crépin, un peu de nerf ! Oubliez-vous que sans vos ancêtres il eût manqué quelque chose d'essentiel aux croisades ! Rappelez-moi donc votre devise !

— *Dieu garde et sus à l'ennemi !*

— Eh bien, voilà ! Mettez-la en pratique et pour commencer descendez à la loge téléphoner !

Rue Alfred-de-Vigny, l'invention de Graham Bell n'avait en effet droit de cité que chez le concierge, la marquise n'ayant jamais supporté qu'on pût la sonner comme un simple domestique.

— À qui ?

— Au Trianon Palace, évidemment ! Je suis certaine que le colonel peut vous en donner le numéro ?

— Le 7 à Versailles ! Mais je peux en rentrant retenir pour Morosini.

— Merci. Ce ne sera pas suffisant ! Plan-Crépin, allez donc vous entretenir d'une « suite » pour nous !

— Nous ?... Nous voulons aussi aller à Versailles ? souffla Marie-Angéline à demi étranglée d'émotion mais pas au point d'oublier son habitude de ne parler à sa patronne et cousine qu'en employant le pluriel de majesté.

— Et pourquoi pas ? Nous avons déjà fréquenté pas mal d'hôtels à travers le monde et on ne pense jamais à celui-là. Sans doute parce qu'il est trop près. C'est une erreur puisqu'il se situe dans le parc même du château à deux pas des Trianons... que je reverrai avec émotion !

— Je croyais, plaisanta l'archéologue, que vous n'aimiez pas Marie-Antoinette ?

— C'est encore vrai. Je lui préfère son époux, si humain. Oh, je m'incline... très bas devant la Reine martyre mais la bergère enrubannée du Hameau m'a toujours prodigieusement porté sur les nerfs. Cette « tête à vent » comme disait sa mère n'a fait qu'accumuler les sottises jusqu'à ce qu'il soit trop tard ! Cela dit, peut-on vous garder à dîner, messieurs ?

Le colonel déclina l'invitation : sa femme devait l'attendre et elle se tourmentait facilement. Il prit congé aussitôt. Adalbert, lui, resta d'autant plus volontiers que s'il possédait la perle des serviteurs en Théobald, son indispensable « Maître Jacques », il appréciait vivement le talent d'Emilie, la cuisinière de la marquise. En outre, lui et Aldo ne s'étaient pas vus depuis des mois. Ils avaient donc énormément à se dire.

Quand Marie-Angéline revint de son expédition téléphonique, elle rayonnait positivement :

— Tout est arrangé ! s'écria-t-elle. Nous sommes attendus demain et, bien qu'il y ait pas mal de monde à cause de l'exposition, nous aurons ce que nous voulons. Je vais m'occuper des valises ce soir même. Dépêchons-nous de manger !

Les autres étant déjà à table, elle se rua sur ses asperges sauce mousseline comme si sa vie en dépendait !

— Seigneur, Plan-Crépin, un peu de calme ! Vous ne seriez pas plus excitée si nous devions prendre un paquebot ou l'Orient-Express ! Nous n'allons qu'à Versailles !

— Qu'à Versailles ? s'étrangla la demoiselle. Mais c'est en ce moment le centre du monde ! Il l'a toujours été pour moi, d'ailleurs, mais, en plus il y a ce mystère ! C'est fantastique !

— À propos de Versailles, tu connais paraît-il une certaine lady Mendl ? demanda Aldo à son ami.

— Tout Paris la connaît. Ton copain Vauxbrun aussi. Il en serait certainement tombé amoureux si elle était plus jeune. Je l'ai rencontrée à plusieurs reprises chez des amis communs. Elle ne s'intéresse pas à l'Égypte sauf pour des petits séjours au Mena House de Gizeh ou à l'Old Cataract d'Assouan mais c'est une femme remarquable, cultivée, passionnée de beauté. Elle adore Versailles...

— Elle est anglaise bien entendu ?

— Oui et non. Elle est née américaine – Elsie de Wolfe – mais d'origine anglaise et très tôt elle s'est prise d'une véritable passion pour la France en général et Versailles en particulier... Elle devait avoir vingt ans quand elle a acheté la villa Trianon avec deux amies, Miss Morgan et Miss Marbury : la première milliardaire et la seconde imprésario de théâtre. Elsie était la moins fortunée des trois mais, comme elle a un goût du tonnerre, elle est devenue la première décoratrice d'intérieur au monde et a fait fortune. Et puis elle a rencontré sir Charles Mendl, conseiller à l'ambassade de Grande-Bretagne à Paris et ils se sont mariés un peu plus tard – mariage blanc a-t-on dit – et à présent elle est veuve. Voilà ! Il a lieu où, ce dîner ? À la villa Trianon j'imagine car si je ne me trompe elle n'habite avenue d'Iéna que l'hiver ?

— Parfait ! je compte donc sur toi pour m'emmener. Si toutefois ton bolide consent à se comporter convenablement !

Le déménagement du lendemain ayant pris pas mal de temps, Aldo et Adalbert accusaient un certain retard quand l'Amilcar rouge et noire de l'archéologue les déposa devant le perron de la villa

Trianon. Tout de suite l'atmosphère leur parut différente de ce qu'elle aurait dû être selon Vidal-Pellicorne, qui durant le trajet avait vanté le faste – le mot n'était pas trop fort ! – avec lequel Elsie Mendl aimait à recevoir ses invités, même s'ils étaient peu nombreux. Selon lui la maison serait illuminée de bas en haut et la gaieté des salons déborderait jusque sous les arbres du parc. Or, seul le rez-de-chaussée était éclairé, le bruit des conversations filtrant par les portes-fenêtres ouvertes restait discret et, surtout, aucun rire ne s'y mêlait.

— Nous sommes les derniers, Higgins ? demanda Adalbert à l'impeccable « butler » qui les accueillait au seuil du vestibule.

— Oui, monsieur. Tout le monde est là.

Une dizaine de personnes, en effet, occupaient un salon bleu et or où d'admirables fauteuils Régence réalisaient un ensemble parfait avec de très beaux meubles anciens appartenant tous au XVIIIe siècle français. On buvait des cocktails en causant à voix contenue comme s'il y avait un malade à la maison. Les smokings des hommes contrastaient peu avec les robes de « dîner » des femmes qui arboraient des couleurs sombres avec, tout de même, quelques très beaux bijoux.

La maîtresse de maison, qui avait opté pour du velours noir [1], sous un déluge de perles, vint au-devant des retardataires, appuyant sur une canne une démarche devenue hésitante. Plutôt petite, mince et fine, lady Mendl à qui il était difficile de donner un âge – en fait elle avait plus de soixante

1. Elle était souvent vêtue de noir.

ans ! – attirait toujours le regard par ses magnifiques yeux noirs et une chevelure argentée qui faisait sa fierté et qu'elle avait renoncé, en vieillissant, à teindre en bleu, vert ou rouge selon sa fantaisie.

— J'espérais vous recevoir dans une atmosphère plus heureuse, dit-elle en leur offrant sa main qu'ils baisèrent l'un après l'autre, mais nous sommes en pleine catastrophe. Cela ne vous concerne pas, cher Adalbert, puisque vous n'appartenez pas à notre Comité mais je vous sais de bon conseil et très proche du prince Morosini...

— Qui n'en fait pas partie non plus, rectifia Aldo en souriant.

— Les joyaux prêtés vous y ont inscrit d'office et nous avons plus que jamais besoin d'aide. Vous connaissez mes invités, je pense ?

Pour les Crawford, mari et femme, Gilles Vauxbrun, Mme de La Begassière, le général de Vernois et sa femme, cela ne faisait aucun doute, mais on fit connaissance des autres : le comte Olivier de Malden appartenant au Quai d'Orsay, son épouse et un vieil archiviste de grand renom, le professeur Aristide Ponant-Saint-Germain, qui avait l'air de somnoler enfoui dans une bergère. Il fallut répéter trois fois les noms des nouveaux venus pour qu'il les salue d'une grimace avant de se rendormir.

Les présentations terminées, Aldo prit le siège que lui offrait son hôtesse et demanda :

— Vous parliez à l'instant d'une catastrophe, lady Elsie. J'espère qu'il ne s'agit pas encore...

— Si. Il y a eu un nouveau meurtre. Au Hameau cette fois et l'on a retrouvé le corps d'un fontainier.

— Poignardé, lui aussi ?

— À travers un masque noir.

— Le commissaire Lemercier va pouvoir les collectionner. Vous a-t-il laissé voir l'inscription de l'intérieur ?

— Oui. La même que pour les autres avec cette adjonction : « Cette fois, pas d'erreur. »

— Et l'on sait son nom ?

Ce fut Crawford qui lui répondit après avoir consulté un calepin tiré de sa poche :

— Harel, Ferdinand Harel. L'analogie avec le nom du précédent : Félicien Hanel, est flagrante et je dirais que physiquement les deux hommes offrent une certaine ressemblance : la taille, le dos un peu voûté, les cheveux blonds...

— Et ces gens-là seraient des ennemis de la Reine ? Comment le meurtrier l'entend-il ? Des gens qui la détestent et le font savoir par leurs actes ou leurs écrits – je pense au vieil archiviste ! – ou qui, n'importe comment, attaquent sa mémoire. Ou bien des...

Un étrange phénomène lui coupa la parole : cela tenait du croassement et du sac de noix dévalant un escalier. On se tourna vers la source de ce bruit bizarre : c'était le professeur qui, bien réveillé, ricanait en faisant claquer ses dentiers. Il faillit s'étrangler, vira à l'écarlate, toussa, puis, après avoir avalé la coupe de champagne que son hôtesse lui mit dans la main, reprit d'une voix enrouée.

— L'Histoire, messieurs !... l'Histoire seule peut vous apporter la réponse. Encore faut-il la connaître ! Vous vous attachez aux beaux temps de Versailles et des Trianons, les falbalas, les joyaux, les fêtes mais vous refusez les heures noires ! Vous battez le rappel des grands noms en ignorant les petits...

Une quinte de toux lui coupa la parole. Il la fit passer avec une goulée de vin pétillant, renifla et reprit :

— Les petits, disais-je ! Ceux des vipères qui rampaient dans la boue des prisons ! Tison... Harel, ça ne vous dit rien ?

— Mon Dieu non ! dit Vauxbrun. Ce sont, comme vous le dites, professeur, des noms bien ordinaires ! La seule Harel qui, pour moi, ait marqué l'Histoire est cette Normande qui a inventé le camembert !

La plaisanterie ne détendit qu'à peine l'atmosphère. Crawford tout à coup sembla soucieux :

— Je crois comprendre : les Tison étaient ce ménage d'espions censés servir, au Temple, la famille royale et ne lui ont pas ménagé les avanies. Quant aux Harel...

Ce fut Adalbert qui prit la suite :

— Un bas policier marié à une mégère, n'est-ce pas ? C'est elle qui, à la Conciergerie, a fait échouer le complot de l'Œillet au moment même où la Reine allait quitter sa prison ?

La surprise remonta les sourcils broussailleux du professeur de quelques centimètres :

— C'est exact ! approuva-t-il.

— Bravo ! fit Morosini. Moi qui croyais que tu n'avais jamais rencontré d'autres reines que Néfertiti, Néfertari, Hatshepsout ou Cléopâtre ?...

— Je suis français et j'ai pris le temps de m'intéresser à l'histoire de mon pays. Surtout quand les choses allaient mal... Monsieur de Malden, ajouta-t-il en regardant le diplomate, vous descendez, n'est-ce pas, d'un des trois gardes du corps qui escortaient la famille royale lors de ce malheureux voyage à Varennes ?

— Effectivement. Il suivait la berline à cheval afin de protéger les arrières. Cela lui a coûté la vie par la suite...

— C'est ce qui a réveillé mes souvenirs de lecture...

— Mais enfin, gémit Mme de La Begassière, ces malheureux sont bien innocents et ce n'est pas leur faute si leurs ancêtres – en admettant qu'ils le soient – se sont mal conduits ?

— Pour celui qui les tue seule compte l'hérédité, le nom. Ils portent le poids des péchés de leurs pères. « Ils ont mangé des raisins verts et les dents de leurs enfants en ont été agacées... », cita Aldo avec un rien de solennité.

— Amen, mon révérend ! ironisa Adalbert. Quelqu'un parmi nous saurait-il s'il y a dans les alentours d'autres gens portant des noms dangereux ?

— On pourrait déjà consulter l'annuaire du téléphone, proposa quelqu'un.

Le rire du professeur prit un degré de grincement :

— À condition de connaître ceux qui sont importants et je n'ai pas l'impression que ce soit le cas de la majorité, ce soir. Même si vous étiez des puits de science, savez-vous par exemple combien de gens portent le nom de Simon ? Hein ?... Simon ! Un nom largement répandu ! Comment trouver celui dans les veines duquel coule le sang de l'affreux savetier du Temple, « l'éducateur » du dauphin selon le Comité de salut public ? Et rien ne dit qu'il soit à Versailles. Alors: « Tuez-les tous et Dieu reconnaîtra les siens » ?

— Il a raison, dit Aldo qui venait d'allumer une cigarette et en tirait une bouffée méditative... Notre assassin ne va pas s'offrir un massacre...

— Et il n'en fera rien, jeune homme! assura le vieil homme. Soyez certain qu'il connaît son sujet. Il a dû y penser longtemps et ne frappe qu'à bon escient, ajouta-t-il en levant un doigt vers le plafond azuré.

L'entrée d'Higgins annonçant que Milady était servie fit lever tout le monde avec une satisfaction évidente. On se mit à table et l'on s'apprêtait à déguster le foie gras en brioche quand on entendit sonner à la grille.

— C'est peut-être notre ami Polignac, fit lady Mendl. Je lui ai presque arraché la promesse de passer.

Du coup les couverts retombèrent avec un bel ensemble mais ce fut Lemercier que le maître d'hôtel introduisit l'instant suivant. L'hôtesse se leva et trouva un sourire:

— Vous vous êtes décidé à accepter mon invitation, commissaire? Un couvert, Higgins!

Le visage sombre du policier ne s'éclaira qu'à peine:

— Je vous remercie, madame, mais je ne fais que passer. Comme je savais que les Versaillais de votre Comité étaient réunis chez vous, il m'est apparu normal de vous faire part d'un fait nouveau qui est intervenu il y a une heure...

— Encore un cadavre? s'inquiéta le général de Vernois.

— Non : ceci !

Et, tirant de sa poche un sachet de papier, il en fit glisser sur la blancheur de la nappe damassée quelque chose dont les bougies du surtout fleuri arrachèrent des éclairs en même temps qu'un « oh » de stupéfaction aux convives : la larme de diamants dérobée à Trianon.

On se leva pour mieux voir mais déjà Lemercier avait escamoté le corps du délit :

— Ce n'est pas tout, annonça-t-il. Un message l'accompagnait. Non signé comme il se doit et écrit en majuscules : notre voleur se plaint – il a tous les culots – d'avoir été victime d'une illusion. Le bijou étant faux il nous le rend... en exigeant qu'il soit remplacé par le vrai !

— C'est insensé ! s'écria Morosini. Où veut-il que nous le prenions puisqu'en l'exposant la propriétaire espérait justement le faire sortir de sa cachette.

— Oh ! Il a parfaitement compris. D'autant mieux même qu'il déclare posséder l'autre boucle d'oreille. Il est donc persuadé que la demoiselle a toujours la vraie et n'a usé de ce subterfuge que pour compléter la paire. Il lui donne trois jours pour lui faire parvenir ce qu'il veut dans des conditions qu'il lui fera connaître en temps voulu...

— Je ne vois pas comment elle pourrait faire si elle est toujours en Italie ? émit Vauxbrun.

La cuirasse de certitudes du commissaire devait en avoir pris un coup car il se passa sur les yeux une main que le regard d'Aldo décréta légèrement tremblante. En même temps il lâchait :

— C'est bien ça le chiendent ! J'ai envoyé chez elle, rue du Plateau-Saint-Antoine et il n'y a aucun signe de vie. La maison est un peu isolée mais une voisine, interrogée, a dit que, à son avis, elle n'était pas près de rentrer...

— D'où le sort-elle ? ne put s'empêcher de demander doucement Aldo, si doucement que Lemercier ne s'aperçut pas que la question venait de lui. Il haussa les épaules :

— Son intime conviction. Autrement dit c'est sans intérêt... Mesdames, messieurs, vous en savez autant que moi à présent. À vous de voir ce que vous devez faire mais je ne saurais trop vous conseiller d'en finir avec votre foutue exposition...

Il allait sortir. Olivier de Malden le rattrapa par sa manche :

— Un instant s'il vous plaît, monsieur le commissaire ! Que se passera-t-il si, comme tout le laisse supposer, l'assassin n'est pas en possession de la « larme » dans les trois jours ?

— Je ne sais pas ! Il dit seulement que nous aurons les meilleures raisons de le regretter !

Et « Dur-à-cuire » sortit se contentant de saluer avec un geste désabusé qui en disait long sur son état d'esprit.

III

UNE NUIT AGITÉE

Dans la petite voiture d'Adalbert, décapotée et marchant à une allure sage afin de pouvoir respirer l'odeur d'arbres et d'herbe coupée de cette belle nuit de mai, le chauffeur et son passager gardaient le silence, réfléchissant chacun dans son coin. Ce ne fut que quand l'entrée éclairée du Trianon Palace fut en vue qu'Aldo demanda :

— Tu connais bien Versailles, toi ?

— C'est selon. Tu parles de quoi : le château ou la ville ?

— La ville et ses abords. Par exemple, tu ne saurais pas où se trouve la rue du Plateau-Saint-Antoine ?

Au lieu de répondre Adalbert s'arrêta sur le bas-côté de la route et se tourna vers son ami :

— Non, mais je vois où tu veux en venir. C'est la rue qu'habite l'Arlésienne ?

— La fille dont on parle tout le temps et qu'on ne voit jamais. Je ne sais pas pourquoi mais j'aimerais voir à quoi ressemble sa maison...

L'archéologue se mit à rire :

— Les grands esprits se rencontrent : c'est exactement ce que je pensais. Les habitations vides nous ont toujours été très instructives. Mais comme je ne sais pas où c'est, il faut se procurer un plan. Et à cette heure-ci... À moins d'en demander un au portier de nuit de l'hôtel mais qui pourrait peut-être trouver bizarre... on n'est pas à Paris ici et ce palace bon chic bon genre n'est certainement pas une couveuse pour aventuriers. En outre, il est une heure du matin... on pourrait peut-être remettre à demain ?

— Autrement dit : tu as envie d'aller te coucher ?

— Toi, tu es rendu mais entre mon lit et moi, il y a dix-sept bons kilomètres...

— Adalbert, mon ami, tu vieillis ! Eh bien, rentre, je me débrouillerai sans toi. Il se trouve que Karloff habite cette rue-là...

Vidal-Pellicorne jeta la cigarette qu'il venait d'allumer et redémarra :

— Tu ne pouvais pas le dire plus tôt ? Demande à ton portier qu'il t'explique comment on va chez lui, sous le prétexte que tu as quelque chose d'urgent à lui dire...

Quelques minutes plus tard, la bruyante voiture reprenait sa course. Le chemin était assez simple : en quittant le Palace, il fallait tourner à gauche pour emprunter le grand boulevard du Roi et filer tout droit jusqu'à ce que l'on bute dans l'église Saint-Antoine-de-Padoue, la rue en question ouvrant à l'angle droit sur un côté.

Ce devait être habituellement un quartier calme mais à cette heure tardive c'était franchement désert et d'ailleurs mal éclairé dès l'instant où l'on s'éloignait de l'église. Au ralenti, on s'engagea dans la rue bordée de maisons modestes avec de petits jardins. Trois ou quatre semblaient plus anciennes, avec des traces de style rappelant – d'assez loin tout de même ! – le temps des rois. L'une d'elles était celle où demeuraient Karloff et sa femme. Les volets en étaient soigneusement clos et les habitants devaient dormir à poings fermés. Aldo pensa avec un sourire intérieur que l'ancien colonel des cosaques devait se trouver à l'étroit là-dedans. C'était sûrement trop tranquille pour lui et il lui arrivait peut-être de regretter Saint-Ouen-les-Puces où il avait, pas bien loin, les rues du Paris nocturne avec ses cabarets, ses fêtards et ses filles de joie qui apportaient un peu de piment dans sa vie...

On avait dépassé la maison de quelques dizaines de mètres quand Adalbert coupa son moteur devant une grille encastrée entre deux piliers supportant des vestiges de sculpture. Au-delà, au milieu d'un jardin relativement vaste ombragé de grands arbres, il y avait un pavillon aux allures d'ancien rendez-vous de chasse. C'était un bâtiment sans étage, ouvrant de plain-pied par de hautes fenêtres sur un degré de trois marches. La nuit ne permettait pas de distinguer les détails mais, pour les yeux aigus des deux observateurs, l'ensemble donnait une impression, sinon d'abandon, du moins de manque d'entretien. De l'herbe poussait entre les marches et le jardin devait contenir plus d'herbes folles que de plantes civilisées. Même si un rosier aux fleurs claires grimpait à l'assaut des balustres du toit en terrasse, même si l'odeur délicieuse d'un immense tilleul embaumait la nuit.

— J'ai idée que c'est ici, souffla Adalbert. Ne me demande pas pourquoi mais cette maison pourrait être de celles qui ont abrité une famille susceptible de posséder un joyau ancien...

— Je serais volontiers de ton avis si elle était inhabitée. Mais il y a quelqu'un puisqu'il y a une pièce éclairée.

Effectivement, l'une des portes-fenêtres, entrouverte, laissait glisser un pinceau de lumière jaune sur les trois marches d'accès.

— La demoiselle est peut-être rentrée ?... J'ai envie d'aller voir !

— Tu auras bonne mine si tu te trouves en face d'un type hargneux fumant sa dernière pipe de la journée en faisant des mots croisés...

Mais le vieux démon de l'aventure était en train de reprendre possession d'Aldo. S'extrayant de la voiture, il alla examiner le mur d'enceinte, pas très élevé d'ailleurs et dont l'escalade ne lui causerait guère de problèmes. Après avoir d'un coup d'œil choisi ses prises, dont la plus intéressante était le lierre du sommet, il s'élança et, en cinq secondes, se retrouva assis sur le faîte au milieu du feuillage dru. Le temps d'une respiration et il avait disparu. Un léger bruit signala son atterrissage à Adalbert qui, ronchonnant contre les pères de famille qui se prennent pour Arsène Lupin, s'était extirpé à son tour pour s'approcher de la grille. Il vit Aldo marchant aussi souplement qu'un chat traverser un espace herbu délimité par deux pots en fonte pleins de géraniums et, se redressant, s'inscrire enfin dans le ruban éclairé et là se figer visiblement surpris de ce qu'il voyait.

Cessant de lutter entre la curiosité et l'ennui que lui causait une escalade en smoking et souliers vernis, Adalbert s'attaqua bravement au mur et en peu d'instants il eut rejoint son ami. Ce qu'il vit lui arracha un « oh ! » silencieux : c'était un spectacle de désolation absolue.

Assise sur un tabouret de piano le dos tourné à l'instrument, une jeune fille pleurait sans bruit au milieu d'un salon ravagé. Un salon qui dans son état primitif devait être joli avec ses murs tendus de damas d'un rouge passé, son trumeau de cheminée représentant une tête de berger telle qu'on les concevait jadis à Trianon, son lustre et ses girandoles à cristaux ternis par une légère couche de poussière mais qu'un ouragan semblait avoir visités. À l'exception des deux déjà cités, aucun meuble n'était debout ; les tiroirs retournés gisaient à terre, les coussins des deux bergères, des trois fauteuils et du canapé Louis XVI éventrés lâchaient leur laine parmi de multiples objets, portraits et tableaux décrochés des murs. Et la jeune fille, les mains nouées entre les genoux, posait sur ce spectacle un regard vert désolé dont les larmes coulaient sans interruption sans qu'elle fît rien pour les essuyer. Le tailleur qu'elle portait, assorti à une petite cloche de feutre, au sac, aux gants et aux souliers s'accordait avec la valise : elle revenait de voyage et les joies du retour s'étalaient sous leurs yeux.

— On tombe pile ! chuchota Adalbert. C'est sûrement celle que nous cherchons et on dirait qu'Attila est passé par là !

— On va s'en assurer et voir ce qu'on peut faire.

Après s'être épousseté machinalement, Aldo frappa à la vitre de la porte-fenêtre et s'avança vers la victime des vandales :

— Veuillez me pardonner ! Vous êtes bien mademoiselle Autié ?

Il avait parlé doucement, cependant elle sursauta, tournant vers les deux hommes un visage – absolument ravissant ! – et des yeux brillants de colère :

— Qui êtes-vous ?... Que faites-vous chez moi ? Vous venez achever votre ouvrage ?

En parlant, elle arrachait d'un geste rageur son chapeau révélant des cheveux de la même couleur de miel clair que sa peau. Debout elle paraissait grande, avec de longues jambes et un corps à la fois fin et nerveux. Sa beauté était telle qu'elle suffoqua ses visiteurs pendant trois ou quatre secondes. Adalbert se reprit le premier :

— Grand Dieu, non ! Nous sommes des gens de goût et pas portés sur le vandalisme. Simplement... nous pensions vous aider !

— À quoi faire ? Le ménage ? Et d'abord, comment êtes-vous entrés ?

— Le mur, fit Aldo en désignant le vernis noir griffé de ses chaussures. J'avoue que notre position n'est guère orthodoxe et que vous avez toutes raisons de vous méfier mais je vous donne ma parole de gentilhomme que nous sommes animés des meilleures intentions...

— Gentilhomme ? D'aventures je suppose ?

— J'en ai couru quelques-unes mais je ne crois pas avoir droit à ce titre. Je me nomme Aldo Morosini, Vénitien, expert en joyaux et prince par-dessus le marché. Quant à mon camarade...

Il n'eut pas le temps d'en dire davantage. La demoiselle se baissant rapidement, ramassait une statuette de bronze qui traînait au pied du piano dans l'intention évidente de s'en faire une arme...

— Expert en joyaux, hein ? Et vous osez me le dire en face... Sortez !

— Je ne vois pas pourquoi je m'en cacherais. Mais je tenais à vous faire comprendre...

— Rien ! Sortez ! Sortez immédiatement ou j'appelle la police, ajouta-t-elle en relevant de sa main libre un téléphone qu'elle posa au jugé sur l'instrument.

— Ça, fit calmement Adalbert, c'est une fameuse bonne idée parce que, justement, elle vous cherche la police ! N'oubliez pas de demander le commissaire Lemercier ! Vous verrez, c'est un homme exquis !

Un peu désarçonnée, Caroline Autié baissa sa garde :

— Ah oui ? Si vous êtes ce que je pense, vous ne devez pas l'apprécier beaucoup en effet ! Bien entendu vous êtes dans les bijoux vous aussi ?

Adalbert lui offrit un sourire angélique :

— De temps à autre mais ce n'est pas habituel. Je donne dans plus imposant. Pyramides, mastabas et sarcophages, par exemple. En un mot, mademoiselle, je suis égyptologue...

— Vraiment ? Et qu'est-ce qu'un égyptologue fait chez moi à deux heures du matin ? Au fait, vous vous appelez comment ?

— Adalbert Vidal-Pellicorne, pour vous servir. Dois-je ajouter mes décorations et titres universitaires ?

— Non, je suis certaine que vous avez une imagination débordante...

— Mais vous n'avez guère de suite dans les idées. Puis-je vous rappeler que vous souhaitiez appeler la police ?

Agacé, Aldo s'empara de l'appareil et demanda le commissariat de Versailles à l'opératrice légèrement ensommeillée qui lui répondit. Elle n'en fit pas moins diligence et une minute plus tard, il obtenait le poste, mais pas le vieux « Dur-à-cuire » qui devait tout de même sacrifier à la ridicule habitude humaine d'aller au lit de temps en temps.

— Veuillez vous charger d'un message pour lui, s'il vous plaît. Dites-lui que Mlle Autié est de retour... De la part du prince Morosini : M-o-r-o-s-i-n-i !... C'est ça ! Bonne nuit...

Son petit coup d'audace avait quelque peu calmé la jeune furie. Son regard vert allait d'Aldo à Adalbert comme si elle cherchait à évaluer quel degré de crédibilité elle devait leur accorder. Leur allure, leur élégance – certaine en dépit des traces laissées par l'escalade du mur ! – lui avaient fait penser un instant à ces cambrioleurs mondains que Maurice Leblanc avait mis si fort à la mode car elle était elle-même grande lectrice des aventures d'Arsène Lupin ! – mais l'étrange message laissé par cet homme qui se disait prince lui brouillait les idées. D'autant plus qu'elle se sentait très lasse : la longueur du voyage d'abord puis cette horrible surprise en revenant chez elle... Sans un mot elle traversa la pièce encombrée et disparut derrière la porte de la cuisine pour se passer de l'eau fraîche sur la figure, puis s'en versa un verre avec lequel elle alla rejoindre les intrus qui, entre-temps, avaient remis sur pied quelques meubles dont une bergère au coussin lacéré que lui avança Adalbert.

— Pourquoi ce commissaire devrait-il venir ici? demanda-t-elle d'une voix lasse.

— Mais en premier lieu pour constater ce massacre, répondit Aldo. J'espère que vous avez l'intention de porter plainte?

— Naturellement mais...

— Et vous ne savez pas encore jusqu'à quel point vous avez été dépouillée. À ceci s'ajoute la disparition de la boucle d'oreille que vous aviez confiée à Chaumet et qui a été enlevée de Trianon où il l'avait exposée avec les autres joyaux de Marie-Antoinette...

Il s'interrompit surpris par l'immensité de verte stupéfaction qu'elle levait sur lui :

— Moi? souffla-t-elle. J'aurais confié une boucle d'oreille à... Qui avez-vous dit?

— Chaumet, le joaillier de la place Vendôme. Avant votre départ pour Florence... C'est de Florence que vous arrivez, si je ne me trompe?

— Oui, et de Rome. Je viens d'y passer un mois.

— Donc, avant votre départ vous lui avez envoyé la copie – fort belle d'ailleurs – d'une girandole de diamants ayant fait partie des bijoux personnels de la Reine en lui demandant d'avoir l'amabilité de l'exposer, bien qu'elle soit fausse, dans l'espoir qu'elle permettrait peut-être de retrouver la piste de celui qui vous a dérobé la vraie il y a deux ans!

— Mais c'est une histoire de fous! Jamais je n'ai possédé de... comment dites-vous? Gi... randole de diamants?

— Oui. On appelle ainsi des pendants d'oreilles. Celle dont je parle se compose d'un diamant soutenant une « larme »... de diamant ! Attendez un instant !

Tirant d'une poche un carnet de cuir noir et un porte-mine d'or, il exécuta une rapide esquisse du bijou grandeur nature où à peu près.

— Voilà. C'est à l'échelle et aussi exact que possible.

La jeune fille prit le carnet pour mieux voir :

— Vous dites que cela se portait à l'oreille ? Ce devait être lourd.

— J'en ai connu de plus pesants. Pourquoi ?

— Parce que mon grand-père a possédé jadis un pendentif semblable à celui-là... et même absolument semblable si j'en crois un portrait qui est dans ma chambre... enfin qui y était avant ce soir, ajouta-t-elle en se levant avec agitation pour passer une autre porte que celle de la cuisine. Les deux hommes la suivirent sans hésiter et se retrouvèrent dans un couloir sur lequel donnaient sans doute les chambres. Caroline entra dans la plus proche, alluma et poussa une exclamation douloureuse. La pièce, charmante au demeurant avec ses tentures en toile de Jouy à impressions bleues et son lit Directoire peint en gris Trianon avec rechampis bleus, avait subi le même traitement que le salon : tout était par terre... à la seule exception d'un tableau ovale encadré de bois doré accroché en face du lit : le portrait d'une dame en robe de soie prune, coiffée et décolletée à la mode du Second Empire, portant autour du cou, avec une satisfaction évidente, un ruban de velours violet d'où pendait la reproduction, en couleurs, du dessin d'Aldo.

Bien que le peintre ne fût pas un maître – l'un de ceux, sans doute, que se repassaient les familles bourgeoises au long du XIXe siècle –, le bijou était très ressemblant. Le modèle aussi peut-être ? Ce qui n'était pas à souhaiter. La dame, en effet, avait le cheveu châtain terne, l'œil aussi dur qu'une bille d'agate et, si aucun des traits n'était disgracieux, le sourire à la fois pincé et satisfait qu'elle arborait ne plaidait pas en sa faveur... Considérant le visage de la jeune fille, Aldo ne put retenir :

— Cette dame est de votre famille ?

— C'est ma grand-mère... ou plutôt la seconde épouse de mon grand-père mais je n'ai connu ni l'une ni l'autre.

— J'aime mieux ça ! Il aurait été dommage que vous lui ressembliez. Mais pourquoi gardez-vous cette toile dans votre chambre ? La dame n'est vraiment pas sympathique.

— C'est à cause du pendentif. Je l'ai toujours trouvé si beau ! J'en rêvais lorsque j'étais petite fille. Je lisais les contes de Perrault et je m'imaginais être Peau d'Âne en robe couleur de lune avec ce bijou à mon cou... Et, naturellement, j'attendais le prince charmant !

— Est-il au moins venu, celui-là ? demanda Adalbert en rétablissant un secrétaire dont les tiroirs retournés gisaient sur le tapis.

La jeune fille se referma comme une huître :

— Je ne crois pas que cela vous regarde !

— Ne vous fâchez pas ! plaida Aldo. Il suffit de vous voir pour que cette pensée vienne à l'esprit. Mon ami Adalbert pense que vous devez avoir un fiancé ?

— Eh bien, je n'en ai pas ! À présent, vous seriez aimables de vous retirer et de me laisser prendre du repos. Je suis vraiment très fatiguée !

— Vous envisagez sérieusement de dormir au milieu de ce capharnaüm ? Même vos matelas ont été fouillés !

— Il y a trois autres chambres. On en aura peut-être épargné une.

Mais c'était la même désolation partout, y compris dans la salle de bains et les deux cabinets de toilette. Seule la cuisine était debout... D'autre part, il était évident que Mlle Autié était au bord de la crise de nerfs. Ses traits se tiraient et des cernes apparaissaient sous ses yeux.

— Vous voyez bien ! fit Aldo apitoyé mais qui brûlait d'en revenir au « pendentif » dont la question intempestive d'Adalbert les avait éloignés. Si vous voulez accepter un conseil, nous allons fermer la maison et vous emmener...

— Il n'est pas question que j'aille où que ce soit avec vous ! se mit à crier Caroline visiblement en train de craquer. Je ne vous connais pas et je n'ai pas envie de faire connaissance ! Qui me dit que ce n'est pas vous qui avez tout retourné ici ? Qu'est-ce que j'en sais !... Allez-vous-en !

Elle s'enfuit vers le salon où les deux hommes la suivirent. Ce fut pour constater qu'un nouveau personnage s'y inscrivait : le commissaire Lemercier, qui se tenait debout au milieu de la pièce, appuyé d'une main sur une canne, l'autre disparaissant dans sa poche.

Aldo poussa un soupir : on n'était pas près d'aller se coucher...

— On dirait que je tombe à pic ? ironisa l'arrivant. Ces individus vous importunent, mademoiselle, après avoir tout retourné chez vous ? Du moins si j'en crois mes yeux ?

— Réfléchissez deux secondes, commissaire, s'emporta Aldo qui arrivait au bout de sa patience. C'est moi qui vous ai laissé un message vous annonçànt le retour de mademoiselle ainsi que le cambriolage...

— Je sais. C'était même très adroit puisque vous me croyiez au fond de mon lit. Cela vous donnait les gants de l'ange sauveur... tout en vous permettant de finir tranquillement votre ouvrage... Seulement il se trouve que j'ai pour habitude de donner des ordres précis : on doit m'avertir aussitôt qu'il se présente des faits anormaux et ce à n'importe quelle heure du jour et de la nuit. Me ferez-vous la grâce de me confier ce que, tous les deux, vous êtes venus faire ici ?

Le ton doucereux était lourd de menaces. Il fallait répondre. Pour laisser à Aldo le temps de retrouver son souffle Adalbert s'en chargea :

— Simple curiosité, commissaire. Si vous nous connaissiez mieux, Morosini et moi, vous sauriez qu'elle est chez nous une seconde nature assoupie par périodes mais qui se réveille toujours lorsqu'il s'agit de joyaux chargés d'histoire.

— Je suppose, enchaîna Aldo, que M. Langlois a dû vous en toucher un mot ? Non ?

— Peut-être, concéda « Dur-à-cuire ». Mais vous avez choisi de venir chercher vous-mêmes le bijou authentique.

— En nous livrant à ce pillage ? fit Aldo avec un haussement d'épaules dédaigneux. Langlois vous a certainement appris aussi que nous ne sommes pas des truands.

— Cela ne me donne pas la raison de votre présence ?

Craignant de voir Aldo exploser, Adalbert reprit la parole.

— J'explique. Tout à l'heure, chez lady Mendl, vous avez laissé échapper l'adresse de Mlle Autié et comme nous n'avions pas sommeil nous avons décidé de venir faire un tour dans le coin afin de voir à quoi ressemblait sa maison. L'expérience nous a appris que l'aspect d'une demeure peut se révéler pleine d'enseignements sur ceux qui l'habitent.

— Quoi par exemple ?

— Que Mlle Autié appartient à une famille ancienne, de gens de goût et occupant sans doute un certain rang dans la société mais qu'elle semble avoir connu des revers de fortune. Tout dans cette maison est de grande qualité mais porte les marques du temps passé, de l'usure...

— Pas de digressions ! Vous êtes venus, vous avez vu... et vous êtes entrés. Pourquoi ?

— À travers la grille nous avons constaté qu'une porte-fenêtre était ouverte et que la lumière...

— ... et vous avez sonné ?

— Non, intervint la jeune fille avec rancune. Ils ont franchi le mur. Regardez plutôt leurs smokings. Si vous les avez déjà vus ce soir ils étaient sans doute plus frais.

Lemercier s'épanouit soudain comme un bégonia assoiffé sous l'arrosoir :

— Mais c'est que vous avez raison ! Alors, gentlemen, c'est votre manière de vous introduire chez les gens ? Mon petit doigt me souffle que vous allez être mes hôtes pendant un moment... et quoi qu'en dise notre élégant commissaire divisionnaire. Mon petit doigt me dit aussi que vous êtes venus chercher ce bijou que réclame l'assassin... Fouillez-les ! ordonna-t-il brusquement à ses hommes qui s'exécutèrent aussitôt. Aldo se laissa faire en serrant les dents. Ce n'était pas la première fois qu'il subissait des palpations policières mais le grotesque de leur situation, à Adalbert et à lui, le révoltait. Naturellement, on ne trouva rien.

— Tant de mal pour si peu de profit ? commenta le commissaire avec un geste circulaire. Vous êtes sûr de ne pas l'avoir avalé ?

De la façon la plus inattendue Adalbert éclata de rire :

— Quoi ? La « larme » de la Reine ? Non mais vous avez vu sa taille ? L'un de nous serait en train d'étouffer en ce moment... À moins qu'on ne l'ait coupée en deux pour ingurgiter chacun un morceau ? Et encore, vous devriez essayer la radiographie, commissaire.

— On verra plus tard. Emmenez-les !

Menottes aux mains les deux hommes furent poussés vers le jardin. Fou de rage, Aldo se tourna vers la jeune fille qui s'était réfugiée dans sa bergère en fermant les yeux.

— Qu'attendez-vous, petite sotte, pour lui dire que personne n'aurait pu trouver quoi que ce soit parce qu'il n'y avait rien à trouver...

— Comment, rien à trouver ? grogna Lemercier.

— Demandez-le-lui ! En dépit de sa « grande fatigue », elle aura peut-être la force de vous raconter son histoire. Elle prétend n'avoir jamais possédé de « larme », vraie ou fausse, et donc n'avoir jamais pris contact avec Chaumet...

— Seulement, susurra Vidal-Pellicorne, vous devriez aller voir ce portrait qui se trouve dans sa chambre. À cela près que chez cette charmante enfant pendant d'oreille s'écrit pendentif, cela devrait vous donner du grain à moudre.

— Laisse tomber, Adal ! conseilla Morosini. Monsieur le commissaire se croit doué de double vue et n'attache de prix qu'à ce qu'il imagine. Je te parie que c'est un fervent d'Arsène Lupin...

— Vous rirez moins quand vous serez devant un tribunal ! lança le policier furieux. Si j'étais vous, je songerais à me trouver un avocat ! Vous devez bien en avoir au moins un dans vos relations influentes ?

— Plusieurs même mais je ne crois pas qu'il vaille la peine de troubler leur sommeil...

La belle humeur affichée par l'égyptologue se trouva cependant entamée lorsque, dans la rue où attendaient les voitures de police, son regard tomba sur la sienne à laquelle il était tendrement attaché :

— Ma voiture ! s'exclama-t-il. Vous n'allez pas la laisser là ?

— C'est à vous cette petite chose rouge ? fit Lemercier qui entendait assister à l'embarquement.

— Oui ! C'est à moi et j'y tiens.

— Entendu ! On va en prendre soin ! Legris ! appela-t-il. Tu as ton permis ?

— Oui, chef !

— Alors tu m'emmènes ce truc dans la cour de chez nous !

Avec une inquiétude évidente, Adalbert suivit des yeux la progression du policier qui s'installait au volant et examinait le tableau de bord. Il eut un soupir de soulagement quand le moteur se mit immédiatement en marche, vite changé en hurlement au passage de la première vitesse dans un horrible grincement.

— Espèce d'abruti ! vociféra l'aimable Adalbert. Vous ne pouvez pas faire attention ! Vous l'avez eu où votre permis de conduire ? Dans la hotte du Père Noël ?...

— Calme-toi, sourit Aldo. Ce n'est qu'un mauvais moment à passer !

Une demi-heure plus tard, en effet, le silence était revenu, la précieuse Amilcar rangée dans la cour et les deux amis bouclés dans la cage du commissariat en compagnie d'un clochard ivre mort qui dormait étendu sur toute la longueur du bat-flanc prévu pour le repos des prisonniers. Et ce fut assis par terre que les nouveaux venus achevèrent la nuit.

Peu propice au sommeil, le sol de la geôle qui avait dû être celui d'une aristocratique écurie permettait au moins de donner libre cours à la réflexion. Tandis qu'Adalbert habitué de longue date aux chantiers de fouilles archéologiques dépourvus de confort, se roulait en boule pour s'endormir aussitôt, Morosini, adossé au mur du bâtiment, allumait une cigarette en constatant avec humeur qu'il ne lui en restait plus qu'une. Dans la fumée bleue montant vers les poutres noircies du plafond, il voyait s'inscrire un émouvant et jeune visage las à peine éclairé par deux longues prunelles couleur de mer, deux lacs d'eau transparente et cependant indéchiffrables. Pourquoi, après avoir paru accepter ses visiteurs impromptus au point de les emmener visiter sa chambre, pourquoi s'être brusquement retournée contre eux ? Uniquement parce que Adalbert avait évoqué un fiancé éventuel ? C'était bien innocent surtout lorsque l'on se trouvait en face d'une aussi belle fille. Mal habillée sans doute – le tailleur gris avait rappelé à Aldo les invraisemblables costumes dont s'affublait Lisa lorsqu'elle assumait auprès de lui le poste de parfaite secrétaire répondant au nom de Mina Van Zelden – mais la jeune fille n'était visiblement pas riche. Cependant le tissu bon marché, pas très bien coupé ne réussissait pas à masquer ni les longues jambes ni la grâce d'un corps délié dont, tout à l'heure à sa grande honte, il avait éprouvé le désir soudain d'en découvrir les secrets. Il admettait à présent que ce genre de pulsion était inattendue, voire inquiétante. L'abstinence que lui avait imposée sa femme devait être en train de tourner à la frustration.

Quand il se rendit compte que ses pensées revenaient vers ce sujet brûlant, il essaya de réveiller sa colère. Non seulement cette fille les avait dénoncés au mépris de toute logique – s'ils avaient mis la maison à sac ils n'avaient aucune raison d'attendre placidement le retour de la propriétaire – mais elle avait, en outre, porté plainte contre eux ! Encore heureux qu'elle ne les ait pas accusés de l'avoir violée. Ce qu'Aldo se prenait à regretter : au moins il saurait pourquoi il était en prison et il aurait un savoureux souvenir pour lui tenir compagnie. Pourtant, à aucun moment elle n'avait donné l'impression de les craindre. Pourquoi, alors, avait-elle refusé l'aide offerte ? La peur, il l'aurait juré, habitait Caroline. Une crainte déjà ancienne sans doute et peut-être devenue permanente.

Adalbert entamant à cet instant un duo de ronflements avec le clochard, Aldo se leva et fit les quelques pas autorisés par l'exiguïté du lieu non sans avoir allongé au passage un coup de pied dans les fesses de son ami qui sans s'éveiller changea de tessiture et se mit à ronfler en mineur. Exaspéré parce qu'il se sentait sale et qu'il avait mal aux reins, Aldo se mit à siffler. Adalbert resta impavide, le clochard, lui, ouvrit un œil, émit des claquements de langue, déclara :

— Fait soif !...

Se retourna contre le mur et se rendormit. Sans bruit cette fois et c'était autant de gagné. Découragé cependant, Morosini se rassit le long de son mur et alluma sa dernière cigarette.

Vers huit heures du matin le clochard mal réveillé fut rendu à la liberté – il n'était accusé que de tapage nocturne – et partit finir sa nuit sur le premier banc public apparu dans l'incertain de son rayon visuel. Quant aux deux autres occupants du « trou », nantis par la munificence de leur gardien d'un bol de « café » à la couleur indécise et d'un quignon de pain rassis, ils virent arriver presque aussitôt le commissaire Lemercier qui leur demanda s'ils se décidaient à avouer puis, sur leur chœur de protestation indignée, leur annonça qu'en ce cas ils ne tarderaient pas à comparaître devant le juge d'instruction.

— C'est une honte ! brama Vidal-Pellicorne. Vous outrepassez vos droits et je veux mon avocat ! Immédiatement !

— Je ne peux pas vous le refuser et si vous voulez bien me confier son nom ?

— Maître de Moro-Giafferi. Pour nous deux ! Il habite...

— Le ténor des assises ? On dirait que vous voyez loin ! Je n'envisageais que la correctionnelle mais si vous voulez aller jusque-là vous m'ouvrez des horizons !...

— Au lieu de vous acharner sur nous, commissaire, vous feriez mieux de vous occuper de l'ultimatum envoyé par l'assassin, s'écria Aldo. Plus que deux jours !

Le sourire sarcastique du vieux « Dur-à-cuire » s'élargit :

— Mais je m'en occupe, cher monsieur ! Je ne fais même que cela !... et quelque chose me dit qu'il ne se passera rien après-demain !

— Écoutez ! rugit Aldo vert de rage. Pensez ce que vous voulez mais prenez au moins la peine de prévenir ma famille, au Trianon Palace ! Il s'agit de ma grand-tante, la marquise de Sommières, une dame âgée qui doit être dans la dernière inquiétude...

— Bah ! Ça ne durera pas. Dès demain les journaux la renseigneront !

Sur ce il leur tourna le dos et quitta la pièce !

— Seigneur ! exhala Adalbert, que vous avons-nous fait pour que vous nous ayez livrés aux caprices de ce sinistre imbécile... et de cette petite garce ?

— Il y a quelque chose qui ne colle pas, fit Aldo après un instant de réflexion. Souviens-toi de ce qu'a dit Langlois : Lemercier n'est pas un imbécile. Ce serait même un bon policier.

— Pourquoi alors se conduit-il comme s'il l'était ?

— Ça l'arrange peut-être... Et je me demande s'il ne m'a pas pris en grippe dès notre première rencontre ?

— Il serait insensible à ton célèbre charme ?

— C'est peu dire : il ne peut pas m'encaisser, voilà la vérité ! Quant à « elle », je ne crois pas non plus que ce soit une garce. Cette nuit elle était sur le point de nous faire confiance quand quelque chose l'a effrayée. En un mot elle a eu peur. Reste à savoir de quoi ? Tu n'aurais pas une cigarette ?

— Tu fumes trop ! répondit Adalbert en lui tendant son étui sans autre commentaire. Il n'aimait pas beaucoup le ton, indulgent, à la limite de l'admiration, dont Aldo venait d'user pour évoquer la jeune Caroline. Il avait dit « elle » comme si elle était unique. Or il connaissait bien son ami et il ne manquerait plus que, déçu par Lisa qui lui préférait momentanément son bébé, il tombe amoureux de cette fille – ravissante, il l'admettait ! – mais qui ne lui inspirait guère confiance. Adalbert n'aimait pas que l'on fasse fi d'une aide qu'il offrait toujours de grand cœur.

Le reste de la matinée et le début de l'après-midi se passèrent sans amener le moindre personnage important pour les deux captifs. On ne vit ni l'avocat demandé ni le commissaire Lemercier. Uniquement l'agent de garde qui vint leur offrir un pot d'eau fraîche avec des sandwiches et qui, naturellement, ne répondit à leurs questions que par un haussement d'épaules et un geste évasif des deux mains.

Ce n'était pas leur première expérience de la captivité. Aldo avait été prisonnier de guerre dans un vieux burg autrichien puis au cours de ses aventures d'assez sordides prisons turques [1] sans compter un puits à Saint-Cloud. Quant à Adalbert, il avait tâté des geôles égyptiennes puis de l'hospitalité musclée d'un shérif américain à Newport [2]. En revanche, c'était la première fois qu'ils partageaient une cellule. Qu'elle soit française et même versaillaise n'arrangeait rien, bien au contraire. D'autant plus qu'ils avaient l'impression d'être abandonnés du monde entier et cela dans leur propre pays. Aldo, en effet, se sentait aussi français qu'Adalbert, sa mère défunte, Isabelle de Roquemaure, fille d'un duc, ayant vu le jour dans un château du Languedoc. Cependant, à mesure que passait le temps, leurs réactions différaient: alors que Morosini se calmait jusqu'à rejoindre le flegme britannique, Adalbert ressemblait de plus en plus à un chaudron bouillonnant qui menace de déborder.

1. *Les Émeraudes du Prophète.*
2. *Les Joyaux de la sorcière.*

Aussi quand, vers cinq heures, leur tourmenteur effectua une majestueuse entrée, se jeta-t-il sur la grille en vociférant :

— Pourquoi mon avocat n'est-il pas encore là ? C'est de l'incarcération arbitraire, tonnerre de Dieu ! Et si vous vous obstinez à nous garder dans ce trou sans faire votre travail proprement, je vais faire tellement de boucan que tout le quartier m'entendra et que...

Il s'interrompit. D'un geste, le commissaire venait d'ordonner à son subordonné d'ouvrir la porte puis lâchait en tournant les talons :

— Vous êtes libres ! Allez-vous-en !

Sans plus se soucier d'eux, il sortit de la salle de détention. Tous deux s'élancèrent à sa suite et le rejoignirent à son bureau où il s'assit devant sa table pour consulter un papier. Morosini alla s'y appuyer des deux poings, se pencha vers lui et proposa :

— Si vous nous expliquiez ? Mlle Autié a vu la lumière ?

— Il n'y a rien à expliquer, fit le policier avec une mauvaise grâce quasi palpable. La plainte a été retirée.

— Une intervention divine peut-être ?

— Ça ne vous regarde pas. Et maintenant fichez-moi le camp ! Je vous ai assez vus. On va vous rendre ce qui vous appartient !

— Sans oublier ma voiture, j'espère, grogna Vidal-Pellicorne.

— Je ne vois pas pourquoi nous la garderions. Voilà vos clefs.

Sans songer seulement à ramasser ses lacets de souliers et autres richesses, Adalbert fondit dessus et se rua dehors. Pour revenir quelques secondes plus tard, furibond :

— J'ai deux pneus crevés et une seule roue de secours ! Je veux savoir qui a fait ça ! vociféra-t-il. Passe encore un mais deux ? C'est de la malveillance...

— Manque de chance, hé !

— Et maintenant je fais quoi ? Je la mets sur mon dos pour l'emporter au prochain garage ?

Aldo, qui était allé dans la cour, revint à cet instant :

— Viens, dit-il. Tante Amélie nous a envoyé du secours. On va prévenir le garagiste de l'hôtel : il s'en chargera.

— Il ne fera rien. Je ne suis pas client !

— Mais si, au moins pour ce soir. Tu rentreras demain à Paris tout frais, tout propre...

Résigné, Adalbert suivit son ami. Dans la cour, en effet, la Panhard rutilante de la marquise attendait avec Lucien le chauffeur et Marie-Angéline du Plan-Crépin armé chacun d'un cache-poussière destiné à dissimuler les costumes salis et fripés des deux hommes.

— Angelina, je vous embrasserai quand j'aurai cessé de sentir mauvais, fit Aldo en endossant le manteau avec un soupir de soulagement. Comment êtes-vous ici ?

— Notre marquise m'en voudrait de la priver du plaisir de vous le raconter...

— Vous n'auriez pas un peigne et de l'eau de Cologne ? demanda Adalbert. En dépit de ces cache-misère, on va faire une entrée très remarquée. Il doit bien y avoir un ou deux journalistes qui traînent dans le hall ?

— Rassurez-vous ! On passera par les cuisines...

Une heure plus tard, douchés, rasés et habillés de vêtements empruntés à la garde-robe d'Aldo, les rescapés des geôles versaillaises rejoignaient la marquise et son seau à champagne dans le petit salon de sa suite.

— J'ai fait préparer quelques canapés pour vous permettre d'attendre le dîner. Ce policier a dû vous laisser mourir de faim ?

— Pas absolument mais presque, fit Adalbert en attaquant le plateau sans se faire prier davantage.

— Et toi, Aldo ? Tu n'as pas faim ? demanda-t-elle en le voyant allumer une cigarette...

— Pas vraiment. J'ai surtout hâte d'entendre comment, en si peu de temps, vous avez réussi à nous tirer des griffes d'un homme qui nous destinait au banc des prévenus en cour d'assises ! Parce qu'une jeune sotte nous accusait de nous être introduits chez elle pour la cambrioler alors que sa maison était sens dessus dessous, qu'il n'y avait absolument rien dans nos poches ni dans la voiture d'Adalbert. Si vous aviez vu cette pagaille ! On aurait dit qu'un typhon avait traversé la maison...

— Mais j'ai vu, mon petit, j'ai vu ! fit Mme de Sommières avec un sourire épanoui.

— Nous avons vu, renchérit Plan-Crépin, puisque nous sommes allées chez elle.

— Mais qui vous y a emmenées ? fit Aldo stupéfait.

— Ce cher colonel Karloff, bien entendu !

Comme tous ceux qui ont l'habitude de vivre la nuit, l'ancien officier des cosaques n'arrivait pas à se coucher de bonne heure. S'il était satisfait de posséder cette petite maison en lisière de Versailles, c'était surtout pour sa femme Liouba, heureuse ainsi qu'il l'avait dit à Aldo d'avoir un jardin et d'habiter un quartier plus convenable que Saint-Ouen. Et surtout, le fait d'être propriétaire le rassurait pour l'avenir de sa compagne, qui garderait un toit quand, le plus tard possible, il rejoindrait, dans les steppes bleues du ciel, les escadrons de centaures dont il avait si souvent mené la charge, sabre au clair et hurlant à pleins poumons pour la plus grande gloire du tsar.

Il ne se couchait jamais avant minuit. Quand le temps le permettait, il allait fumer sa pipe sous l'unique cerisier dont Liouba était si fière en regardant pousser ses choux et ses haricots verts. S'il faisait mauvais, sa pipe et lui réintégraient le minuscule salon et le confortable fauteuil coincé entre la cheminée et la table servant de support au gros samovar de cuivre où il lisait son journal depuis le titre jusqu'à la signature du gérant – sans oublier les mots croisés ! – en buvant force tasses de thé noir plus ou moins discrètement additionné de vodka. Ce mélange lui procurait cinq ou six heures d'un sommeil léger lorsqu'il regagnait enfin sa chambre où il savait qu'il ne dérangerait pas Liouba puisqu'elle dormait dans celle d'à côté. Un vrai luxe rendu possible par les trois chambres que possédait une demeure ne rappelant hélas que de fort loin celle de la Moïka où ils vivaient avant la catastrophe, servis par une quinzaine de domestiques.

À présent, Liouba et ses rhumatismes se contentaient d'une femme de ménage – russe elle aussi ! – qui venait chaque jour traquer la poussière ou faire la lessive en bramant « Les yeux noirs » ou « Cocher, ralentis tes chevaux » ou d'autres airs encore mais sans oublier de commencer le concert par « Dieu sauve le tsar ! »...

Donc Karloff ne dormait jamais profondément et le moindre bruit le dressait sur son séant, l'oreille au guet ! Cette nuit-là le vacarme des policiers envahissant la maison d'une voisine dont il savait seulement qu'elle était jeune, charmante, solitaire et gagnait sa vie en donnant des leçons de piano l'envoya rejoindre dans la rue, en pantoufles et pyjama, le maigre groupe de curieux que le bruit avait extraits de chez eux et que d'ailleurs des agents de police tenaient à distance. Pas assez loin tout de même pour que le colonel ne reconnût Morosini et Vidal-Pellicorne quand on les embarqua menottes dans le « panier à salade ». Une vague rumeur parlait de cambrioleurs surpris pendant leur travail.

— Des cambrioleurs en smoking avec la Légion d'honneur (cela pour Adalbert !) vous en avez déjà vu beaucoup... protesta-t-il indigné.

— Et pourquoi donc pas ? riposta une commère en bigoudis et robe de chambre en pilou rose. C'est pour inspirer confiance. D'autant qu'y en a qui gagnent bien, ces malhonnêtes !

Peu désireux d'entamer une polémique, Karloff, après avoir vu emmener la voiture d'Adalbert, ne commit pas l'erreur de demander un supplément d'information aux policiers, rentra chez lui, fit sa toilette, s'habilla en prenant soin de ne pas éveiller

Liouba. Puis, dédaignant le samovar, se fit du café bien fort afin d'éviter la somnolence qui le prenait parfois au petit matin, après quoi il écrivit un mot pour sa femme lui expliquant qu'il devait prendre un client de bonne heure au Trianon Palace, alla chercher son taxi, prit de l'essence à la pompe, fit un tour dans Versailles pour passer devant l'hôtel de police afin de s'assurer que l'Amilcar s'y trouvait puis fila jusqu'à un bistrot du quartier Notre-Dame où il avait ses habitudes et y attendit qu'il soit une heure décente pour se présenter chez une cliente du grand hôtel. La lecture du *Petit Versaillais* accompagnée de deux ou trois croissants et de quelques café-calva l'aidèrent. Enfin, aux deux coups de huit heures et demie frappés à l'église proche, dispos et frais comme l'œil, il se dirigea doucement vers le boulevard de la Reine qui piquait droit dans le parc du château et dont le Palace portait le numéro 1. Là, il se rangea sous les arbres délimitant l'espace réservé aux voitures, prit la précaution de ne pas ôter le capuchon de cuir recouvrant le drapeau de son compteur, franchit le seuil encadré de colonnes et, dans le hall dallé de marbre blanc et noir, gagna la réception d'un pas résolu.

Comme cela faisait plus d'un an qu'il véhiculait les clients de l'hôtel, l'homme aux clefs d'or le connaissait et, sachant à qui il avait affaire, n'éleva aucune objection quand il demanda à être reçu par Mme la marquise de Sommières, en s'excusant naturellement de l'heure matinale.

— On lui porte le petit déjeuner à huit heures, dit le chef de la réception en décrochant son téléphone. Elle est donc éveillée. Je vais demander à sa secrétaire quand elle pourra vous recevoir. Peut-être devrez-vous patienter.

Il n'en fut rien. Trois minutes plus tard, Marie-Angéline déjà tout agitée déboulait de l'ascenseur :

— Que se passe-t-il ? Il y a un problème ?

— Plutôt, oui ! Morosini et Vidal... machin ont été arrêtés !

Le temps de monter et il saluait Mme de Sommières qui le reçut en saut-de-lit de batiste mauve et de dentelles blanches comme le bonnet qui maintenait sa « coiffure » pendant la nuit. Une demi-heure après il récupérait son taxi afin d'indiquer le chemin au vieux Lucien, la marquise préférant se rendre chez Mlle Autié dans son propre équipage. En outre – et là l'idée était du colonel ! – il était préférable que la jeune fille ignorât encore ses relations avec le clan Morosini. Ce serait plus facile pour la surveiller.

Arrivé devant la maison, Karloff donna deux coups de klaxon sans s'arrêter et poursuivit son chemin tandis que Lucien rangeait sa voiture devant la grille à laquelle il alla sonner pendant que Marie-Angéline aidait Mme de Sommières à descendre. Aucun policier ne gardait l'entrée mais l'œil vif de la vieille fille eut tôt fait de repérer de l'autre côté de la rue un ouvrier plombier assis sur sa selle de vélo qui se curait les ongles en ayant l'air d'attendre quelque chose :

— Il faut être un policier pour avoir des idées pareilles, ironisa-t-elle. Qui a jamais vu un plombier se faire les ongles ?

— Pourquoi pas ? Chez mon père au château de Feucherolles, ceux qui y venaient mettaient des gants... Tirez plutôt la chaîne de cette cloche ! On dirait que nous arrivons à l'heure du ménage.

En effet trois portes-fenêtres avaient permis de sortir les meubles les plus légers... En même temps le vrombissement d'un aspirateur parvenait aux visiteuses, si bruyant que l'on pouvait craindre qu'il couvrît le tintement de la cloche mais il n'en fut rien. Il s'arrêta et la maîtresse des lieux, enveloppée d'un grand tablier, en pantoufles et un torchon épingle sur la tête, vint à la grille.

— Mademoiselle Autié, je présume ? fit aimablement Tante Amélie.

— C'est moi. À qui ai-je l'honneur ?

— Je suis la marquise de Sommières, voici ma cousine, Mlle du Plan-Crépin, qui fait partie de l'organisation de l'exposition « Magie d'une reine ». Nous souhaitons bavarder un instant avec vous au sujet du regrettable événement d'hier soir.

La jeune fille ne répondit pas tout de suite. D'un geste machinal elle ôta le torchon de sa tête en considérant d'un air incertain cette grande dame – à l'évidence c'en était une ! – imposante et encore belle dans une longue robe « princesse » en guipure sable telle qu'en portait la reine Alexandra d'Angleterre au début du siècle, une dizaine de sautoirs précieux au cou, avec des gants de suède assortis et un chapeau-plateau supportant des roses de mousseline. Non seulement elle n'était pas ridicule mais on éprouvait en la regardant que c'était la mode actuelle qui était dans son tort. Derrière elle, une voiture d'époque étincelante avec chauffeur en livrée complétait le tableau :

— Nous vous dérangeons sans doute, continua l'apparition dont les yeux étaient aussi verts que ceux de Caroline elle-même, mais ne pourrions-nous entrer un moment pour parler plus aisément que derrière cette grille ?

— Nous donnons l'impression d'être dans le parloir d'un couvent... ou d'une prison, compléta sévèrement la cousine qui passait un peu inaperçue en retrait de la marquise.

— Veuillez m'excuser et vous donner la peine d'entrer.

Elle ouvrit la grille, fit passer les deux femmes puis referma soigneusement avant de précéder ses visiteuses dans le salon qui avait retrouvé une image présentable... Il était clair que la jeune fille avait dû travailler dur depuis le matin. En admettant même qu'elle se soit couchée car son visage portait des traces de fatigue. Mais elle faisait bonne contenance, offrit deux chaises cannées qui étaient intactes et leur demanda en quoi elle pouvait les aider.

— À réparer une injustice, sourit la marquise en soulevant sa voilette jusqu'au bord de son chapeau. Du moins je pense que c'en est une. Je voudrais que vous nous racontiez ce qui s'est passé hier soir dans cette maison. Vous avez reçu des visites m'a-t-on dit ?

— Davantage que je ne l'aurais voulu... Rentrant de voyage plus tard que prévu – mon train a pris du retard ! – j'ai trouvé ma maison bouleversée, fouillée de fond en comble.

— Que vous a-t-on volé ?

— Rien pour autant que je puisse en juger : pas même une petite cuillère. Je possède quelques jolis souvenirs de mes parents... et tout est là.

— Autrement dit, compléta Marie-Angéline, ce que l'on cherchait on ne l'a pas trouvé. Vous avez une idée de ce que cela peut être ?

Mlle Autié marqua une légère hésitation avant de répondre :

— Aucune !

— En ce cas, reprit Mme de Sommières, comment se fait-il que vous ayez fait arrêter mon neveu et son ami ? J'espère que vous ne les avez pas pris pour des cambrioleurs ?

Instantanément le jeune visage reprit son expression méfiante :

— Mais si, madame ! Comment appelez-vous des hommes qui s'introduisent dans une demeure en franchissant le mur ?

Mme de Sommières se mit à rire :

— Des explorateurs ? Vous n'imaginez pas le nombre d'expéditions de ce genre que ces deux lascars ont menées depuis qu'ils se sont rencontrés, il y a environ huit ans. Mais ils ne travaillaient jamais pour leur profit. Toujours pour quelqu'un ou pour une cause.

— Ce qui signifie qu'il y a derrière un cerveau, un chef de bande qui dirige leurs actions ?

— Ça ne va pas, non ? s'écria Plan-Crépin tellement indignée qu'elle en oubliait de châtier son langage. Les avez-vous seulement regardés ? L'un est un archéologue reconnu, célèbre, l'autre un expert en joyaux de préférence princiers ou royaux, encore plus réputé, qui possède un palais à Venise, est marié à la fille d'un banquier richissime et père de trois enfants ! Et vous les avez expédiés en prison sans prendre la peine de respirer ?

Caroline s'empourpra sous une poussée de colère :

— C'est ce que l'on fait d'ordinaire quand on trouve chez soi, en pleine nuit, des gens que l'on n'a jamais vus. Voulez-vous me dire ce qu'ils venaient faire ?

— Je n'en sais rien mais ils ont dû vous le dire avant que vous n'appeliez la police pour les faire embarquer ?

— Oh, pour parler ils ont parlé ! Un vrai duo, admirablement réglé ! Il était question d'une boucle d'oreille de Marie-Antoinette, ou plutôt de sa copie que j'aurais confiée au joaillier Chaumet pour qu'il l'expose à Trianon dans l'espoir de faire apparaître la vraie ! Une histoire de fous !

— Ah, vous croyez ? Et le commissaire Lemercier avant de se ruer sur mon cousin ne vous en a pas touché un mot ?

— Si, admit la jeune fille de mauvaise grâce. Je dois même me rendre à son bureau ce tantôt pour faire une... déposition et répondre à quelques questions...

— À merveille ! fit la marquise. En ce cas, le mieux est de ne pas différer. Allez vous préparer, nous allons vous emmener. Ma voiture est à la porte...

— Je n'ai pas besoin que l'on me dicte ma conduite ! Et je ne vois vraiment pas pourquoi j'irais avec vous ?

— Parce que c'est assez loin, fit Mme de Sommières avec douceur et que nous avons une voiture devant la porte. Cela vous évitera une peine supplémentaire dont vous n'avez nul besoin car je vous crois très lasse ? Je me trompe ?

— N...on ! Je... je n'en peux plus !

Et sans transition, elle se jeta sur le canapé qui perdait son crin par touffes noires puis éclata en sanglots que les deux visiteuses se gardèrent bien d'interrompre : cette petite en avait visiblement besoin.

— Laissons-la se calmer, chuchota Tante Amélie, mais voyez donc s'il n'y a pas quelque chose d'un peu remontant dans cette maison. Après quoi, vous l'aiderez à se préparer et nous l'emmènerons.

L'interpellée jeta un coup d'œil à la pendule de bronze qui semblait fonctionner :

— Est-ce que nous savons qu'il va être midi ? Le commissaire sera parti déjeuner.

— Qu'à cela ne tienne. Nous allons en faire autant. Un bon repas apportera le plus grand réconfort à cette pauvre fille... Elle se sentira mieux ensuite pour affronter la police.

— Espérons qu'elle acceptera, chuchota Marie-Angéline. Elle ne semble pas facile à manier.

— Qu'est-ce que vous imaginiez ? Qu'elle allait nous sauter au cou alors qu'il y a une heure elle ignorait jusqu'à notre existence ?... Ah, j'y pense, avant de partir vous irez avertir le plombier qu'il peut ranger sa trousse de manucure. Lui aussi a le droit de déjeuner...

— ... Et voilà ! conclut Tante Amélie. Tout a marché comme sur des roulettes. La petite Autié a fini par consentir à partager le pain et le sel avec nous, à la suite de quoi nous nous sommes rendues à l'hôtel de police où, après une explication... je dirais animée... elle a retiré sa plainte. Nous l'avons ramenée chez elle. J'avais suggéré qu'elle accepte d'être mon invitée à l'hôtel pour quelques jours afin de se remettre de ses émotions mais elle a refusé : elle tient à rester dans sa maison !

— Puisque vous avez passé un long moment avec elle, avez-vous réussi à débroussailler son histoire de pendentif ? demanda Adalbert. Avant de nous vouer aux gémonies, elle nous a montré un portrait...

— Celui de cette horrible femme ! frémit Plan-Crépin.

— Vous n'y connaissez rien, ma fille ! Et surtout vous ignorez qu'une femme laide mais désirable peut enchaîner un homme plus sûrement qu'une reine de beauté. C'était sans doute le cas de la seconde épouse du grand-père. Or, elle était folle de ce joyau connu dans la famille depuis des lustres sous le nom du pendentif et, quand elle s'est sentie mourir, elle a exigé de son époux qu'il l'enterre avec elle mais dans le plus grand secret. Personne ne devait savoir afin qu'elle pût être certaine qu'on ne viendrait pas la déranger dans son sommeil éternel. Ce que dans son désespoir de la perdre il a accepté. Quand il est mort à son tour, Caroline en rangeant ses papiers a découvert le pot aux roses en lisant un journal intime qu'il cachait dans un meuble.

— Et elle n'a pas demandé l'exhumation alors qu'elle ne roule apparemment pas sur l'or? commenta Aldo. Elle est héroïque, cette fille!

— Je la crois un être de qualité, fit Tante Amélie songeuse. Il est même étonnant que, tournée comme elle est, aucun homme n'ait songé à l'épouser.

— C'est peut-être elle qui ne veut pas! suggéra Adalbert. Le célibat c'est une vocation. J'en suis la vivante preuve.

Morosini se mit à rire:

— Pas très convaincante, ta preuve! Ton cher célibat, tu as dangereusement failli y renoncer à certaines occasions?

— Que c'est élégant de me le rappeler! La chair est faible sans doute mais le Seigneur a préservé son serviteur! déclama-t-il en levant vers le plafond un regard extasié. Ce dont je ne le remercierai jamais assez!

IV

DU CIMETIÈRE NOTRE-DAME AU BASSIN DU DRAGON

Quelques coups de téléphone permirent à Morosini de réunir, le soir même et dans le salon de Mme de Sommières, dans un souci d'intimité, les membres les plus actifs du Comité – Mme de La Begassière, Olivier de Malden, le colonel de Vernois, lady Mendl et Quentin Crawford que la marquise connaissait de loin – plus le commissaire Lemercier assez surpris de l'invitation mais qui se hâta d'accourir. Adalbert était rentré à Paris afin d'y retrouver des habits à sa taille.

Le policier commença par s'excuser de les avoir malmenés en invoquant le peu de temps qui leur restait avant la date ultimatum fixée par l'assassin : deux jours pour lui livrer la vraie larme de la Reine.

— Il se pourrait que l'on ait besoin de moins, fit Aldo.

— Vous savez donc où elle est ? grogna le vieux « Dur-à-cuire », l'œil déjà soupçonneux.

— Je crois le savoir grâce à Mme de Sommières, notre hôtesse, qui a eu, ce matin, un entretien plein d'enseignements avec Mlle Autié...

Lemercier bondit aussitôt de son fauteuil comme si un ressort venait de s'y détendre :

— Comment se fait-il que ces dames ne m'en aient rien dit quand elles sont venues vous sortir du « trou » ?

— Il n'y avait aucune raison, répondit la voix calme, légèrement traînante de l'Écossais. Vous êtes en charge de meurtres, commissaire, pas du vol d'un joyau qui d'ailleurs a été restitué. En outre, vous êtes ici ? Ne vous plaignez donc pas d'être tenu à l'écart !

— Je me demande justement pourquoi je suis ici !

— Parce qu'on a besoin de vous, tout simplement ! conclut Aldo avec un sourire reconnaissant à l'adresse de Crawford.

— Et pour quoi faire ?

— Pour obtenir rapidement du procureur de la République un permis d'exhumation. La « larme » transformée en pendentif doit se trouver au cimetière Notre-Dame dans le caveau de la famille Autié.

Un murmure de surprise courut parmi les assistants à qui Marie-Angéline était en train d'offrir des coupes de champagne. Ponant-Saint-Germain émit des hennissements :

— Et cette... demoiselle n'a jamais essayé de la récupérer ? Elle doit être riche...

— Elle donne des leçons de piano, fit la marquise. Jugez vous-même !

Le professeur renifla :

— Pfft ! Alors c'est une idiote... ou une grande âme !

— Qu'elle soit ce qu'elle veut, coupa le policier, le procureur n'accordera rien si elle refuse qu'on fouille sa tombe familiale. Son autorisation est indispensable !

Un silence suivit l'arrêt, aussi tranchant qu'une lame de couteau. Chacun pesait les mots qui semblaient définitifs.

— On pourrait peut-être le lui demander ? avança Mme de Sommières. Je m'en chargerai puisqu'elle me connaît déjà. Mlle Autié n'aime pas la défunte qu'il faudrait visiter. Sans l'avoir jamais connue d'ailleurs. Et si on lui dit qu'en laissant ce bijou remonter à la lumière du jour, elle sauvera une... ou plusieurs vies humaines elle peut se laisser convaincre ?

— ... de laisser filer pareil trésor dans les mains d'un truand doublé d'un maître chanteur sans en avoir la moindre miette alors qu'elle vit plutôt chichement si j'ai bien compris ? Vous rêvez, ma chère dame !

— Je ne le pense pas ! riposta la marquise en le fusillant du regard à travers son petit face-à-main. Il se trouve que j'ai une légère expérience en la connaissance des animaux humains !

— En outre, enchaîna Aldo nous pourrions prévoir un dédommagement pour lui rendre la pilule moins amère ? À nous tous, nous devrions réunir une assez belle somme, j'imagine ? Pour ma part je suis prêt à contribuer...

— Cette blague ! ricana le professeur. Vous êtes un Crésus, vous, ce qui n'est pas mon cas. Je suis pauvre comme un rat d'égout.

— J'ai toujours considéré les rats d'égout comme particulièrement prospères, fit Crawford une lueur malicieuse dans les yeux. Ils ne manquent de rien et sont grassouillets !

— Quelle horreur ! s'exclama lady Mendl. Vous auriez dû invoquer Job, professeur ! Au moins tout le monde connaît... Cela dit, je partage l'avis du prince Morosini et j'accepte de cotiser...

— Au fait ! Il n'existe pas d'autres membres de la famille ? suggéra Olivier de Malden.

— Elle prétend être seule, renseigna Lemercier. À l'exception d'un cousin au second ou troisième degré. Elle ne l'a pas vu depuis des années et ignore s'il est encore vivant... Ce qui est sans intérêt d'ailleurs dans le cas qui nous occupe : il descendrait de la sœur du grand-père, ce qui ne lui donne pas voix au chapitre.

— Inutile de perdre du temps à le rechercher, coupa Mme de Sommières et comme il nous est chichement compté, je propose de téléphoner à Mlle Autié pour lui demander si elle peut nous recevoir d'ici une demi-heure, monsieur le commissaire, lord Crawford et moi, bien que je n'appartienne pas au Comité ? Plan-Crépin, prenez cet instrument et appelez cette jeune fille, ajouta-t-elle après avoir reçu l'approbation générale. Seul Aldo avait protesté :

— Pourquoi pas moi ?

— Parce que ta présence ne me semble pas souhaitable. Crois-tu que cette malheureuse a envie de te revoir après ce qui s'est passé ?

Un moment plus tard, les trois plénipotentiaires s'entassaient dans la voiture du commissaire, laissant le reste du Comité aux soins de Marie-Angéline qui en profita pour remettre sur le tapis la fameuse soirée à Trianon prévue la semaine suivante dont, dans un instant, personne ne savait plus que faire...

L'attente ne fut pas longue : une demi-heure après ils étaient de retour, rapportant l'autorisation désirée :

— Mlle Autié n'a fait aucune difficulté, dit la marquise tandis que son neveu la débarrassait de la vaste mante de velours noir dont elle s'était revêtue. Pauvre petite ! C'est vraiment quelqu'un de très bien... Grâce à Dieu elle n'est pas obligée d'assister à cette pénible cérémonie : elle n'a jamais vu la défunte autrement qu'en portrait. Pourtant elle sera là !

— Depuis plus de vingt ans il ne doit pas rester grand-chose à reconnaître, ronchonna Aldo qui n'avait pas encore digéré d'avoir été laissé de côté.

Le lendemain, à la tombée de la nuit, on se retrouva au cimetière Notre-Dame, fermé au public depuis plus de deux heures. Il faisait un temps affreux et bien que l'on fût au mois de mai on se serait cru en automne. Et un automne singulièrement grincheux. Il pleuvait à verse et des rafales de vent aigre vous jetaient l'eau à la figure. Il y avait peu de monde dehors quand, en ordre dispersé, ceux qui devaient assister à la funèbre cérémonie rejoignirent la grille où veillait le concierge sous une bâche. L'affaire ayant été tenue secrète, il n'y avait surtout pas le moindre journaliste en vue. Leur quartier général se situait plutôt à la porte du parc vouée à saint Antoine, qui commandait le Hameau et les Trianons. Il y en avait aussi à l'hôtel mais la direction les tenait fermement à l'écart du hall en leur faisant observer qu'elle ne souhaitait pas les voir importuner ses clients : ils devaient se contenter de l'extrémité du boulevard de la Reine et du bar. Pour leur part, Aldo et Marie-Angéline avaient quitté le Palace à pied, enveloppés dans des imperméables neutres, sous des parapluies et par la porte de service, afin d'avoir l'air d'appartenir au personnel. Auparavant ils avaient fermement consigné Tante Amélie dans son appartement.

On se réunit dans une sorte de hangar attenant à la maison du gardien où des tréteaux avaient été disposés sous une lampe à acétylène qui donnait un éclairage lugubre à souhait. En arrivant, les deux échappés du Palace virent Caroline Autié debout auprès du commissaire, quasi fantomale dans un manteau et un chapeau noirs enfoncé jusqu'aux sourcils, qui la masquaient entièrement. Elle était d'une pâleur extrême. Ce que voyant, Marie-Angéline alla vers elle et prit fermement son bras qu'elle sentit trembler contre elle. L'ombre d'un sourire l'en remercia.

Les fossoyeurs avaient dû se mettre à l'ouvrage dès la fermeture du cimetière. Ils arrivèrent peu d'instants après les derniers spectateurs, trempés de pluie et portant une lourde bière un peu boueuse mais qui semblait avoir vaillamment supporté l'épreuve du temps et la posèrent sur les tréteaux. Sur un geste de Lemercier ils s'affairèrent à enlever les vis. Non sans difficulté à cause de la rouille.

Aldo détourna les yeux. Il avait toujours eu horreur de ces retours d'un mort à l'air libre mais l'opération de ce soir lui semblait encore plus sinistre. Cela lui rappelait cette nuit où, avec Adalbert et au cœur d'une forêt de Bohême, ils avaient ouvert une tombe perdue pour en arracher un joyau particulièrement maléfique et y ramener la paix. L'immense nature les enveloppait alors de son silence. C'était peut-être la raison pour laquelle l'épreuve de ce soir le choquait davantage. Son regard fit le tour des assistants. Il se posa sur la jeune Caroline visiblement terrifiée, elle se serrait contre Mlle du Plan-Crépin sans permettre à ses yeux de s'arrêter sur le vieux cercueil, cependant que de ses deux mains elle s'agrippait au bras de sa compagne. C'était vraiment idiot d'avoir tenu à venir, sous le prétexte qu'elle était la seule parente restante. À côté d'elle, Lemercier avait l'air de dormir mais sous ses lourdes paupières il suivait intensément la progression du travail. Massif et impassible, Crawford semblait se désintéresser de l'événement. Il allumait tranquillement une cigarette ce qui incita aussitôt Morosini à en faire autant. Le général de Vernois leur jeta un coup d'œil indigné qui fit naître un demi-sourire sur les lèvres d'Olivier de Malden. Au cours d'une carrière déjà importante le diplomate devait en avoir vu d'autres. Morosini pensa qu'il lui plaisait. Peut-être parce qu'il lui ressemblait un peu. Désinvolte et élégant, il semblait ne pas attacher aux choses plus d'importance qu'elles n'en méritaient. Seul, au fond, le professeur Ponant-Saint-Germain était à son affaire : brûlant visiblement d'impatience, il ne cessait de se frotter les mains, son maigre cou tendu hors de son col à coins cassés et ses grosses lunettes lui donnant l'apparence d'un vautour guettant sa proie.

Les vis résistaient... Le temps passait. Pour se désennuyer Aldo envoya une pensée à sa femme.

Elle devait l'imaginer voltigeant à travers quelque salon illuminé baisant une main, discutant avec un personnage important ou encore dînant dans un restaurant de luxe avec Adalbert mais certainement pas en train de se geler les pieds – il faisait froid dans ce fichu hangar ! – en regardant les fossoyeurs ouvrir un cercueil ! Ou alors elle n'imaginait rien du tout si le jeune Marco lui donnait le moindre souci...

Enfin le couvercle récalcitrant céda dans un craquement. Tout le monde sauf les deux femmes fit un ou deux pas en avant. Le policier, lui, avec une lampe de poche qu'il alluma, projeta un pinceau de lumière sur la forme noirâtre étendue sur ce qui avait dû être du satin blanc. Encore revêtue d'une robe de velours bleu brodée d'entrelacs métalliques, la femme apparut momifiée, les chairs desséchées adhérant encore fermement à l'ossature... À ses bras, à ses doigts ossifiés des bracelets d'or et trois bagues assez belles mais aucun pendentif sur la gorge parcheminée...

Avec un claquement de langue agacé, Lemercier revint à Mlle Autié :

— Le pendentif n'est pas là, mademoiselle ! Comment l'expliquez-vous ?

Elle releva vers lui un visage tiré par l'angoisse :

— Que voulez-vous que je vous réponde, commissaire ? Il a peut-être été volé ?

— En laissant les autres bijoux ? C'est impossible !

— Ce n'est pas mon avis, coupa Crawford. Auprès d'un bijou de cette importance, le reste disparaît. Le voleur, si voleur il y eut, visait la « larme » de diamant et uniquement elle.

Après avoir conféré un instant avec les ouvriers, Lemercier revint vers eux :

— Ces hommes sont formels et ont confirmé mon impression. La bière n'a jamais été ouverte avant ce soir ! Ce qui veut dire que cette femme a été inhumée telle que nous la voyons ce soir et que l'on n'a pas déféré à sa volonté. Et cela je peux le comprendre. C'est pourtant bien ce que vous aviez dit ? demanda-t-il à Caroline.

— Mais oui, gémit la jeune fille, prête à pleurer. Au moment de sa mort, mon grand-père s'est fait apporter le portrait. Il s'est mis à rire puis il a dit : « Ne te fatigue pas à chercher ce joyau. Ma chère Florinde l'aimait à un tel point qu'elle a voulu que je le passe à son cou, peu avant de s'éteindre. Elle est partie en le caressant... et je n'ai pas voulu qu'on le lui enlève. Aussi ai-je veillé à ce qu'il soit toujours en place quand on a refermé le cercueil. Je l'avais dissimulé moi-même aux yeux des employés des pompes funèbres avec une écharpe de soie.

— C'était stupide, s'exclama Morosini, et surtout c'était, selon moi, de l'amour mal placé parce que du moment que vous étiez là, vous étiez infiniment plus digne que cette femme de porter une telle merveille !

— Ce n'était pas son avis. Il l'aimait passionnément. Moi il ne m'aimait pas. En dehors d'elle il n'a jamais aimé personne ! Pas davantage mon cousin Sylvain qu'il a chassé en le traitant de mendiant...

— Mais votre père, votre mère ? Sa première femme ?

— Il ne m'a jamais laissée ignorer ses sentiments envers eux. Sa première femme il l'avait épousée pour sa fortune. Il était très beau et pas elle, elle était riche. Leur fils lui ressemblait trop et quand il a été tué au début de la guerre, grand-père n'a pas versé une larme. On aurait même dit qu'il était content mais plus encore quand ma mère est morte peu après, de chagrin m'a-t-il expliqué. C'était un homme terrible, vous savez ?... Oh, mon Dieu, pourquoi est-ce que je raconte tout ça ? s'écria-t-elle en s'apercevant que ces inconnus l'écoutaient avec attention. Et elle éclata en sanglots. Lemercier n'eut pas le temps d'ouvrir la bouche pour poursuivre son interrogatoire, Marie-Angéline s'interposait :

— Vous ne croyez pas que c'est suffisant pour ce soir, commissaire ? Regardez où nous sommes, sacrebleu ! Il fait froid, il pleut et vous passez cette pauvre fille à la question ? Venez, ma chère, nous allons vous ramener, ajouta-t-elle débordante d'une sollicitude qui ne fut guère récompensée.

— Je vous remercie mais c'est inutile, fit soudain Mlle Autié en se détachant d'elle. M. Lemercier m'a amenée ; je pense qu'il aura la courtoisie de me reconduire chez moi.

— Certainement, s'empressa celui-ci. Quelques ordres à donner et nous partons ! Messieurs, mademoiselle ! Merci de vous être dérangés. Si vous voulez bien passer à mon bureau demain à... disons onze heures, nous tirerons les conclusions...

— Ce sera du temps perdu, protesta Crawford. Elles sont toutes trouvées, les conclusions, puisque nous n'avons rien à remettre à l'assassin. Demain à pareille heure vous aurez un nouveau cadavre sur les bras. Que comptez-vous faire pour l'éviter ?

L'autre se rebiffa :

— Je n'en ai pas la moindre idée, sir Quentin, et c'est pourquoi je veux vous voir tous demain à onze heures dans mon bureau. On dit que la nuit porte conseil : une idée viendra peut-être à l'un de vous. Finalement c'est bien vous et votre foutue exposition qui êtes responsables de ce massacre ! Je vous souhaite le bonsoir !

Laissant le gardien et les fossoyeurs remettre les choses en ordre, il conduisit la jeune fille jusqu'à la voiture qui les avait amenés, l'y fit monter puis l'auto s'éloigna sous une pluie qui ne semblait pas disposée à cesser.

— Il serait opportun d'en faire autant, glapit le professeur. Ces temps humides ne valent rien à mes rhumatismes et je sens que je m'enrhume. Si quelqu'un avait la bonté de me rapatrier ?...

— Ma voiture est à votre disposition, offrit aimablement Crawford. Je vais vous ramener ainsi que Mlle du Plan-Crépin et le prince Morosini.

Mais ceux-ci refusèrent d'un commun accord. Le Trianon Palace n'était pas si loin et ils préféraient y rentrer comme ils en étaient sortis. Toujours pour éviter ces messieurs de la presse. Crawford se rabattit sur le général. Quant à Malden il habitait à deux pas...

Aldo saisit le bras de Marie-Angéline qui ouvrit son vaste parapluie et tous deux foncèrent sous l'averse qui semblait redoubler : chacun de leurs pas soulevait des giclées d'eau. C'était aussi peu propice que possible à la conversation. D'autant qu'une voiture qui passait à vive allure trempa leurs jambes copieusement.

— Quel abruti ! s'insurgea Plan-Crépin qui ajouta aussitôt : Que pensez-vous de Caroline Autié ?

— Que voulez-vous que j'en pense ?

— Vous ne la trouvez pas légèrement capricieuse et même imprévisible ? L'autre nuit, elle vous a fait bon accueil à Adalbert et à vous et, dès qu'elle voit débarquer la police, elle tourne casaque et porte plainte. Ce soir, elle s'accroche à moi pendant l'ouverture de cette sinistre boîte et quand je lui propose notre aide, elle se précipite autant dire dans les bras du vieux « Dur-à-cuire » comme si nous avions la peste ?

— Oh, j'ai remarqué ! – Il avait même remarqué aussi que le regard de la jeune fille se détournait dès qu'il croisait le sien. Disons que ce qu'elle subit en ce moment peut plaider en sa faveur. Et puis, elle est peut-être gênée vis-à-vis de moi qu'elle a proprement envoyé en prison ! À moins qu'elle ne soit pas entièrement convaincue de mon innocence, continua-t-il avec une nuance de tristesse qui n'échappa pas à sa compagne et lui fit froncer le sourcil :

— On dirait que ça vous touche ?

— Pas vraiment, mentit Morosini.

— Un peu tout de même ! Eh bien, si vous voulez mon sentiment, cette « jolie » personne n'est pas aussi innocente qu'il y paraît...

— Qu'est-ce qui vous le fait dire ?

— Je ne sais pas... pas encore, parce qu'il faudra que j'en sache davantage. Mettons que, pour l'instant, c'est une impression. J'ai pitié d'elle et d'un autre côté je m'en méfie. Tenez, ce voyage qu'elle a fait en urgence à Florence pour se rendre au chevet de sa marraine malade qu'elle a prolongé pendant un mois...

— Une maladie peut durer longtemps.

— Celle-là a duré une semaine mais aussitôt ladite marraine a été saisie de l'envie d'emmener sa chère filleule visiter Naples.

— Que voyez-vous d'étonnant là-dedans? Une convalescence un peu agréable, l'odeur des orangers après celles de la pharmacie...

— Un: c'est loin. Deux: Caroline est sans fortune et gagne sa vie en donnant des leçons de piano... Les leçons de piano! Ce refuge des filles de bonne famille fauchées! Je sais ce que c'est, figurez-vous!

— Vous en avez donné? fit Aldo amusé malgré lui. Je me demande ce que vous n'avez pas fait dans la vie!

— Pas moi! Ma cousine Isoline. Croyez-moi, à moins d'être professeur au Conservatoire, les parents des bons chéris à qui vous apprenez à aligner trois notes sans en rater une sont ce qu'il y a de plus impossible comme clients. Ils ne voient aucun inconvénient à faire sauter des leçons sans vous prévenir sous les prétextes les plus fumeux, mais si vous vous permettez de prendre le large pendant plus d'une semaine, ils crient au scandale et vont chercher pâture ailleurs. Et malheureusement la profession est encombrée. Alors?

— Que pourrais-je vous répondre? fit Morosini en haussant les épaules. Mlle Autié a peut-être plus de réputation... ou plus de moyens que nous ne le supposons, Angelina! Ce n'est pas elle le problème urgent: c'est ce qui va se passer demain quand le tueur de Trianon ne recevra pas ce qu'il exige...

— À ce sujet, je pense avoir une idée !

— Laquelle ?

On arrivait à l'hôtel, beaucoup moins éclairé à cette heure tardive. Marie-Angéline referma son parapluie et pénétra dans le hall d'un pas décidé.

— Nous voilà rendus ! Je vous raconterai demain. Pour l'instant je vais voir si « nous » dormons ou si « nous » avons besoin d'un peu de lecture...

— Dormir, Tante Amélie, quand nous étions sur le sentier de la guerre ? Elle doit être agitée comme un boisseau de puces et vous en aurez jusqu'à l'aube à lui lire Proust !

C'était on ne peut plus vrai ! Mme de Sommières n'était même pas dans son lit. Drapée dans une robe de chambre en satin ivoire assorti aux rubans qui ornaient son bonnet de tulle à l'ancienne mode, elle se tenait assise près d'une fenêtre entre une boîte de chocolats copieusement entamée et un livre retourné sur les genoux. Elle poussa un soupir de soulagement en les voyant rentrer !

— Qu'en est-il ? demanda-t-elle.

— Rien ! répondit Aldo. La dame portait des bijoux à ses mains et à ses bras mais pas autour du cou ! Aucun pendentif !

— Je l'aurais juré ! Quelqu'un devait savoir qu'elle emporterait une fortune dans sa tombe et l'en aura délestée...

— Non. Les fossoyeurs sont formels. Le cercueil n'a pas été ouvert avant ce soir. Moi je me demande si, au dernier moment, le grand-père ne s'est pas dit que ce serait trop bête d'enfouir une pareille merveille. Il en aura disposé autrement.

— Tu penses qu'il l'aurait vendue ?

— À moins que ce ne soit au « marché parallèle », donc en perdant une grande partie de la valeur, cela m'étonnerait. Cette paire de girandoles a disparu au moment de la fuite de Louis XVI et de sa famille, le 20 juin 1791.

— La Reine les avait gardées avec elle ?

— Non. Une partie de ses joyaux personnels étaient déjà en route pour Bruxelles à destination de l'archiduchesse Marie-Christine, sa sœur. Les autres, elle les avait confiés, avec son indispensable coiffeur Léonard, au duc de Choiseul afin qu'il les emporte à Montmédy où le Roi voulait se retirer au milieu de ses troupes. Il y avait aussi l'habit du sacre de Louis XVI et les bijoux de Madame Élisabeth. Certaines pièces ont été retrouvées mais jamais les larmes de diamant. Or elles comptaient parmi les joyaux préférés de la Reine, si étrange que cela puisse paraître...

— Que vois-tu d'étrange là-dedans ?

— C'est qu'elle a commencé par les détester... enfin si l'on peut dire.

— S'il te plaît, sonne le garçon d'étage !

— Que lui voulez-vous ?

— Comme je sens que tu as une histoire à me raconter, j'aimerais bien un peu de café...

— Ah, non ! protesta Plan-Crépin. Si nous buvons du café, nous ne fermerons pas l'œil avant demain soir et... et je meurs de sommeil ! finit-elle par avouer en se laissant tomber dans un fauteuil.

— De toute façon l'histoire n'est pas longue. Quand l'archiduchesse Marie-Antoinette est arrivée de Vienne pour épouser le dauphin Louis, la comtesse Du Barry régnait sur le cœur et sur les sens de Louis XV. Elle était toute-puissante mais ne faisait pas l'unanimité à Versailles. Le parti des princes et la haute noblesse voyaient en elle une ennemie et accueillirent avec joie la petite princesse qui allait devenir tout naturellement leur porte-drapeau...

— Je ne suis peut-être pas très forte en histoire mais ça je le sais, ronchonna la marquise. Abrège, puisque tu me refuses une tasse de café !

— À vos ordres ! La Du Barry qui n'était pas stupide comprit fort bien qu'elle avait tout intérêt à se rallier la Dauphine et elle pensa avoir trouvé le moyen quand son joaillier vint lui présenter deux « larmes » de diamants admirables et absolument identiques. Elle les fit monter en pendants d'oreilles et les envoya chez Marie-Antoinette avec une lettre pleine de choses aimables qu'elle espérait transformer en traité d'armistice.

— Et tu dis qu'elle n'était pas stupide ? Mais il fallait être complètement idiote pour s'imaginer que la Dauphine, éblouie, allait se jeter à son cou ? Elle a renvoyé le cadeau, j'imagine ?

— Exactement, mais non sans regrets. L'ensemble était si beau qu'elle n'y a pas résisté. À son tour elle a convoqué Boehmer et lui a dit qu'elle souhaitait acquérir les larmes mais que les « boutons » de diamants qui les soutenaient ne lui convenaient pas : elle désirait qu'ils fussent remplacés par d'autres pierres lui appartenant afin d'éviter une confusion possible aux yeux des courtisans. Cela fait, la Reine les a souvent portées – surtout lorsqu'elle arborait le « Sancy » dans sa coiffure. Elle tenait à pouvoir s'en parer quand elle résiderait à Montmédy mais les larmes n'y sont jamais parvenues.

— Où sont-elles allées ? demanda Marie-Angéline qui écoutait avec passion.

— Justement on n'en sait rien sinon que le coiffeur Léonard à qui Choiseul avait remis l'une des cassettes du trésor au moment de leur séparation les a confiées au marquis de Bouillé, commandant alors la place de Stenay, avant de poursuivre son chemin vers la frontière, que Bouillé a commis son aide de camp à la garde du coffret... et que l'officier a été assassiné dans la nuit. Depuis, on ne sait où sont passées les larmes... Voilà, Tante Amélie, vous en savez autant que moi. À présent je vais aller prendre du repos. Le cher commissaire nous a convoqués pour onze heures...

Le lendemain, les cinq hommes pénétraient avec ensemble dans le bureau de Lemercier. Les mines étaient sombres, en accord avec le temps toujours aussi détestable. La pluie, qui avait fait trêve au lever du jour, revenait de plus belle, charriée par un vent glacé venu du pôle Nord qui s'infiltrait sous les portes et les fenêtres, trop anciennes pour être hermétiques. Cela vous gelait les mains et les pieds aussi agréablement qu'en plein hiver.

Après un salut approximatif, le policier leur désigna des chaises disposées en demi-cercle devant son bureau. À l'évidence, son humeur n'était pas plus bénigne que la veille et l'on s'assit dans le plus grand silence durant quelques secondes, après quoi, usant du privilège de l'âge et du fait qu'il connaissait Lemercier, le général ouvrit le feu :

— Si vous nous disiez ce que vous attendez de nous, commissaire ? Je vous rappelle que le troisième jour est entamé...

— Penseriez-vous par hasard que je l'aie oublié, mon général ? Ce que j'attends de vous, c'est une suggestion pour sortir de ce piège.

— Pourquoi nous ? protesta Malden. J'ai toujours cru que les affaires criminelles recevaient leur solution de la police ?

— Encore faut-il que la police dispose des éléments nécessaires. Or ces éléments sont entre vos mains puisque vous êtes les auteurs de cette exposition, source de tous nos maux...

— Mais d'abord, coupa Morosini, notre homme vous a-t-il fait savoir où et comment nous pourrions lui remettre la véritable « larme » en admettant que nous l'ayons.

— Je ne le sais pas encore. On doit m'en avertir « en temps voulu ». Très certainement au dernier moment, afin de rendre impossible ou au moins très difficile l'installation d'un dispositif policier de quelque importance... N'importe comment, je vous rappelle que nous n'avons pas l'objet... Alors ?

— Nous pourrions faire comme si nous l'avions ? L'idée n'est pas de moi mais de Mlle du Plan-Crépin et je suis son modeste porte-parole. Elle pense que vous pourriez bricoler un joli paquet du faux bijou que l'on a renvoyé et accepter le rendez-vous que l'on vous donnera... Il est probable que l'on ajoutera « Pas de police ! » mais nous pourrions en faire office, tous ici présents, et un vrai détachement serait alors tenu en réserve à proximité. En résumé, ma cousine pense que de cette façon nous aurions au moins une chance d'avoir un contact direct avec ce misérable ou quelqu'un de ses acolytes en admettant qu'il en ait.

— Il en a ! Le laboratoire m'a fait savoir que nous ne nous trouvons pas en face d'un seul assassin mais de trois...

— Que voulez-vous dire ? demanda Crawford.

— C'est pourtant facile à comprendre, ricana le commissaire. Ce n'est pas la même main qui a frappé Tison, Hanel et Harel ni écrit les billets en majuscules. Quant aux inscriptions des masques, elles ont dû être préparées d'avance car le texte de fond est identique partout mais pas les rajouts comme « Désolé, c'est une erreur ! »... Vous voyez que les choses se compliquent...

— En effet ! convint Malden. Cependant l'idée de Mlle du Plan-Crépin ne me paraît pas si mauvaise. En ce qui me concerne je suis disposé à jouer les flics... pardon, je veux dire les « agents de police » sous votre direction. J'ai même une bicyclette à votre disposition au cas où il faudrait se lancer dans une poursuite...

— Je ne sais pas ce que je donnerais sur un vélo, fit le général en riant, mais il n'est jamais trop tard pour apprendre. Et vous, professeur ?

— Moi ? Je n'ai jamais f... mis les pieds sur un de ces engins. Le tramway et le train me paraissent des moyens de locomotion parfaitement satisfaisants mais si vous aviez un tandem ou un tricycle ?

— Pourquoi pas une trottinette ? marmotta Aldo. Ces gens doivent avoir des voitures. N'importe comment, c'est à vous de voir, commissaire, mais je me déclare comme ces messieurs à votre disposition...

— Au fond, pourquoi pas ? soupira Lemercier après un moment de réflexion. Je n'ai rien d'autre sous la main et même si ce n'est pas très légal c'est une chance à courir. La seule qui soit en vue pour l'instant. Aussi, j'accepte votre proposition mais il n'est pas question que vous restiez ici jusqu'à ce que me parvienne le message. La difficulté est là : comment vous réunir rapidement ?

— Oh, c'est facile, fit Olivier de Malden. J'habite à deux pas et si ces messieurs veulent bien accepter... un bridge ou un poker, nous attendrons ensemble votre coup de téléphone et vos instructions...

On se sépara là-dessus, chacun rentrant chez soi afin d'y revêtir des tenues plus conformes à une expédition nocturne mais on devait se retrouver à quatre heures chez Malden. Vu son âge, seul le professeur ne participerait pas.

Crawford, lui, n'avait pas ouvert la bouche. Aldo s'en inquiéta :

— Vous n'avez rien dit, sir Quentin ! Vous n'êtes pas d'accord ?

L'Écossais se mit à rire :

— C'est alors que vous m'auriez entendu. Il y a chez vous une maxime qui prétend que « Qui ne dit mot consent ! ». J'y souscris pleinement car, voyez-vous, je ne suis pas bavard... mais je ne peux qu'approuver votre initiative. Ce pourrait même être amusant ! ajouta-t-il. La difficulté va être d'empêcher Léonora de me suivre. Ma femme a l'aventure dans le sang...

— J'en connais une autre...

En rentrant à l'hôtel, Aldo songeait encore à la meilleure manière de présenter les choses pour éviter que Marie-Angéline n'enfourche son cheval de bataille – il en venait même à penser que le mieux serait peut-être de n'en pas parler ! – quand il reconnut la petite voiture rouge d'Adalbert rangée sous les arbres dans l'enceinte de l'hôtel. Celui-là était une trop bonne recrue pour le laisser en dehors de l'expédition.

Le mauvais temps ayant rendu inutilisables les tables de la terrasse fleurie, il trouva sa « famille » réfugiée au bar comme la plupart des autres clients parmi lesquels il reconnut sans peine deux des plus efficaces journalistes parisiens : Berthier du *Figaro* et Mathieu du *Matin*. Spécialistes de la rubrique mondaine, on ne pouvait leur interdire de venir boire un verre dans le lieu le plus public du palace. Installés au comptoir sur de hauts tabourets, ils jouaient au « zanzi [1] » en buvant des cocktails sans avoir l'air de rien mais l'on pouvait être sûr que leurs oreilles étaient grandes ouvertes et que leurs yeux voyaient à peu près tout. Ils répondirent aussitôt au salut de la main qu'Aldo leur adressa. Il les avait déjà rencontrés à plusieurs reprises et savait qu'ils étaient aussi corrects que sérieux. Ils ne tentèrent pas de l'approcher, le laissant rejoindre la table où les siens étaient installés.

1. Jeu de dés en vogue à l'époque.

— Je suis venu vous demander à déjeuner et prendre l'air du temps, sourit Adalbert tandis que son ami prenait place dans l'un des petits fauteuils de velours bleu...

— Pour ce qui est du temps on pourrait trouver mieux mais le déjeuner t'est acquis avec grand plaisir. Tu t'ennuyais de nous ?

— Eh bien oui, figure-toi ! Versailles n'est pourtant qu'à dix-sept kilomètres de Paris mais, depuis que vous y habitez, j'ai l'impression que ma rue est au bout du monde.

— *Un seul être vous manque et tout est dépeuplé,* ironisa Aldo. Or, nous sommes trois ! Pourquoi ne pas demander à la réception s'il reste encore des chambres libres ?

Vidal-Pellicorne fouilla dans sa poche, en tira une clef complétée par une plaque de bronze et la mit sur la table :

— C'est fait ! Ma valise est au numéro 28... en face de toi, mon bon !

— Quelle heureuse surprise ! fit Mme de Sommières en levant sa coupe de champagne. Bienvenue au club, mon cher Adalbert

— Plus on est de fous, plus on rit, renchérit Marie-Angéline visiblement ravie. Alors ? Qu'a donné la réunion chez le commissaire ?

Aldo le lui dit mais se hâta d'ajouter :

— Je vous arrête tout de suite, Angelina ! Ce soir il n'y aura que des hommes.

— Mais enfin, pourquoi ? s'insurgea-t-elle.

— Parce que si ce n'est pas vraiment légal, c'est tout de même une opération de police et s'il a consenti à accepter une aide plutôt bienvenue, Lemercier n'admettra jamais votre présence.

— D'autant que cela peut être dangereux, ajouta la marquise en picorant une amande salée. Et je ne veux pas rester seule, à tourner dans ma chambre en me faisant un sang d'encre ! Vous êtes ma lectrice, que diable ! Vous me lirez *Monte-Cristo* ! Comme ça vous aurez l'esprit occupé !

— Oui, mais...

— Pas de mais ! Et passons au menu ! J'ai faim !

Pendant le déjeuner on parla. Le restaurant était plein et les tables plus rapprochées qu'au bar. En outre, leur groupe était suffisamment remarquable pour attirer l'attention. Nombreux étaient les regards qui se tournaient vers eux. Aldo se borna donc à annoncer qu'il avait accepté d'aller vers cinq heures faire un poker chez Malden – entre hommes ! – auquel Adalbert était invité d'avance.

— Il habite rue de la Paroisse, conclut-il. Inutile de prendre ta voiture. Ce n'est pas loin et on ira à pied.

Après avoir reconduit la marquise et sa « lectrice » aux ascenseurs, Aldo et Adalbert reprirent casquettes et imperméables au vestiaire et se disposaient à quitter l'hôtel quand Michel Berthier les arrêta :

— J'espère ne pas vous importuner, messieurs, mais j'aimerais vous dire un mot...

— On vous en accorde deux, grogna Adalbert qui avait pris la presse en grippe depuis l'aventure de « la Régente ». Dites « bonjour » et immédiatement après « au revoir ». Ce sera parfait !

— Allons, monsieur Vidal-Pellicorne, sourit le journaliste. Ne vous faites pas plus méchant que vous n'êtes ! Vous savez bien qu'il y a chez nous des gens de bonne compagnie !

— Sont rares !

— C'est justement l'exception qui confirme la règle, coupa Aldo. Que puis-je pour vous, monsieur Berthier ?

— M'aider à comprendre ce qu'il se passe... si toutefois il se passe quelque chose.

— Trois morts en quatre jours, cela ne vous suffit pas ?

— C'est même trop si l'on considère le... l'immobilisme ambiant. L'exposition se poursuit comme si de rien n'était et avec un succès qui semble grandir avec le nombre des victimes. Si c'est un genre de publicité, elle n'est pas de très bon goût ! Pourquoi ne fermez-vous pas ? Le Comité...

— ... dont je ne fais pas partie ! Je ne suis qu'exposant. Quant aux décisions à prendre elles ne regardent que la police. Allez voir le commissaire Lemercier !

— Pour qu'il me jette dehors ? C'est le plus mauvais coucheur que j'aie jamais connu... et Dieu sait si ma liste est longue ! C'est pourquoi je viens vous voir. Que fait-on en ce moment ?

— Qu'est-ce que vous voulez qu'on fasse ? s'énerva Adalbert. On recherche le meurtrier !

— Les meurtriers, rectifia Morosini. Tenez, voilà au moins une information neuve : d'après le laboratoire de la police, chacun des crimes a été commis par une main différente !

— Ah !... C'est déjà ça ! Et savez-vous si la police a une piste ?

— Allez le lui demander ! Moi j'écoute ce que l'on me dit et je fais ce que l'on me demande...

— Lemercier vous a « demandé » de séjourner au Trianon Palace pour vous garder sous la main ? J'ai entendu dire qu'il vous soupçonnait ?

— Pour quelqu'un qui ne sait rien vous entendez dire trop de choses, protesta Adalbert. Il est normal que le prince Morosini veuille veiller en personne sur les joyaux qu'il a prêtés. En outre, nous sommes ici pour notre plaisir. C'est sublime, Versailles et, en ce qui me concerne, je ne me lasserai jamais de contempler son palais unique au monde...

— Même quand il pleut ? fit Berthier goguenard.

— Surtout quand il pleut ! On n'est pas envahi par les touristes. Il n'y a que les journalistes pour accabler les honnêtes gens !

— Et vous allez de ce pas... contempler ?

— Cela pourrait se faire, fit Aldo moqueur, mais il se trouve que nous allons bêtement faire un poker chez des amis !

Le journaliste réagit comme un cheval de bataille qui entend la trompette :

— Un poker ? J'adore !... Vous ne voulez pas m'emmener ? On s'ennuie à périr dans votre ville sublime !

— Ne me dites pas qu'avec tous ces messieurs de la presse qui hantent ces lieux vous n'arriverez pas à réunir quelques amateurs ?

— Oh, ce n'est pas ça qui manque ! Ce sont les mises de fond qui ne montent pas très haut. Alors, évidemment...

— Vous pensez que nous autres on serait plus intéressants à plumer? dit Adalbert en riant. Dans ce cas vous vous trompez! En ce qui me concerne du moins: je suis fauché!

— Et vous vous imaginez que je vais vous croire? Amusez-vous bien quand même!

En sortant de l'hôtel, ils virent le colonel Karloff qui attendait le client dans son taxi. Aldo s'apprêtait à lui faire un signe indiquant que l'on n'avait pas besoin de lui mais Adalbert le prit par le bras:

— Viens! On va le prendre...

— Mais c'est à côté!

— Justement c'est trop près!...

— Mon cher colonel, ajouta-t-il une fois embarqué, nous allons rue de la Paroisse mais, auparavant, nous aimerions faire un tour en ville ou autour du parc. À votre idée...

— Vu! répondit sobrement Karloff.

Vingt minutes plus tard, il les arrêtait devant l'élégant domicile du diplomate.

— Je vous attends? proposa-t-il.

— Pourquoi pas? proposa Aldo. Mais ça risque d'être long.

En deux mots, il traça les grandes lignes de l'expédition pour laquelle ils étaient volontaires.

— Sûr que je peux vous être utile et que le temps ne compte pas. Il y a un peu plus loin une impasse: je vais m'y garer...

Dans l'ancienne rue Princesse, les Malden habitaient un hôtel particulier à un étage, orné de chiens-assis et de guirlandes entre les fenêtres, qui avait été bâti aux environs de 1730 pour un musicien de la Cour. Au seuil d'une porte laquée d'un beau vernis vert sombre, un serviteur déjà âgé accueillit les visiteurs, les débarrassa de leurs vêtements de pluie et les précéda dans un vestibule dallé de marbre blanc à bouchons noirs jusqu'à un salon bleu et or résolument Louis XVI avec de splendides meubles d'époque et parfumé par une débauche de roses anciennes aux pétales multiples jaillissant de tous les vases. Dans des cadres ovales deux portraits de femmes, l'une coiffée « à l'oiseau royal » et l'autre d'un de ces chignons de longues boucles chers à l'impératrice Eugénie tenaient compagnie à des gravures de Carmontelle. Un tapis de la Savonnerie aux teintes passées couvrait le précieux parquet Versailles et menait jusqu'à un bureau bibliothèque qui était de toute évidence la pièce du maître de maison si l'on en jugeait par la fumée bleutée des cigares qui l'emplissait. Et il n'était pas seul : répandus dans de confortables Chesterfield en cuir noir, Crawford et le général fumaient en silence, l'œil fixé sur leur hôte occupé à répondre au téléphone. Répondre était peut-être excessif car il ne disait pas un mot, se contentant d'accueillir les nouveaux venus d'un sourire et d'un geste de la main. Un silence absolu régnait tandis que les arrivants serraient les mains tendues vers eux.

Enfin, après avoir déclaré qu'il était d'accord, Malden raccrocha le combiné, visiblement soucieux.

— Les nouvelles sont mauvaises ? demanda l'Écossais.

— Pas vraiment, cependant on ne peut dire qu'elles soient excellentes. Lemercier a reçu l'ordre de se trouver – seul bien entendu ! – vers onze heures ce soir auprès du bassin du Dragon, dans le jardin du château. Je vous avoue que j'aurais préféré un endroit quelconque dans la campagne ou dans la ville...

— Ce n'est pas gênant ? fit Aldo. La nuit, jardin et parc doivent être déserts à souhait ?

— Sans doute, mais cela veut dire aussi que notre homme possède les moyens de s'introduire dans l'enceinte du palais, ce qui n'est pas donné à tout le monde et surtout pas à nous.

— La question ne se pose pas pour le commissaire et ses hommes – en admettant qu'il en emmène. Il peut se faire ouvrir n'importe quoi de jour comme de nuit, observa le général. Cependant il doit certainement avoir une idée ?

— Il l'a : nous allons dès à présent nous rendre au château en ordre dispersé, prendre un ticket comme n'importe qui et ensuite nous diriger en flânant vers les bosquets nord : celui de l'Arc de triomphe et celui des Trois Fontaines au bout desquels se trouve le bassin en question. Nous nous y cacherons moitié dans l'un moitié dans l'autre et nous attendrons.

— Il est seulement cinq heures ! gémit Adalbert. Cela veut dire six autres sous des arbres mouillés ?

— Pourquoi pas ? dit Aldo. On a déjà vécu pire !

— Oh, je sais, mais toi, tu vis dans une ville aquatique et ne peux pas comprendre, mais moi je commence à redouter les rhumatismes qui nuisent si fort à l'élasticité des bras et des jambes...

— C'est ça ou rien ! sourit Malden en reprenant son cigare.

— Vous pensez bien que ce sera ça, dit Aldo, mais ce que je comprends mal c'est qu'il faille faire le détour par le château. Le bassin du Dragon est voisin de celui de Neptune si j'ai bonne mémoire ?

— Je comprends votre pensée. Le bassin de Neptune jouxte à peu de chose près le boulevard de la Reine, presque en face du Trianon Palace. Avant votre arrivée je l'ai dit à Lemercier mais ce serait justement un peu trop facile et comme nous ignorons les moyens de surveillance de l'ennemi mieux vaut jouer les touristes.

— Qui vous dit que nous ne serons pas repérés ? avança Vernois. Des Versaillais qui sont tout à coup pris d'une folle envie de visiter un château qu'ils connaissent par cœur !

— Il ne vous arrive jamais d'y aller rêver à nos grandeurs passées ?

— Si... de temps en temps !

— Vous voyez bien ! Messieurs, je suis désolé de vous recevoir si brièvement mais il est temps de partir. On se retrouve tous dans le bosquet de l'Arc de triomphe à l'extrémité voisine du bassin où l'on se partagera les places selon les directives du commissaire... Vous êtes armés, je suppose ?

Ils l'étaient et l'on se sépara. Aldo et Adalbert partirent les premiers et rejoignirent Karloff pour lui dire qu'au fond on n'avait pas tellement besoin de lui sinon pour les emmener au château, ce qui ne faisait pas une longue course. Cependant, quand on lui eut expliqué l'affaire il décida d'aller se poster à onze heures au bout de la rue des Réservoirs, près du théâtre Montansier et non loin de la grille du Dragon.

— Grimpez, messieurs, je vous lâche au château ! déclara-t-il.

Quelques minutes plus tard les deux amis traversaient l'immense cour d'honneur à quelque distance l'un de l'autre. Morosini se dirigea vers l'entrée des bâtiments royaux et Vidal-Pellicorne vers celle qui ouvrait directement sur les jardins. Il franchit les « passages des bois » donnant sur les parterres du Midi, ce qui l'obligea à contourner presque tout le château pour rejoindre les parterres du nord que prolongeaient les deux bosquets derrière lesquels se trouvent les bassins du Dragon et de Neptune.

Chacun des auxiliaires bénévoles de la police joua avec un tel talent son rôle en flânant de façon si convaincante qu'il était plus de six heures quand on se retrouva devant le majestueux ensemble voulu jadis par Le Nôtre mais qui était alors en assez mauvais état : l'arc à trois portes de ferronnerie dorée n'avait plus guère de dorures non plus que les fontaines latérales dédiées à la Victoire et à la Gloire, ainsi que les quatre obélisques achevant un ensemble plein de noblesse mais qui, dans son décor forestier, se revêtait en cette fin d'un jour pluvieux d'une intense mélancolie. Son voisin, le bosquet des Trois Fontaines, n'était pas mieux loti : mousse, rouille et vert-de-gris...

— Dire, soupira Olivier de Malden que ces merveilles ont tellement besoin d'être réparées et qu'un imbécile est en train de saboter une exposition dont nous étions en droit d'espérer une belle somme !

— Jusqu'à présent nous n'avons pas à nous plaindre, fit remarquer le général : les foules se pressent pour visiter. Le fait que le Petit Trianon soit devenu scène de crime ne décourage personne. Au contraire. Voyez ! Ce que nous espérions un succès tourne au triomphe...

— À condition que l'on ne nous oblige pas à fermer ! grommela Crawford en fouillant dans ses poches à la recherche de son étui à cigares.

— Il y a quelques années un meurtre s'est perpétré au Louvre au département des Antiquités égyptiennes, rappela Adalbert : les foules se sont ruées chez nous. Il en est venu de partout : d'Europe occidentale d'abord et même des États-Unis ! Rien de plus excitant que l'odeur du sang ! Vous pourriez même jouer les prolongations... Je parie pour un débarquement massif des Américains...

— Et si les prêteurs de joyaux et autres pièces précieuses les retirent ?

— En ce qui me concerne ce n'est pas mon intention, émit Aldo, ni celle de mon beau-père, que j'ai eu au téléphone. Peut-être même viendra-t-il voir ce qu'il en est. Il a reçu l'assurance d'une surveillance accrue de la police avec des renforts venus de Paris.

— C'est on ne peut plus vrai, dit le général. Je suis retourné à l'exposition ce matin avant de vous rejoindre chez Lemercier : les vitrines sont gardées nuit et jour par des hommes en armes.

Adalbert se mit à rire :

— Bougrement séduisant pour le *vulgum pecus* ! Les visiteurs doivent avoir l'impression de faire de la figuration intelligente pour un film...

— Messieurs, messieurs ! rappela Morosini. Nous sommes ici pour essayer de piéger un assassin. Ce n'est pas le moment de tenir une conférence contradictoire !

— Il a raison ! approuva Crawford. Allons prendre nos places ! Qu'est-ce que Lemercier a décidé ?

— Messieurs Morosini et Vidal-Pellicorne dans ce bosquet tandis que le général, vous et moi nous installerons aux Trois Fontaines. Séparons-nous !

La végétation qui servait d'écrin à l'Arc et à ses fontaines muettes était aussi dense que celle d'un bois. Aldo et Adalbert allèrent se poster derrière les arbres et fourrés les plus proches du lieu du rendez-vous de façon à voir sans être vus. Le soir tombant rendait l'endroit plus obscur, au point de ne pas pouvoir lire l'heure à une montre, mais les bassins eux étaient bien visibles. Au milieu de celui du Dragon, tout rond, le monstrueux animal agonisait transpercé par les flèches d'une foule d'amours chevauchant des cygnes accompagnés de dauphins. Derrière lui, en contrebas, le très large bassin trilobé de Neptune voyait jaillir le dieu des mers, armé de son trident, avec Océan et Protée que le crépuscule de ce jour pluvieux changeait en noires silhouettes vaguement inquiétantes.

— Je ne sais pas si tu as déjà vu, ici, le spectacle des Grandes Eaux ? demanda Adalbert.

— Non et je le regrette, mais cela ne s'est jamais trouvé.

— Dommage car c'est vraiment magique ! Ce lieu est celui où s'achève le spectacle. Le Dragon crache alors une fusée liquide d'environ trente mètres au milieu des jets moins importants des dauphins. Quant à Neptune il reçoit l'eau des fontaines qui sont au-dessus complétée par des jets verticaux. Tu n'imagines pas à quel point c'est magnifique... Aussi dans l'après-midi, quand il fait beau, c'est la promenade préférée des nounous et autres nurses avec leurs bambins. Elles entrent par la grille que tu aperçois là-bas. Malheureusement c'est assez humide dans le coin et quand il pleut comme aujourd'hui...

— Réjouis-toi, il ne pleut plus !

— Sauf dans ce satané bosquet ! Les arbres en ont encore pour un moment à nous dégoutter dessus. Quelle heure est-il ?

— J'ai l'impression d'avoir entendu sonner huit heures !

— Ce sacré Lemercier aurait pu nous réunir plus tard ! Tu te rends compte ? Encore trois heures à patauger là-dessous !

— Il y a là une grosse souche d'arbre. Viens la partager avec moi !

Appuyés l'un contre l'autre ils s'installèrent le plus confortablement possible en fumant des cigarettes et deux ou trois cigares. Il faisait frisquet au cœur de cette végétation mouillée et tenir quelque chose d'allumé entre les lèvres les réchauffait un peu. Le temps passa, lentement, peuplé seulement des bruits de la ville toute proche. Ni l'un ni l'autre n'avait envie de parler. Il leur semblait que s'ils ouvraient la bouche, ils laisseraient échapper leur chaleur intérieure. Soudain, cependant, Adalbert étouffa un éternuement :

— À tes souhaits ! chuchota Morosini.

— Alors je souhaite un bain et un grog bouillants ! Tu n'as pas froid, toi ?

— Pas trop, non !

— Dire que c'est toi qui es sensible des bronches ! C'est le monde à l'envers ! grogna l'égyptologue en tirant son mouchoir dans lequel il officia aussi discrètement qu'il le pouvait, conscient que l'heure approchait et que ce n'était pas le moment de faire du bruit.

Enfin onze coups s'égrenèrent à l'église Notre-Dame.

À peine le dernier eut-il résonné qu'un pas décidé se fit entendre. La grille du Dragon grinça et les yeux des guetteurs perçurent la silhouette massive du commissaire qui s'avançait calmement, le chapeau enfoncé sur la tête et les mains au fond de ses poches. Le ciel s'était éclairci après la dernière pluie et les yeux habitués des observateurs voyaient presque comme si la lune eût été pleine.

Le policier arrivait au bord du bassin quand surgit de nulle part – personne ne le vit arriver ! – un groom d'hôtel. On l'entendit demander s'il avait bien affaire à M. Lemercier et sur sa réponse affirmative, lui tendit une lettre.

— Qu'est-ce que c'est que ça ? demanda le commissaire.

Mais, sans répondre, le gamin fit demi-tour, prit ses jambes à son cou et disparut par la grille restée ouverte. Adalbert fit un mouvement pour s'élancer derrière lui mais Aldo le retint d'une main vigoureuse :

— Reste tranquille ! On ne doit bouger qu'en cas de danger. Et puis tu ne le rattraperais pas.

Pendant ce temps, Lemercier sortait une lampe électrique de sa poche et décachetait la lettre. Il fut vite évident que le texte n'en était pas à son goût car, dans la lumière de sa lampe, les guetteurs le virent nettement s'empourprer tandis qu'il se mettait à jurer le nom de Dieu avec une fureur qui n'avait rien de religieux. Et soudain :

— Nous sommes joués ! cria-t-il. Sortez, vous autres !

Aldo et Adalbert le rejoignirent les premiers. Il leur tendit la lettre et la lampe :

— Tenez, lisez !

Fine, serrée, l'écriture était petite mais bien lisible. On eut aucune peine à la déchiffrer :

« Avez-vous vraiment cru pouvoir me prendre à un piège aussi grossier ? Vous me décevez, commissaire ! À présent il ne vous reste plus qu'à vous rendre au bosquet du Rond Vert. Vous y trouverez ma réponse. Le Vengeur de la Reine. »

Morosini eut un sourire de mépris pour la signature grandiloquente à souhait :

— Curieuse cette manie qu'ont les criminels de vouloir parer de romantisme leur cruauté et leur appétit de lucre !

— Moi je dis qu'il se fout de nous ! traduisit sobrement Adalbert.

— Et moi qu'il me paraît étrangement renseigné, ajouta Crawford qui venait de les rejoindre. Quelqu'un a parlé... ou alors les murs du commissariat ont des oreilles !

— C'est ce que je vais faire en sorte d'apprendre ! gronda le policier dont le regard revint se poser comme par hasard sur ses anciennes victimes.

Pour l'instant, allons voir ce que c'est au juste que cette réponse...

Le bosquet du Rond Vert faisait suite à celui des Trois Fontaines. Il avait été jadis le théâtre d'eaux, véritable salle de spectacles aquatiques où s'était épanoui l'art de Le Nôtre mais aussi celui des Francine, les fontainiers de Louis XIV. Il n'en restait rien qu'une vaste circonférence de gazon entourée d'arbres centenaires dont les ombrages étaient recherchés par les jours chauds de l'été. On y fut en peu de minutes et, là, point ne fut besoin de chercher : étendu sur le ventre, les bras en croix et bien visible, un cadavre poignardé à travers un masque noir signait tragiquement le grand cercle herbu.

— Veuillez rester dans les allées, messieurs ! intima le commissaire. Personne n'approche, personne ne touche à rien ! Que moi et mes hommes.

Un triple coup de sifflet strident fit accourir l'inspecteur Bon et cinq agents en uniforme.

— Je croyais qu'il ne devait pas y avoir de police ? remarqua Malden avec un rien d'ironie.

— Aussi n'étaient-ils pas dans les jardins mais à côté du théâtre Montansier, prêts à accourir au moindre appel ainsi que vous l'avez pu voir. Vous n'imaginiez pas, monsieur de Malden, que j'allais m'en remettre uniquement à vous et à vos amis ?

— Que c'est agréable à entendre ! nasilla Adalbert qui venait d'éternuer à nouveau. Quand nous serons au fond de nos lits avec la copieuse bronchite récoltée à danser d'un pied sur l'autre pendant des heures dans ces foutus bosquets trempés, on pourra toujours se dire qu'on était là simplement pour le décor ! Merci beaucoup !

— Gardez vos réflexions pour vous ! Si nous avons en face de nous une bande organisée, tout semblant le laisser supposer, une douzaine d'hommes, même inexpérimentés n'eussent pas été de trop ! Je vous remercie donc mais à présent vous pouvez rentrer chez vous !

— Nous direz-vous au moins qui est ce malheureux ? fit sèchement Morosini.

On le sut très vite, la victime n'ayant pas été délestée de son portefeuille. C'était un guide du château qui se nommait Lucien Drouet.

— Comme le maître de poste de Sainte-Menehould qui a reconnu le Roi quand on relayait les chevaux et qui, galopant à travers champs, a prévenu les gens de Varennes et fait arrêter la famille royale ! commenta Malden avec amertume tandis que l'on revenait vers la grille du Dragon. Je m'attendais plus ou moins à quelque chose d'approchant !

— Mais enfin c'est insensé ! fulmina Crawford. J'ai peine à croire que tous les descendants de ceux qui ont joué un rôle déterminant dans le sort tragique de Louis XVI et Marie-Antoinette aient choisi d'habiter Versailles ?

— Ce serait en effet une incroyable coïncidence ! répliqua Morosini. Je me demande si le Vengeur – puisque c'est ainsi qu'il s'annonce ! – ne se contente pas de simples homonymes ?

— C'est possible, répondit Adalbert, mais en ce cas comment savoir s'il y en a d'autres ? Il faudrait consulter le Bottin, les listes électorales et Dieu sait quoi ?

— D'autant, renchérit le général de Vernois, qu'il faudrait aussi une connaissance approfondie de la famille royale. Vous peut-être, sir Quentin ?

— Certainement pas autant que mon ancêtre. Il savait tout. Lui et sa femme étaient des amis d'Axel de Fersen et ils ont contribué à la préparation de la fuite si désastreusement avortée. Le flambeau est venu jusqu'à moi mais j'ai de nombreuses lacunes. Et vous, Malden ?

— Une tradition familiale, des souvenirs, des lettres et un attachement profond à la mémoire de nos malheureux souverains. Mais vous oubliez que nous avons l'homme qu'il nous faut avec ce vieux fou de Ponant-Saint-Germain. Il voue à Marie-Antoinette un véritable culte. Avec fidèles, cérémonies et ce qui s'ensuit, m'a-t-on dit !

— Vous n'y êtes jamais allé voir ? demanda Morosini.

— Non, bien que cela ne manque pas de pittoresque, paraît-il. Si cela vous intéresse, demandez à Mme de La Begassière. C'est elle qui l'a fait admettre au Comité. Justement à cause de ses immenses connaissances. Il nous a été fort utile.

— Il pourrait l'être encore, lança Vidal-Pellicorne qui ajouta plus bas à l'intention d'Aldo : Tâche de savoir où il habite ! J'irais volontiers lui faire une petite visite... pour bavarder entre confrères !

— Marie-Antoinette ne relève pas de l'archéologie !

— Tu n'y connais rien ! Un parallèle entre sa bien-aimée reine et Néfertiti par exemple aurait de grandes chances de le séduire. Surtout présenté par moi !

On se sépara dès la grille franchie. Crawford annonça que le Comité se réunirait le lendemain à midi chez la présidente et demanda à Morosini d'en aviser Mlle du Plan-Crépin.

— La date de la fête nocturne se rapproche, soupira-t-il. Il nous faut prendre une décision. Annuler me paraît difficile mais d'autre part la presse va nous tomber dessus en nous accusant de danser dans le sang...

Une dernière poignée de main et il s'éloignait de son pas lourd appuyé sur sa canne.

— C'est un type sympathique, remarqua Aldo. Mais veux-tu me dire pourquoi je pense à la statue du Commandeur de *Don Juan* chaque fois que je le vois ?...

— Oh, c'est son côté monolithique ! Et à propos de voir, tu ne saurais pas où est passé Karloff ?

En effet ni lui ni sa voiture n'étaient en vue. Ce qui ne lui ressemblait pas... On eut beau remonter la rue des Réservoirs jusqu'au château, fouiller les alentours du théâtre, on ne trouva rien.

— Il ne « fait » plus la nuit, dit Aldo. Il n'aurait pas pris un client ?

— C'est peut-être la police qui l'a mis en fuite. Lui et Lemercier ne sont pas franchement copains... De toute façon il sait toujours très bien ce qu'il fait. Alors allons nous mettre au sec... et nous humecter le gosier. J'ai une soif de tous les diables !

— D'autant qu'il nous faut aller au rapport. Imaginer Tante Amélie et son fidèle bedeau dormant du sommeil des anges relève de la pure fiction. Et puis Karloff nous rejoindra peut-être.

Mais on ne le revit ni cette nuit-là ni le lendemain matin.

Interrogé, le réceptionniste du Palace s'avoua surpris : il avait eu pour lui un client et non seulement il n'était pas venu stationner comme d'habitude mais il ne répondait pas au téléphone. D'un même mouvement les deux hommes s'élancèrent vers la petite Amilcar rouge et noire...

V

UN APPEL AU SECOURS

Quelques heures plus tard, le Comité au complet – les Parisiens avaient été appelés par téléphone ! – se rendait en ordre dispersé chez la comtesse de La Begassière pour y tenir une réunion d'urgence que l'aimable dame convertissait en déjeuner, en vertu de ce principe que les pilules les plus difficiles à avaler passent mieux quand on les accompagne d'une cuisine raffinée et de vins choisis avec discernement par un maître d'hôtel que tout Versailles lui enviait.

Elle habitait rue de l'Indépendance américaine, une de ces anciennes demeures de dignitaires, construites de briques et de pierres blanches afin d'être en harmonie avec un élément du château appelé l'aile des Princes qui, face au Grand Commun, occupait une partie de la rue. De ses fenêtres elle avait vue sur l'Orangerie, ce que beaucoup considéraient comme un privilège. Ceux tout au moins qui ne résidaient pas dans ce beau quartier du vieux Versailles, noyau de la ville royale, bâti entre la cathédrale Saint-Louis et le palais du Soleil couronné.

Laissant Adalbert tenir compagnie à Tante Amélie, Aldo et Marie-Angéline choisirent de s'y rendre à pied. Le temps était redevenu clément même si l'air bleuté restait un peu froid pour la saison. Tous deux appréciaient cette promenade d'environ un kilomètre à travers la noble cité. Lavé de frais, Versailles étincelait et embaumait la terre, l'herbe et les plantes mouillées mêlées à une légère senteur de bois brûlé évocatrice de flambées allumées dans les cheminées pour lutter contre l'humidité. Plan-Crépin adorait marcher. Quant à son compagnon, si le footing n'était pas son sport favori – bien qu'il fût capable de fournir de longues distances ! – il aimait déambuler – parfois sans but précis – lorsque quelque chose le tourmentait. Ce qui était le cas...

Lorsque Adalbert avait stoppé son bruyant moteur devant la maison de Karloff, l'écho d'un chant religieux prit sa place. Deux voix féminines – l'une frêle, l'autre grave – interprétaient en russe ce qui paraissait être un hymne à la douleur :

— On n'en est tout de même pas déjà aux funérailles ? marmotta-t-il.

Plus qu'inquiet, Aldo ouvrit la barrière du jardin et s'avança vers la maison redoutant de trouver ces femmes en train de chanter devant un corps étendu sans vie comme cela se faisait en Russie. La porte n'étant pas fermée à clef, il l'ouvrit mais son élan s'arrêta au seuil d'une pièce assez grande qui devait servir de salle à manger et de salon. Sur le mur du fond, plusieurs icônes étaient disposées autour de celle, nettement plus importante, de Notre-Dame de Kazan, le tout éclairé par une demi-douzaine de cierges, devant lesquels deux femmes à genoux chantaient en pleurant. Deux femmes à peu près du même âge mais aussi différentes que leurs voix. L'une, taillée comme un grenadier dont elle possédait le timbre profond, dépassait d'une tête sa compagne fragile et délicate dont les cheveux blancs sortaient du fichu violet noué sous le menton. Celle-là très certainement était l'épouse du colonel même si l'autre pleurait plus fort qu'elle.

Il fallut attendre sans bouger que le cantique fût achevé puis une série de génuflexions et de signes de croix alternant avec ce qui avait l'air d'une litanie. Cela fait, la plus imposante aida sa compagne à se relever et la conduisit vers la table où fumait le samovar. À ce moment elles s'aperçurent qu'elles avaient des visiteurs.

— Vous voulez quoi ? demanda le « grenadier » sans s'encombrer de politesse superflue en croisant sur une poitrine généreuse des bras de lutteur.

— Voir Mme Karlova, répondit Aldo en s'inclinant devant la petite dame. Si toutefois elle y consent. Voici M. Vidal-Pellicorne de l'Institut et je me nomme Aldo Morosini. Nous sommes des amis du colonel et nous souhaitons...

La grande émit alors une sorte d'ululement et se tourna vers les images pieuses dans l'intention évidente de s'y précipiter pour entamer sans doute un nouveau lamento quand sa compagne l'arrêta d'un sec :

— Cela suffit, Marfa ! Le temps de la prière reviendra ! Pour le moment, je désire entendre ces messieurs qui apportent peut-être des nouvelles ! Je sais qui vous êtes, ajouta-t-elle en ébauchant un courageux sourire qu'elle ne put achever. Prenez place s'il vous plaît ! Et dites-moi si vous savez où est mon époux.

Elle leur désignait des sièges qu'ils prirent tandis que Marfa choisissait de se consacrer au samovar et sortait les tasses selon les rites de l'hospitalité russe.

— Nous espérions le trouver ici, madame, mais si je comprends bien il n'est pas rentré ?...

— Non... et c'est la première fois que le jour s'est levé sans que je sache où il est. Même quand il travaillait la nuit, il s'arrangeait pour me prévenir quand il devait s'attarder. Depuis hier où il m'a dit par téléphone qu'il rentrerait sans doute tard, je ne sais plus rien.

— Nous en savons à peine plus, madame, dit Adalbert. La dernière fois que nous l'avons vu il s'était garé près du théâtre Montansier afin de nous prêter main-forte au cas où il aurait fallu poursuivre le personnage mystérieux avec lequel nous avions rendez-vous près du bassin du Dragon et en compagnie de la police, d'ailleurs...

— Ce personnage s'est échappé et il l'a suivi ?

— Non. L'homme ne s'est pas présenté. Il n'y a donc pas eu de poursuite, mais quand nous avons voulu rejoindre le colonel, il avait disparu... Cependant, ne perdez pas l'espoir, je vous en supplie, ajouta Aldo en voyant s'assombrir les yeux bleus de Liouba Karlova. Vous le connaissez mieux que nous et vous devez savoir que lorsqu'il flaire une piste, il ne peut s'empêcher de la suivre. Peut-être a-t-il vu quelque chose pendant qu'il attendait et voulu en savoir plus ? Au fond, il n'est en retard que de quelques heures...

Il s'efforçait de la rassurer en essayant de se convaincre lui-même parce que, tout à coup, l'angoisse de cette femme âgée, qui avait dû être très belle et en gardait des traces, lui était insupportable. Il ne pouvait être arrivé malheur au bouillant colonel. Ce couple avait vécu l'enfer de la révolution d'Octobre. Il ne pouvait pas, ne devait pas être séparé. Pas déjà !... Avalant d'un trait le thé qu'on lui avait servi, il se leva, s'inclina en allumant son plus beau sourire :

— Nous allons, immédiatement, prévenir le commissaire Lemercier et nous mettre en chasse...

Tout en parlant, une idée lui venait, si simple qu'il s'en voulait de ne pas y avoir pensé plus tôt et qu'il livra à Adalbert dès qu'ils eurent repris la voiture :

— Le groom qui a apporté la lettre ! S'il l'avait suivi ?

— Pour quoi faire ? C'est à coup sûr l'un de ceux du Trianon... ou d'un autre hôtel, exécutant la commande d'un client qu'il n'a peut-être pas vu...

— On va quand même voir ce qu'en pense la police... et signaler la disparition du colonel...

Malheureusement, Lemercier enregistra le fait – avec agacement d'ailleurs, l'irascible chauffeur de taxi étant pour lui capable de faire n'importe quoi pour se rendre intéressant ! – , l'histoire du groom le mit aussitôt en colère :

— Que croyez-vous que je fasse de mon temps ? brailla-t-il. J'y ai pensé avant vous, mon cher monsieur ! Le gamin a été interrogé : c'est l'un de ceux du Palace, et hier, en venant prendre son service, il a trouvé dans la poche de son uniforme la lettre, un mot indiquant ce qu'il convenait d'en faire et un billet de banque. Le correspondant anonyme ajoutait qu'il en aurait autant une fois sa mission accomplie. Ce qui s'est passé... Alors laissez-moi travailler en paix !

Sachant pertinemment comment la question serait reçue, on se garda sagement de demander le nom du garçon.

— S'il l'a trouvé, j'y arriverai aussi ! assura Adalbert. Je vais m'en occuper pas plus tard que maintenant ! Va à ton Comité...

C'était à tout cela qu'Aldo songeait en arpentant les rues de Versailles avec Plan-Crépin et ses pensées n'avaient pas meilleure mine que le visage pâle, digne et douloureux de Liouba... L'idée qu'un malheur ait pu toucher cette force de la nature qu'était Karloff le bouleversait : il se voyait si péniblement venir l'annoncer à sa veuve !

Personne ne manquait quand ils arrivèrent. Le comité actif se composant d'une quinzaine de personnes, un léger brouhaha voguait sur l'enfilade des salons de la comtesse mais c'était dans le dernier que l'on se tenait. En dépit de ses soucis, Aldo fut sensible au décor. La demeure de Mme de La Begassière était ravissante avec ses boiseries peintes dans un vert céladon rechampi d'or, ornées de trumeaux et de dessus de portes dus au pinceau de Boucher ou de Greuze. Des meubles de bois précieux voisinaient avec des sièges tendus de satin brodé aux couleurs mourantes. Des laques de Chine, des terres cuites de Clodion tenaient compagnie à un délicieux clavecin peint au vernis Martin de personnages chinois. Les vases débordaient de roses pourpres et de pivoines blanches. Les tapis étaient de soie, les lustres de cristaux étincelants et, quand il rejoignit les autres dans la bibliothèque, Aldo put admirer les rayonnages de livres reliés du même cuir havane frappé d'or.

— En vérité, dit-il en baisant la main de son hôtesse, votre maison est une merveille, comtesse, et si je n'habitais Venise je crois que je viendrais m'installer ici. C'est peut-être la dernière ville où l'on peut vivre en rêvant.

— Surtout quand on pense à ce que l'absurde révolution et les grandes idées du bon roi Louis-Philippe ont fait comme dégâts, on s'émerveille en imaginant ce que cela serait s'ils n'étaient pas passés par là ! s'écria Gilles Vauxbrun abandonnant momentanément sa position penchée au-dessus de la bergère où était assise la belle Léonora.

— Tu n'aurais pas dans l'idée d'acheter une babiole ici ? fit Aldo en riant. Ce qui m'étonne même, c'est que tu ne l'aies pas déjà fait.

— Ça pourrait venir !

Les arrivants firent leur tour de salon, acceptèrent une coupe de champagne et s'intégrèrent au groupe mais il fut vite évident que, en dépit du décor, de l'accueil souriant de l'hôtesse et de la peine qu'elle se donnait pour détendre l'atmosphère, celle-ci demeurait lourde. Les meurtres à répétition pesaient sur elle. Seul Vauxbrun rayonnait mais celui-là était amoureux et savourait la proximité de sa belle. Il la respirait littéralement.

Ce fut au point qu'à peine réunis autour de la table raffinée où se côtoyaient assiettes de la Compagnie des Indes, couverts de vermeil et verrerie gravée d'or, le sujet qui hantait tout le monde fut lancé par Crawford sitôt expédiée une timbale de ris de veau aux asperges cependant divine :

— J'en demande humblement pardon à notre charmante hôtesse, fit-il de sa voix grave, mais il me semble que nous courons à une catastrophe. Si j'en crois les nouvelles de ce matin, nous en sommes à quatre morts...

Aldo ouvrit la bouche pour ajouter : « et un disparu » mais la referma, le colonel ne s'étant pas volatilisé depuis assez longtemps pour avoir droit à ce titre. En outre, il ne servirait qu'à ajouter au trouble évident de certains membres, comme la maîtresse de maison par exemple qui visiblement souhaitait être déchargée le plus vite possible de la fonction de présidente qu'elle était en train de prendre en horreur. Dans l'esprit de l'aimable femme, ce déjeuner prenait les couleurs tristounettes de ces festins offerts après un enterrement. Le préambule l'enchanta car elle s'attendait à ce que l'Écossais demande en conclusion la fermeture pure et simple de l'exposition. Or elle comprit qu'il n'en était rien, la catastrophe évoquée n'ayant d'autre but que de demander un renforcement des défenses de Trianon et des jardins.

— Comment l'entendez-vous ? questionna Vernois d'un ton aigre. Des chevaux de frise ? L'armée ? Des kilomètres de barbelés ?

— Pourquoi pas un ou deux canons ? fit Elsie Mendl en riant. Le petit château de Marie-Antoinette me paraît fort bien protégé par la police et la gendarmerie avec une efficacité qui n'exclut pas la discrétion... Cela dit, notre ami Crawford devrait nous expliquer de quelle manière il voit un renforcement de défense ?

— Par l'intérieur, si j'ose dire... Et là le professeur Ponant-Saint-Germain pourrait nous être d'une grande utilité puisqu'il connaît mieux que nous tous réunis ce qui a pu constituer les entours de la Reine durant sa vie.

Occupé à pourchasser une pointe d'asperge oubliée dans son assiette, l'interpellé marmotta quelque chose d'incompréhensible qu'il ponctua – Dieu sait pourquoi ! – d'un petit rire. On le regardait mais il n'en parut pas troublé, s'essuya soigneusement la bouche à l'aide de sa serviette, acheva son verre de chablis, poussa un soupir de satisfaction et laissa poser sur la tablée un regard satisfait :

— Vous avez besoin de moi ?

— Je crois, oui. Il nous faut demander à M. Pératé, l'aimable conservateur, qu'il consente à nous confier la liste du personnel du château, des jardins, du parc, et des Trianons. Vous l'examinerez et nous signalerez les noms qui ont un rapport quelconque avec Marie-Antoinette. Il se peut qu'il n'y en ait plus d'autres mais il se peut aussi qu'il en reste encore et ceux-là il faut les retirer momentanément de la circulation et les protéger. Moyennant quoi, nous aurions peut-être droit à un peu de tranquillité...

— Hé là, doucement ! grogna celui-ci. Je ne sais pas tout, moi ! En trente-sept ans d'existence de la Reine, il en est passé du monde auprès d'elle !

— Il ne s'agit pas de remonter à l'enfance. Les gens dont elle a eu à souffrir ne se sont guère manifestés avant le 5 octobre 1789, date à laquelle Versailles a été envahi par le peuple de Paris...

— Ah, vous trouvez, vous? Il y en a eu avant! Que faites-vous de l'affaire du Collier?

— Ses protagonistes n'ont pas eu de descendants ni d'homonyme. Il n'existe plus de La Motte-Valois, ni de Reteau de Villette, ni de... Cagliostro, ni de...

— Il existe toujours des Rohan, ricana Ponant-Saint-Germain en soulevant son verre vide afin qu'on le lui remplisse.

Cette fois Aldo se lança dans la bataille:

— Si l'on évitait de dire n'importe quoi! Outre que le cardinal Louis n'a jamais voulu nuire à la Reine qu'il aimait, qu'après sa mort la famille a payé le collier volé par Mme de La Motte jusqu'au dernier centime, je vois mal l'un de ses membres se mêlant aux visiteurs pour assassiner de bien modestes employés du château!

— Ne croyez-vous pas qu'il serait plus simple de laisser tomber? dit timidement Mme de La Begassière.

— Ah non! protesta Mme de Vernois. Vous avez vu la foule qui se presse chaque jour aux grilles pour visiter notre exposition? C'est une merveille, il faut bien l'avouer, et des dizaines d'années passeront peut-être avant que l'on puisse la recommencer...

— Et ce n'est pas près de finir, s'écria Gilles Vauxbrun. Je sais de source sûre que chaque paquebot qui arrive au Havre débarque des Américains et pas des moindres. Ce qui est normal si l'on se souvient que notre président d'honneur est Rockefeller. Allons-nous leur fermer les grilles au nez?

Il venait de parler avec une nervosité qui fit dresser l'oreille à Morosini. Se penchant par-dessus Clothilde de Malden assise entre lui et son ami, il demanda :

— Il y en a une que tu connais ?

— Oh oui, répondit l'antiquaire en levant les yeux au plafond. Diana Lowell par exemple ! Elle aurait voulu assister à l'inauguration mais elle a eu un empêchement. Elle arrive après-demain ! ajouta-t-il avec un soupir accablé. Qui fit sourire Aldo : Mrs Lowell, de Boston, était le cauchemar que le pauvre Gilles avait ramené l'an passé de leur voyage en Amérique [1]. Pour obtenir qu'elle lui vende le fauteuil de bureau de Louis XV qu'elle venait de recevoir par voie de succession, Vauxbrun avait dû dépenser pendant près de deux mois des trésors de diplomatie, palabrer durant des heures comme un Sioux en face d'un Iroquois. La seule différence était le décor : au lieu d'un feu de conseil, c'était une sorte de boudoir tendu de satin rose. Quant au calumet, la dame le remplaça par un déluge de thé noir comme de l'encre pour faire passer les sandwiches au concombre que le Français exécrait. Encore n'avait-il pu emporter son fauteuil qu'accompagné de Dame Lowell à laquelle il avait dû promettre de vendre un petit bonheur-du-jour ayant appartenu à la marquise de Pompadour, sa passion. Aussi l'avait-il raccompagnée au Havre avec un intense sentiment de délivrance quand le *Léviathan* avait doublé les passes du port. Et voilà qu'elle revenait ! C'était l'angoisse !

1. *Les Joyaux de la sorcière.*

La mine morfondue de son ami fit rire Morosini :

— Mon pauvre vieux ! Ça c'est la tuile ! En t'écoutant raconter ton séjour chez elle il m'est arrivé de me demander si elle ne cherchait pas à se faire épouser ?

— Tu es malade, non ?

— Oh, mais c'est très amusant ! fit Clothilde de Malden qui aurait dû user d'une force d'âme surhumaine pour ne pas écouter. Et comment est-elle cette dame... si ce n'est pas indiscret ?

— Pas du tout, maugréa Vauxbrun. Elle est riche comme un puits et laide en proportion ! Je vais vivre des jours douloureux, soupira-t-il avec un regard langoureux à l'intention de Léonora Crawford placée en face de lui.

— Je ne vois qu'une solution pour toi, c'est la fuite. Tu vas l'accueillir à Saint-Lazare avec un bouquet de roses, tu lui baises les mains, tu la mets dans un taxi et tu en prends un autre à destination de la gare de Lyon où tu t'embarques pour Rome... ou pour Venise ! Tiens, va donc voir Lisa ! Elle t'aime bien et elle comprend tout ! Sauf, ajouta-t-il en lui-même avec mélancolie que j'ai besoin d'elle au moins autant que mon fils !

— Je n'ai aucune envie de m'éloigner malgré le fait que j'aime ta femme infiniment. Il y en a d'autres qui viennent et qui sont des clients. Et puis... il y a Pauline, conclut-il plus bas mais sans cesser de regarder lady Crawford.

Aldo reposa son couvert dans son assiette avec un rien de nervosité :

— Pauline ? fit-il.

— Belmont ! Tu ne l'as pas oubliée, je pense ?

— Non, bien sûr...

Sa voix était brève mais Vauxbrun, repris par un sujet qui lui avait été cher jusqu'à sa rencontre avec Léonora, ne s'en aperçut pas et continua sur le mode lyrique :

— Au fait, t'ai-je raconté qu'après le drame de Newport elle m'a rejoint à Boston afin, m'a-t-elle dit, de m'aider à supporter ma pénitence ? Grâce à elle j'ai trouvé Diana Lowell presque supportable, et même...

— Si nous cessions cet aparté qui ne peut qu'ennuyer Mme de Malden, coupa Aldo sèchement.

— Oh, mais vous ne m'ennuyez pas, bien au contraire ! fit gaiement la jeune femme. Quand Olivier était attaché d'ambassade à Washington, nous avons rencontré des Belmont. Une des plus importantes familles new-yorkaises, il me semble. Et très pittoresque !

— Absolument, reprit Gilles redevenu enthousiaste. Mais je les connais moins que Morosini. Il a séjourné dans leur propriété de Rhode Island qui ressemble en plus petit au château de Maisons-Laffitte...

— Nous sommes allés aussi à Newport pendant la *season* ! C'est assez incroyable cette collection de châteaux, voire de palais copiés en France, en Angleterre ou en Italie ! Quant aux fêtes que l'on y donne, elles peuvent être sublimes ou délirantes selon le sens artistique de leurs propriétaires. Je me souviens d'avoir assisté...

La conversation se situant à présent entre elle et Gilles, Aldo put s'isoler avec lui-même afin d'essayer d'évaluer la résonance éveillée par le nom de Pauline Belmont. Sa mémoire la lui restitua instantanément telle qu'elle lui était apparue pour la première fois sur le pont du paquebot *Ile-de-France* peu après l'appareillage au Havre. Longue forme aristocratique suprêmement élégante dans un ensemble gris fumée que complétait en la nimbant la grande écharpe de mousseline nuageuse drapée autour de sa tête sans chapeau, la chevelure noire lustrée comme la robe d'un pur-sang, nouée sur la nuque en chignon bas, les yeux gris, la bouche très rouge, charnue, trop grande mais attirante comme le péché, corrigeait l'harmonie sage d'un visage étonnamment expressif. Veuve depuis peu d'un baron autrichien porté sur la boisson, Pauline s'en retournait alors vers sa belle maison de Washington Square à New York pour y reprendre une vie plus conforme à ses goûts artistiques et retrouver son atelier de sculpture, un art qu'elle pratiquait avec talent.

Il la revoyait surtout telle qu'elle était venue dans ses bras à la fin d'un bal costumé chez son frère à Newport, sublime impératrice de Chine parée des seules orchidées de sa coiffure lorsqu'elle eut fait glisser la longue robe de satin clair de lune sous laquelle il n'y avait que Pauline. Une étreinte brève mais ardente dont Aldo savait qu'il resterait marqué.

Peu après ils s'étaient dit adieu sans esprit de retour, dans une commune volonté d'étouffer dans l'œuf ce qui pouvait devenir une passion partagée. Mais cette volonté était-elle si commune ? Il avait lu un regret dans le beau regard et voilà que Pauline revenait en Europe !

Aldo n'était pas assez fat pour penser qu'il était pour quelque chose dans ce retour. Elle devait le supposer à Venise entre sa femme et ses enfants? Mais non, voyons! Dès l'instant où « Magie d'une reine » exposait certains joyaux de Marie-Antoinette elle avait dû deviner qu'il y était mêlé peu ou prou...

Un éclat de rire de Vauxbrun le ramena sur terre. Celui-ci, un moment, avait été fou de Pauline au point que leur vieille amitié avait bien failli en pâtir et, à l'instant, en lui annonçant l'arrivée de la jeune femme il avait eu dans l'œil ce qui était apparu à Morosini comme une lueur de défi. Ce qui, sans doute, n'était qu'un produit de son imagination! Vauxbrun était à présent « captif des charmes de la belle Léonora »... à moins que celle-ci ne soit seulement un pis-aller? Aldo savait Pauline inoubliable et ne pouvait s'empêcher de redouter l'instant où il la reverrait.

Que faire? Quitter Versailles avant son arrivée serait la sagesse. Un bon prétexte n'était jamais difficile à trouver pour un homme d'affaires de son niveau. Mais, après tout, le péril n'existait peut-être que dans son imagination et ce désir de la revoir qu'il portait en lui à son propre insu. Le degré de constance d'une fille de la libre Amérique était difficile à évaluer. Pauline Belmont ne trichait pas avec elle-même et pas davantage avec autrui. Elle lui avait laissé comprendre qu'elle l'aimait sans jamais chercher à forcer ses sentiments. Au moment de leur séparation elle lui avait dit adieu sans que la moindre crispation corrige l'éclat de son sourire.

Un sourire qu'il mourait d'envie de revoir mais qu'en était-il de Pauline à l'heure présente ?

Le soudain silence qui régnait autour de la table le ramena à la réalité. Il vit qu'on le regardait et se demanda un instant s'il ne s'était pas mis à parler tout haut...

— Le prince Morosini nous oublierait-il ? dit Mme de La Begassière sur un ton d'aimable reproche. Son avis nous serait cependant précieux...

— Mon avis ?... Je vous demande mille pardons, comtesse ! Je crois que je rêvais.

— Parierons-nous que le rêve était joli ? fit Mme de Malden en riant. Cela n'avait pas l'air d'un cauchemar...

— Pariez, madame, vous gagneriez mais je ne veux pas faire attendre plus longtemps notre chère hôtesse et je la prie de bien vouloir répéter sa question. S'il s'agit de la poursuite de l'exposition il me semble avoir déjà dit que j'étais d'accord.

— Aussi n'en étions-nous plus là mais à la fête au Hameau de mercredi prochain. Nous allions nous résigner à l'annuler quand Elsie Mendl nous a proposé une solution qui respecterait les convenances tout en ne nous privant pas de l'apport financier que nous espérions et dont nous pourrions offrir une partie aux familles des victimes. En effet on ne saurait danser dans un endroit où sont tombés quatre personnes. En revanche, le concert de musique ancienne peut fort bien s'y dérouler, l'atmosphère de ce genre de manifestation exigeant silence et même recueillement. Reste la seconde partie de la fête : le souper et le bal. Nous avions un instant songé les transporter au Trianon Palace mais il est impossible de le vider de ses clients. En outre, cela briserait le charme que nous souhaitions donner à cette fête vouée au souvenir de la Reine.

— Si vous désiriez mon avis à ce sujet, madame, je répondrais que je n'en ai pas. Le problème paraît insoluble.

— Et pourtant il ne l'est pas grâce à lady Mendl : elle propose d'ouvrir son propre jardin qui donne sur le parc afin d'y organiser le souper et nous supprimons le bal. Quand on connaît son talent de décoratrice, les invités glisseront d'un lieu à l'autre sans rompre la magie. C'est pourquoi je vous ai demandé ce que vous en pensiez.

— Le plus grand bien, naturellement. Je suppose que tout le monde est d'accord ?

— Entièrement d'accord !

— Pourquoi voulez-vous que je pense autrement ? J'ajoute que le geste si généreux de lady Elsie me remplit d'admiration.

— Je n'en mérite pas tant, corrigea celle-ci en riant. J'adore recevoir et la décoration dont j'étais déjà chargée ne me posera aucun problème. Il suffira de transporter certains éléments, d'en inventer d'autres et je souhaite vivement que ce soit réussi.

— Nous n'en doutons pas mais êtes-vous sûre, s'inquiéta Olivier de Malden, qu'il n'y aura pas, comme l'autre jour, d'invitations en surnombre ? Non seulement ce serait gênant mais cela risquerait de tout flanquer par terre.

— Je n'ai à ce propos pas compris pourquoi quelqu'un avait jugé bon de faire tirer tant d'autres cartons, renchérit sa femme. On se marchait sur les pieds à l'inauguration.

— Justement, pour que l'assassin soit noyé dans la foule, expliqua Crawford. Vous pouvez être certaine que si l'on découvrait qui a fait imprimer ces invitations en surnombre nous tiendrions du même coup ce misérable.

— En dépit de son crâne dur et de ses idées toutes faites, je crois que Lemercier en a conscience et qu'il a diligenté une enquête chez les imprimeurs de la région, émit le général tandis que l'on sortait de table pour se rendre au salon où le café allait être servi...

— Si dans la région vous englobez Paris, ses banlieues et même plus loin, je lui souhaite du plaisir ! fit distraitement Aldo occupé à observer le manège insolite auquel se livrait Marie-Angéline. Non seulement elle avait accaparé le professeur Ponant-Saint-Germain durant le repas mais, à présent, elle venait de s'accrocher à son bras pour le guider mine de rien jusqu'au petit canapé le plus éloigné du centre de la pièce afin d'y poursuivre en paix une conversation qui semblait singulièrement animée. Intrigué, Aldo s'apprêtait à s'en approcher quand Gilles Vauxbrun le retint, laissant Léonora rejoindre son légitime époux :

— Je me trompe ou l'annonce de l'arrivée de Pauline t'a donné un choc ? fit-il mi-sérieux, mi-moqueur.

— Un choc ? Tu n'aurais pas un peu trop d'imagination ?

— Je ne pense pas. Tu es resté muet, voire songeur pendant un moment il me semble ?

Aldo leva un sourcil insolent :

— Tu m'observes à présent ? Moi qui te croyais uniquement occupé de la belle Léonora !... Cela dit et pour répondre à ta question, disons que j'ai été surpris. Quand nous l'avons rencontrée ensemble sur le bateau, à New York...

— Et aussi à Newport où nous n'étions pas ensemble...

— Et aussi à Boston où je n'étais pas, j'ai cru comprendre qu'elle rentrait définitivement dans son pays natal sans beaucoup de chances pour l'Europe de la revoir de sitôt. Mais, au fait, n'avais-tu pas eu l'idée d'organiser une exposition de ses œuvres à Paris ?

Brusquement Gilles Vauxbrun se mit à rire :

— J'oublie toujours que tu as une mémoire d'éléphant ! C'est vrai, nous en avions parlé et j'ai remis l'idée sur le tapis quand elle est venue me secourir à Boston. C'est la raison principale de sa venue, davantage que pour Marie-Antoinette dont je n'ai pas l'impression qu'elle raffole. Bien qu'elle adore Versailles... Et je me réjouis de l'y ramener !

Si Aldo éprouva un désagréable pincement au cœur en découvrant qu'il venait de rêver dans le vide, il eut assez d'empire sur lui-même pour n'en rien montrer.

— On dirait que tu vas être particulièrement occupé, mon bon ?

— Par quoi ?

— Il me semble qu'entre l'exposition de Pauline et les exigences de Mrs Lowell, ton cauchemar américain, tu auras fort à faire. Où places-tu la belle lady Crawford au milieu de tout cela ?

Gilles prit un air fat qui lui allait aussi mal que possible et qui donna aussitôt à Morosini l'envie de lui taper dessus :

— Mais je ne désespère pas de mener tout cela avec habileté. Si tu veux savoir la vérité, j'ai hâte d'avoir en même temps sous les yeux Pauline et Léonora.

— Pour comparer ? Dis donc, tu ne manques pas d'audace ! Ce pourrait être amusant à observer, malheureusement c'est un plaisir dont je serai privé...

— Tu rentres à Venise ?

— Pas demain matin mais il faut que j'y pense. Meurtres ou non, l'exposition rencontre un énorme succès et je ne peux pas rester l'arme au pied devant mes diamants pendant des semaines. La surveillance est tellement renforcée qu'il ne peut plus rien leur arriver.

Le café bu et les dernières dispositions prises pour la fête, on se sépara sur les remerciements mérités dont on couvrit l'aimable hôtesse. Aldo et Marie-Angéline reprirent le chemin de l'hôtel non sans que le premier eût éprouvé un mal infini à arracher la seconde à une conversation passionnée avec le professeur. Ce qui n'arrangea pas son humeur :

— Qu'est-ce qui vous prend, Plan-Crépin ? Vous êtes en train de nouer une idylle avec ce vieux fou ?

— D'abord ce n'est pas un vieux fou mais un véritable puits de science pour ce qui concerne Versailles en général et Marie-Antoinette en particulier. Il a beaucoup à m'apprendre, riposta-t-elle déjà sur ses grands chevaux. Et puis ne m'appelez pas « Plan-Crépin » ! Il n'y a que notre marquise qui puisse se le permettre. Chez tout autre cela m'offense !

Repentant, Aldo glissa son bras sous celui de la vieille fille :

— Pardonnez-moi, Angelina ! Cette histoire me met les nerfs en boule. Je crois que je vais rentrer à Venise.

Elle s'arrêta net afin de pouvoir le regarder dans les yeux :

— Vous n'allez pas faire ça ? Pas au moment où on commence à s'amuser ?

— Avec quatre meurtres ? Vous avez de l'amusement une curieuse conception !

— Je me suis mal exprimée : je veux dire où les choses deviennent intéressantes. Regardez-moi, Aldo, et dites-moi si vous avez vraiment envie de vous en aller sans connaître la fin de l'histoire ?... Sans savoir au moins ce qui est arrivé au colonel Karloff ?

— À vous entendre, on dirait que je m'apprête à déserter devant l'ennemi.

— C'est juste ce que je pense ! En outre... si vous partez, Tante Amélie voudra rentrer rue Alfred-de-Vigny et moi avec elle !

— De ce fait, votre roman avec Aristide Ponant-Saint-Germain s'en trouvera étouffé dans l'œuf.

— Cessez donc de proférer des âneries ! Je veux en savoir davantage sur lui et surtout sur son association de dévots de la Reine. Ne me demandez pas pourquoi mais mon nez me souffle que ces fanatiques – d'après ce que j'en sais c'est le terme convenable pour cette joyeuse bande ! – pourraient nous être utiles.

— C'est ce que votre nez vous a dit ?

— Si vous vous livrez à la moindre considération sur sa longueur, je ne vous adresse plus la parole !

— Allons donc, Angelina, sourit Aldo en reprenant son bras pour se remettre en marche. Vous êtes loin de Cyrano de Bergerac, aussi ne mettez pas flamberge au vent. Cela dit, ajouta-t-il en reprenant son sérieux, faites attention à vous ! Ces gens-là ne sont sans doute que de doux dingues mais tout fanatisme – et vous avez prononcé le mot ! – peut comporter des éléments dangereux. Alors, tenez-moi au courant !

— Donc vous restez ! exulta-t-elle. Je me vois mal téléphonant ou télégraphiant chez vous les derniers développements.

— Sans doute mais vous avez Adalbert, cet autre moi-même. Et, tenez, lui aussi songe à aller consulter le professeur sous prétexte qu'un parallèle pourrait exister entre Marie-Antoinette et Néfertiti...

— Mais c'est idiot et il ne faut surtout pas le prendre pour un imbécile !... De toute façon, dit-elle en plissant le nez, le commissaire Lemercier ne vous a pas encore autorisé à partir !

Peu désireux d'entamer une nouvelle polémique, Aldo préféra lui laisser le mot de la fin.

De retour à l'hôtel, le portier lui remit deux lettres. L'une, timbrée de Venise, portait sur sa longue enveloppe de vélin bleuté la grande écriture élégante de Lisa. L'autre, sans indication postale, était un billet plié à l'ancienne mode et fermé par un cachet de cire verte gravé d'une rose. Romantique à souhait.

— C'est un jeune garçon qui l'a apporté il y a environ une heure, expliqua l'homme aux clefs, répondant au regard interrogateur de son client.

Ce fut naturellement celui-là qu'Aldo ouvrit en premier. La teneur du texte en était brève :

« Venez ce soir, ou alors demain vers onze heures si ce n'est pas possible, mais venez seul ! J'ai besoin d'aide. Caroline Autié. »

Rien d'autre ! Pas la moindre formule de politesse ni la plus petite indication sur l'état d'esprit de la jeune fille quand elle avait écrit ces deux phrases peu engageantes ! C'était une simple convocation, presque un ordre, et Morosini détestait qu'on lui donne des ordres. Surtout venant d'une créature qui n'avait pas hésité à l'envoyer en prison ! En outre, il devait venir seul. Pourquoi ? Cela pouvait ressembler à un piège. Ce qui n'était pas de nature à le faire reculer, bien au contraire, son goût de l'aventure joint à sa curiosité l'aurait plutôt poussé à aller au rendez-vous. D'autant que cette ravissante et fragile Caroline était de celles qui savaient inciter un homme d'honneur à se faire leur champion...

Afin d'échapper à l'attraction de l'étrange billet, Aldo décacheta la lettre de sa femme avec l'espoir qu'elle lui annoncerait son arrivée. Ce serait la meilleure des nouvelles. La belle Lisa à ses côtés, Aldo se sentirait de taille à affronter sans broncher toutes les séductions... fût-ce celle de Pauline. Il avait trop souffert de la séparation qu'elle lui avait imposée dans son amour blessé lorsqu'elle l'avait cru épris de la comtesse Abrasimoff[1] pour risquer

1. *La Perle de l'Empereur.*

de renouveler une expérience qui, cette fois, serait sans appel.

Avant de sortir la lettre de son enveloppe, il l'appuya contre ses lèvres et pria :

— Dis-moi que tu viens, Lisa ! Dis-moi que tu n'en peux plus d'être loin de mes bras ! Apporte-moi tes yeux, tes lèvres, ton corps... J'en ai tellement besoin !

L'épais papier lui restituait le parfum de la jeune femme, cette senteur de fleurs, d'herbe coupée, de forêt et de lande sauvage qu'il aimait tant. Les yeux fermés il s'en grisa durant un long moment avant de se décider à déplier la lettre, à la lire...

— Oh non ! gémit-il.

Lisa lui annonçait bien qu'elle partait... mais pour l'Autriche : « Les premières chaleurs nous sont tombées dessus comme une couverture mouillée, écrivait-elle. Venise suffoque et ce n'est pas bon pour les enfants. En particulier pour notre petit Marco auquel le docteur Licci a découvert une légère faiblesse des voies respiratoires. Peu inquiétante sans doute mais, Antonio et Amelia une fois installés à Rudolfskrone, je l'emmènerai à Zurich pour une consultation chez le professeur Glanzer. Alors seulement je serai rassurée... Ensuite nous verrons ! Tu le vois, mon chéri, le sort est contre moi. En effet, j'ai songé un instant à te rejoindre à Paris mais ce ne serait pas raisonnable et tu n'aurais guère lieu de t'en réjouir parce que l'inquiétude me rendrait invivable. J'espère, d'ailleurs, que tu ne t'éterniseras pas dans un endroit si malsain. Votre exposition tourne au cauchemar et Grand-Mère que j'ai eue au téléphone hier regrette d'avoir contribué à t'y engager... »

Suivait une liste de recommandations qu'Aldo parcourut d'un œil agacé. Le côté mère poule de Lisa s'y étalait avec trop de complaisance. Où était l'amante passionnée avec qui il avait partagé tant de nuits – et pas mal de jours ! – dont le souvenir le brûlait ? Il semblait que l'arrivée du jeune Marco eût réveillé chez sa mère le côté suisse sain, logique, aseptisé, qu'Aldo ne lui avait jamais connu. Il en venait à regretter l'ère de Mina Van Zelden. Au moins celle-là ne manquait pas d'humour ! Sans oublier qu'elle était une collaboratrice hors pair !

Lisa achevait sa lettre en pressant son époux de la rejoindre soit à Zurich où elle comptait rester quelques jours auprès de son père, soit à Ischl où l'air balsamique du Salzkammergut « ferait le plus grand bien à ses bronches de fumeur »...

— Qu'est-ce qui lui prend ? ragea-t-il en froissant la lettre qu'il se retint de jeter au panier. Si ça continue, elle m'enroulera des cache-nez dès qu'il y aura un peu de vent et m'obligera à porter l'hiver des charentaises, des bonnets de nuit et des caleçons longs. En pilou de préférence. En attendant de me promener dans une petite voiture !

Il était tellement furieux qu'il éprouva le besoin d'une oreille compatissante et s'en alla frapper chez Mme de Sommières. Il la trouva sur le point de déguster sa première coupe de champagne vespérale.

— Tu viens me tenir compagnie ? C'est gentil. Plan-Crépin a subitement jugé urgent d'aller au salut à Notre-Dame... Puis considérant son neveu d'un œil plus attentif: Que se passe-t-il? Tu as l'air tout hérissé?

— Ça! fit-il d'un ton dramatique en lui tendant l'épître qu'il avait tout de même pris soin de défroisser mais qui en gardait des traces.

— Qu'est-ce que c'est? demanda-t-elle en reposant sa coupe pour chercher au milieu de ses sautoirs son petit face-à-main serti d'émeraudes. Cela ressemble à une lettre qui a eu des malheurs?

— C'en est une!... De Lisa en plus! Mais lisez plutôt!

Aldo se mit à observer la physionomie de la vieille dame et ne put manquer de remarquer les coins de sa bouche qui se relevaient peu à peu.

— On dirait que vous la trouvez drôle?

Elle releva sur lui ses yeux pétillants de malice:

— Très!... mais je te connais assez pour deviner que tu n'apprécies pas! En fait de saine atmosphère helvétique, tu ne respires, toi, que les vents tourbillonnants de la passion! L'aquilon, le mistral, le simoun, les autans, voilà ce qu'il te faut! La paisible brise du lac Léman te paraît insuffisante. Alors qu'elle convient à ta femme.

— Allons donc! Souvenez-vous de ce que nous avons vécu, ensemble ou séparés? La passion est notre climat à nous!

— Le tien sans doute, mais elle? Souviens-toi de ce qu'elle a enduré, et justement quand vous étiez loin l'un de l'autre? J'énumère?

— Ne vous donnez pas cette peine! J'ai bonne mémoire.

— Alors tâche de l'avoir équitable! Lisa a participé à toutes tes aventures. Comme secrétaire d'abord, puis comme amie, enfin comme épouse. À présent elle est mère... et cela fait une sacrée différence !

— Pas pour moi ! Elle était enceinte quand Adalbert et moi galopions derrière les « Sorts Sacrés ». Ensuite les jumeaux étaient là quand elle est venue se jeter dans le piège que lui tendait ce monstre d'Alaya...

— ... et encore enceinte quand tu traquais un assassin sadique au milieu des fastes de Newport. Maintenant vous avez trois enfants et je suppose qu'elle éprouve le besoin de souffler un peu ! Elle sait que ta passion des pierres célèbres te met souvent en danger et je suis certaine qu'elle a passé plus de nuits blanches que tu ne l'imagines. À présent, elle pense que ton métier suffit à mettre dans ta vie le piment qui lui est nécessaire mais elle rêve pour les enfants, et toi aussi, d'un foyer chaleureux, d'un havre de paix où tu puisses trouver le repos du guerrier. En outre, assena Tante Amélie, tu es comme les copains : tu ne rajeunis pas !

En dépit du sourire moqueur dont elle assaisonna cette vérité, Aldo ne la reçut pas moins en pleine figure.

— Eh bien, fit-il suffoqué, on peut dire que vous vous y entendez pour remonter un moral défaillant !...

— Ne fais pas cette tête ! Que tu aies quinze ou seize ans de plus que ta femme ne fait pas de toi un vieux débris et je suis persuadée que le père de la mariée recueillera encore tous les suffrages des dames quand tu marieras Amelia. Et tu le sais !

— Voilà autre chose à présent! Le mariage d'Amelia! Savez-vous, Tante Amélie, que je vais redouter mes anniversaires?

— Est-ce que je les redoute, moi? Je vais avoir quatre-vingts ans et tonnerre de Dieu, j'en suis fière! Alors cesse de dire des sottises et écris à ta femme une lettre pleine de tendresse en lui disant que tu l'approuves et que...

— Approuver qu'elle se précipite en Suisse chaque fois qu'un des gamins éternue? Ah non! Nous avons d'excellents médecins chez nous ainsi qu'en France...

— ... que tu l'approuves, répéta la marquise en haussant le ton, que tu l'aimes et qu'elle te manque affreusement. Parce que c'est ça le pire! Tu es amoureux de Lisa comme au premier jour... et tu détestes dormir sans elle. Non?

— Si et elle le sait. Je lui ai raconté ce qui se passe ici et je lui ai demandé de me rejoindre avec le bébé et sa nurse. L'air est parfait. Nous sommes noyés dans la verdure...

— Mais on n'y entend pas le ranz des vaches! S'il y en avait encore dans le Hameau de la Reine, Lisa trouverait sans doute que leur lait ne présente pas les garanties de pureté nécessaires! Que veux-tu, elle est Suissesse!

— J'aimerais justement qu'elle le soit un peu moins!

L'entrée d'Adalbert qui était allé visiter l'exposition fit diversion. Rouge et essoufflé il se laissa tomber dans une bergère:

— C'est fou le monde qu'il y a! lâcha-t-il. Encore deux ou trois cadavres et vous pourrez jouer les prolongations jusqu'à Noël. Ce sont naturellement les bijoux et les robes qui remportent les suffrages. Dès qu'ils sont devant les vitrines, ces gens ne bougent plus et il faut les extraire de force. Heureusement que la police a prévu des gars bien musclés et en nombre suffisant ! Me ferez-vous l'aumône d'un verre, chère marquise ?

— Vous comprenez maintenant pourquoi j'ai refusé de vous accompagner, dit celle-ci en exauçant sa prière. Vous me voyez rentrer dans le même état que vous ? Une douche ne sera pas de trop !

— Pour rester encore debout ? Que nenni ! Mais un bain, un merveilleux bain chaud parfumé au cèdre du Liban dans lequel je vais me prélasser en fumant un cigare !... À propos, comment s'est passé ton déjeuner ? ajouta-t-il en se tournant vers Aldo.

— Je te le raconterai pendant que tu joueras les odalisques.

— C'est que... un petit somme peut se produire.

— Il faut choisir, mon vieux : ou tu fumes ou tu dors. Le cigare ne me dérangera pas... Et il continua entre ses dents : J'ai à te parler !

Les deux hommes gagnèrent la chambre d'Adalbert et, tandis que celui-ci se faisait couler un bain additionné d'un plein flacon de sels odorants, Aldo s'établit au pied du lit, rangea la lettre de Lisa dans sa poche et sortit celle de Caroline :

— J'ai reçu ce pli tout à l'heure et je voudrais savoir ce que tu en penses ?

Sortant du brouillard de la salle de bains, Adalbert prit le billet, le parcourut et leva les sourcils :

— Que c'est un peu trop comminatoire pour cacher un piège... mais que j'aimerais y aller avec toi... à tout hasard !

— Moi aussi et c'est pour ça que je t'en parle. Or, elle veut que je vienne seul. Que proposes-tu?

— Nous irons à pied – ma voiture manque de discrétion ! – et pendant que tu entreras pour voir ce qu'elle te veut, je ferai les cent pas aux environs, prêt à répondre au moindre appel. Débrouille-toi seulement pour ne pas refermer la grille : j'aime de moins en moins escalader les murs...

Il était un peu plus de dix heures et demie et il tombait des cordes quand les deux hommes identiquement sanglés dans leurs trench-coats aux cols relevés, casquettes en tweed enfoncées jusqu'aux sourcils, quittèrent le Trianon Palace en refusant les services du voiturier.

— On a besoin de marcher, lui confia Adalbert.

— Sous la pluie ? Est-ce bien raisonnable ? s'enquit cet homme soucieux du confort de ses clients. Acceptez au moins des parapluies !

— Rien de ce qui est raisonnable n'est amusant et l'eau du ciel est tonique pour la peau...

Ce fut mot pour mot ce que lui déclara quelques instants plus tard une silhouette – féminine cette fois ! – emballée de toile cirée noire qui se précipita sur leurs traces. Marie-Angéline avait trouvé suspect la soudaine envie de dormir qui, dès le café avalé, avait expédié Aldo et Adalbert dans leurs chambres respectives avec un ensemble parfait. Il est vrai que le premier avait précisé qu'il comptait écrire une longue lettre à Lisa avant d'aller au lit. Du coup, elle-même se découvrit une brusque migraine nécessitant la prise de comprimés d'aspirine et le repos dans le noir. À quoi Mme de Sommières avait aimablement consenti sans se priver d'ajouter, pas dupe le moins du monde :

— Mettez un imperméable et des bottes. Je crois qu'il commence à pleuvoir...

— Nous ne sommes pas trop contrariée de mes absences répétées ? fit Plan-Crépin devenue toute rouge.

— Vous savez, lorsque je vous ai laissée vous embarquer dans cette histoire d'exposition à laquelle mon neveu et ses chers joyaux seraient mêlés, je me doutais qu'il fallait me préparer à passer quelques soirées solitaires.

Puis changeant de ton :

— Où croyez-vous qu'ils aillent ?

— C'est ce que je voudrais savoir.

— Moi aussi. Alors n'oubliez pas de passer chez moi en rentrant... et faites attention tout de même !...

VI

LA MAISON « VISITÉE »

Le boulevard du Roi ressemblait, sous la pluie, à un long ruban de satin noir, vide et mélancolique. Pas une âme, pas un chat, pas la moindre voiture, pas la plus petite impression de vie ! Même les flaques de lumière au pied des réverbères dont les arbres cachaient les feux avaient quelque chose de surréaliste.

— Si ce foutu temps continue, elle va être jolie la fête ! marmotta Adalbert qui, en descendant du trottoir, venait de se mouiller un pied jusqu'à la cheville.

— A-t-on idée aussi de sortir avec des souliers vernis quand il tombe des hallebardes ? reprocha Aldo, confortablement installé sur d'épaisses semelles de crêpe. Je t'ai connu plus pratique...

— Ce sont les seules à l'exception de mes bottes de chasse dans lesquelles le cor que j'ai au pied droit se sente à l'aise parce qu'elles sont vieilles. Toutes les autres faites cependant sur mesure me font mal dès que j'ai marché un peu longtemps...

— Trouve-toi un pédicure chinois et ça s'arrangera !

— J'ai horreur de me faire tripoter les pieds...

— Alors souffre !

Quand on eut tourné le coin de la rue où habitait Caroline, les choses ne s'arrangèrent pas. L'eau du ciel s'en donnait à cœur joie et il n'y avait guère d'abri en vue sauf sous la porte d'entrée d'un immeuble à deux étages qui se trouvait à égale distance entre la maison du colonel Karloff – dont on était toujours sans nouvelles ! – et celle de Caroline Autié. Grâce à Dieu, l'embrasure était assez profonde pour qu'Adalbert y fût à peu près protégé de la pluie et pût même s'y asseoir :

— Ça ira, déclara-t-il. Si tu cries je t'entendrai mais n'oublie pas de laisser la grille ouverte !

Elle l'était. Aldo n'eut qu'à pousser pour se trouver dans le jardin d'autant plus obscur que, dans la maison, rien n'était allumé. Celle-ci donnait même l'impression d'être abandonnée. Le visiteur fronça le sourcil et chercha instinctivement au fond de sa poche le browning qu'il n'oubliait jamais d'emporter lors des déplacements susceptibles de présenter un danger quelconque, mais se contenta de laisser sa main dessus sans le sortir. Ensuite il avança de quelques pas, entendit soudain :

— Je suis ici !

Et, se retournant, il découvrit Caroline assise sur un vieux banc de pierre, serrant entre ses mains le manche d'un grand parapluie noir ouvert au-dessus de sa tête :

— Qu'y faites-vous ? demanda-t-il surpris. Ce n'est pas un temps à rester dehors !...

— Je... je vais essayer d'ex... d'expliquer ! Venez vous asseoir près de moi. Il y a place pour deux !

Il la rejoignit et sentit aussitôt qu'en dépit de la température relativement douce elle tremblait comme une feuille.

— Mais vous grelottez ! Si vous avez froid vous ne devriez pas rester sous cette pluie.

— Je n'ai pas froid : j'ai peur...

— De quoi ?

— Écoutez plutôt !

Dans la maison obscure des bruits sourds se faisaient entendre en effet comme si l'on laissait tomber des objets lourds sur le sol.

— Quelqu'un s'est introduit chez vous ? Qui est-ce ?

— Comment voulez-vous que je vous réponde ? Il n'y a personne sinon... mais vous allez me prendre pour une folle !

— Vous ne m'avez jamais donné l'impression de l'être et vous m'avez écrit pour demander mon aide. C'est la raison pour laquelle je suis venu. Alors parlez !

Accoutumés à l'obscurité, les yeux d'Aldo distinguaient le visage de la jeune fille dont le corps tremblait contre le sien. Elle était livide sous les larmes qui ne cessaient de couler de ses yeux démesurément agrandis. Comme elle ne répondait toujours pas, il dit doucement :

— Si cette maison est hantée il ne faut pas craindre de me le dire. Je sais d'expérience que cela peut arriver et que l'au-delà n'est pas peuplé uniquement d'âmes rayonnantes et d'anges aux ailes neigeuses passant leur temps à chanter la gloire de Dieu au pied de son trône céleste.

— Vous croyez aux fantômes ? Vous ? balbutia-t-elle avec un étonnement où Aldo crut discerner du soulagement.

Ôtant ses gants, il chercha la main de Caroline : elle était glacée et il la garda dans les siennes pour la réchauffer :

— Il m'est arrivé d'en rencontrer... aussi ai-je grande hâte de connaître le vôtre. Votre porte est fermée à clef ?

— Oui... mais vous n'allez pas entrer ?

— Je ne vois pas d'autre solution pour savoir ce qui se passe au juste... Attendez-moi : je ne serai pas long... Et d'abord donnez-moi les clefs !

Elle le fit de mauvaise grâce puis s'accrocha à lui :

— Ne me laissez pas seule !

— Je ne vous empêche pas de venir avec moi. À propos, pourquoi m'avez-vous demandé de venir sans être accompagné ?

— Je me sentais déjà assez ridicule, fit-elle en détournant la tête. Et votre ami a toujours l'air de se moquer.

— C'est une impression qu'il donne mais en bon égyptologue il croit dur comme fer à l'au-delà et à ses habitants. Nous y allons ?

Repliant son parapluie – l'averse venait de cesser tout d'un coup –, Caroline glissa sa main dans celle d'Aldo et se laissa emmener. Il ouvrit la porte, chercha sur la droite le commutateur électrique. Au même instant un projectile dont il n'eut pas le temps de déterminer la nature passa à un demi-centimètre de son nez pour aller percuter le mur opposé et choir sur le sol avec un bruit métallique. C'était en fait une cafetière d'argent qui, en compagnie d'un sucrier, d'un pot à lait et de quelques tasses retournées se tenait habituellement sur un guéridon placé entre deux fauteuils Régence. Caroline renifla nerveusement :

— Vous... vous voyez ? Il n'y a personne !

C'était l'exacte vérité. Aldo eut beau explorer derrière les rideaux et les sièges, il dut se rendre à l'évidence. D'ailleurs, pendant qu'il se livrait à sa recherche, l'un des chenets de la cheminée décolla subitement pour aller rejoindre son pareil de l'autre côté de l'âtre heureusement éteint. Machinalement Aldo se signa :

— Ceci pourrait bien relever de l'exorcisme ! commenta-t-il en faisant le tour de la pièce où tous les tableaux décrochés de leurs attaches reposaient sur le sol. Il remarqua qu'aucun objet fragile n'avait quitté sa place.

L'entité qui se manifestait s'en était prise seulement à du solide. L'aile noire du piano était refermée ainsi d'ailleurs que le couvercle dont la clef avait disparu.

— C'est vous qui avez refermé le piano ? demanda-t-il à la jeune fille qui, roulée en boule sur le canapé, tremblait si fort que l'on pouvait entendre ses dents grincer :

— N...on !

— Et vous ne savez pas où est la clef ?

Elle secoua la tête si visiblement terrifiée qu'Aldo partit à la recherche de quelque chose de fort à lui faire avaler mais ne trouvant rien de plus réconfortant que du lait et de l'eau de Vals, il sortit dans le jardin et appela :

— Adalbert ! Rapplique !

Tel le génie de la lampe, Vidal-Pellicorne se matérialisa presque aussitôt :

— Qu'est-ce qui se passe ?

— Je t'expliquerai. As-tu sur toi ta fiasque de cognac ? Il y a là quelqu'un qui en a un urgent besoin, ajouta-t-il sans attendre une réponse qu'il connaissait déjà.

Un instant plus tard, armé d'un verre rempli au tiers du précieux liquide, il en faisait absorber quelques gouttes d'abord puis une bonne rasade à Caroline. Elle fut secouée par un violent frisson puis elle se calma peu à peu. Pendant ce temps Adalbert faisait le tour du salon :

— Le cambrioleur est revenu ? demanda-t-il pour ajouter, se répondant à lui-même : Non ce n'est pas le scénario de notre première visite. Rien n'est cassé...

— Tu as raison, fit Aldo occupé à frictionner les mains de la jeune fille. Cette fois, nous avons affaire à un fantôme...

— Tu veux rire ?

— Pas la moindre envie.

Il expliqua comment il avait trouvé Mlle Autié assise dans le jardin sous la pluie tandis que la maison était livrée à un tintamarre inexplicable. Et naturellement épouvantée.

— Bizarre ! émit Adalbert. C'est cet après-midi qu'elle t'a fait passer son appel au secours. Elle savait donc que ça allait se produire ?

Plus calme à présent la jeune fille laissait couler ses larmes en silence. Pourtant elle dit :

— C'est parce que c'est arrivé la nuit dernière et aussi celle d'avant... D'habitude le phénomène n'avait lieu qu'une fois l'an, à date fixe...

— Et c'était...

— Le 15 octobre. Au début j'ai cru mourir de peur. Ensuite, les nuits suivantes rien ne s'est passé et j'avais fini par me demander si je n'avais pas rêvé mais quand cela s'est reproduit, l'année d'après, je suis allée me réfugier dans l'atelier...

— Quel atelier ?

— Celui de mon grand-père, où il faisait de la sculpture. Il est derrière la maison, je vous montrerai. Et chaque 15 octobre j'allais y passer la nuit.

— Depuis combien de temps ?

— Cinq ans. C'est la date anniversaire de sa mort. J'ai pensé alors que c'était lui qui revenait mais je n'ai rien dit à personne parce que j'avais encore plus peur qu'on me prenne pour une folle. En outre, ce n'était jamais aussi violent que depuis trois nuits... Oh, je vous en supplie, aidez-moi !

Et, secouée de nouveaux sanglots, elle se réfugia dans les bras qu'Aldo referma spontanément autour d'elle, bouleversé par la détresse réelle de Caroline. Il entreprit de la consoler en lui assurant qu'il prendrait soin d'elle, et sans y penser, il caressait doucement ses cheveux blonds, sensible à leur senteur de lilas frais.

Adalbert contempla un instant le tableau, haussa un sourcil réprobateur et partit faire le tour de la maison. Il revint presque immédiatement :

— Viens voir ! dit-il sobrement.

Aldo lâcha Caroline qu'il étaya de son mieux avec des coussins et rejoignit son ami à la porte de la chambre de la jeune fille. Là aussi des objets étaient répandus à terre, la fenêtre ouverte claquait mais le plus étonnant était le lit. Non défait d'ailleurs : le portrait de la « belle grand-mère » Florinde Autié y reposait sur l'oreiller encore habillé de sa housse en toile de Jouy. Horrifié Morosini se frotta les yeux : il lui avait semblé que la femme arborait un sourire satisfait qui la rendait encore plus antipathique.

— Qu'en dis-tu ? demanda Adalbert en allant refermer la fenêtre.

— Que si je n'avais vu la cafetière me manquer d'un cheveu et les chenets se promener, j'aurais cru à une mauvaise plaisanterie dont l'auteur aurait fui par cette fenêtre mais à présent je m'interroge. Notre expédition au cimetière Notre-Dame a eu lieu avant hier et c'est cette affreuse bonne femme qui trône dans le lit de Caroline. Alors le fantôme pourrait aussi bien être elle que son époux...

— Possible ! Cela dit, que faisons-nous ?

— C'est simple : ou bien nous finissons la nuit ici ou bien nous emmenons Mlle Autié. Il est impossible de la laisser seule dans cette baraque hantée : elle deviendrait cinglée.

Tandis qu'Adalbert raccrochait Florinde à son clou, Aldo retournait vers Caroline qu'il trouva endormie et resta là un moment à la contempler. Elle était si jeune, si fragile aussi ! Avec son petit nez rougi, les traces de larmes et les cernes creusés par la fatigue – toutes choses qui ne parvenaient pas à l'enlaidir ! –, elle réveillait chez Morosini le chevalier toujours prêt à rompre des lances pour la cause d'une jolie femme. Celle-ci était particulièrement touchante. Quand Adalbert revint, il mit un doigt sur ses lèvres et chuchota :

— Étant donné que nous n'avons aucun véhicule pour l'emmener, mieux vaut la laisser dormir. Je vais rester...

— Ben voyons !

Aldo lui jeta un regard noir :

— Fais-moi grâce de tes sous-entendus malsains ! Si tu veux t'en charger, tu peux. Je reviendrai au matin avec un taxi...

— C'est toi qu'elle a appelé au secours. Pas moi. Alors, assume ! En attendant, je voudrais visiter l'atelier du grand-père. Il doit être quelque part derrière la maison...

— Allons voir !

Ils sortirent pour constater avec plaisir que la pluie avait cessé et contournèrent la bâtisse. Il y avait sur l'arrière une friche assez vaste que traversait un sentier. Tous deux s'attendaient à une sorte de hangar mais il s'agissait en réalité d'un petit pavillon à trois fenêtres qui avait l'air d'une réduction de la maison principale. Un chemin y menait et il était fermé. Aldo savait qu'une porte close n'avait jamais posé de problème insurmontable aux doigts agiles de son ami, cependant celui-ci se contenta de passer la main sur le chambranle de la porte pour y trouver ce qu'il cherchait.

— À moins qu'il ne renferme un trésor, commenta-t-il, c'est le cas le plus fréquent pour un atelier.

Et la porte s'ouvrit.

À l'intérieur, il y avait le matériel nécessaire pour pratiquer la sculpture : une sellette supportant un bloc de glaise sèche où s'ébauchait une forme dont il était impossible de déterminer la nature : cela pouvait aussi bien être un champignon qu'une future tête et sans doute la mort avait-elle empêché l'artiste de s'exprimer davantage. Un artiste qui, à leur surprise, n'était pas dépourvu de talent. Il y avait entre autres une main à l'index levé posée sur un coffre auprès d'une tête de jeune homme, plusieurs bas-reliefs inspirés de l'art romain, un faune jouant de la flûte et, surtout, sur une colonne tronquée, un buste plus grand que nature de la défunte épouse. Quelque peu idéalisée sans doute : elle semblait moins acariâtre que sur la toile peinte. Et puis les épaules nues qui avaient dû être longuement caressées étaient polies jusqu'à la luisance ainsi d'ailleurs que les seins lourds entre lesquels le pendentif était reproduit au triple de ses dimensions réelles. Sur son support l'œuvre placée au fond de la pièce dominait le reste, encadrée par deux candélabres portant des vestiges de cierges. Il n'était pas difficile de deviner qu'elle était l'idole à laquelle le sculpteur rendait certainement un culte. Florinde, en effet, ressemblait à quelque déesse barbare. Une sorte de tiare conique la grandissait encore :

— Elle n'était pas belle, murmura Adalbert, mais elle devait avoir un corps superbe et cet homme a dû être son esclave...

— Ce ne sont pas toujours les femmes les plus jolies qui attirent l'amour et le désir d'un homme, fit Aldo. Ce que je comprends moins c'est pourquoi Caroline se réfugiait à deux pas de cette chose aux dates fatidiques, ajouta-t-il en désignant un divan avec trois coussins et une couverture de fourrure...

— Pas assez riche pour s'offrir un hôtel ! Et c'est sans doute la raison pour laquelle, ce soir, tu l'as trouvée dans le jardin. Ce que je me demande, en revanche, c'est ce que l'adorateur de cette femme a pu faire de ce foutu joyau et pourquoi il n'a pas accédé à son désir de le lui laisser dans la tombe ?

— Je suis d'accord avec toi, même si je peux deviner. Le bijou, outre sa beauté, devait garder pour lui l'odeur de sa peau.

— Ce qui veut dire qu'il a dû le cacher quelque part... à moins que depuis sa mort quelqu'un n'ait réussi à le voler. En tout cas, c'est dommage que Lemercier n'ait eu aucune raison de fouiller la maison et ses dépendances. J'aurais aimé voir sa tête devant ce chef-d'œuvre... dont je ne m'explique pas pourquoi Caroline ne s'en est pas débarrassée ainsi que de l'affreux portrait ?

— Une sorte de fascination peut-être ? Bon ! Assez tergiversé ! Ce que le commissaire n'a pas fait, nous on va s'en charger et profiter du sommeil de cette belle enfant pour passer la maison et l'atelier au peigne fin. On a la nuit entière pour ce faire et au jour j'irai chercher un taxi pour ramener ta protégée à l'hôtel...

Aldo partit d'un éclat de rire :

— Décidément tu n'as pas envie de me laisser seul avec elle !

— On ne prête qu'aux riches, mon bon, et je te connais trop bien... Au boulot !

Cela leur prit deux bonnes heures à la suite desquelles ils se retrouvèrent dans la cuisine, assis de part et d'autre de la vieille table de chêne tandis que passait le café qu'Aldo venait de préparer. Ils en avaient grand besoin : la recherche s'était révélée décevante. Épuisés, ni l'un ni l'autre ne parlaient, comme s'ils craignaient de rompre le bienheureux silence dans lequel baignait à présent la maison.

— Notre arrivée a dû décourager l'esprit frappeur, dit enfin Adalbert en tournant dans sa tasse une cuillère rêveuse. Mais pour combien de temps ?

— Jusqu'à ce soir sans doute... À moins qu'il ne se passe rien si Mlle Autié n'y est pas ?

— C'est ce que je te propose de venir voir : on la ramène à l'hôtel, on la confie à Tante Amélie et à Marie-Angéline et nous revenons à la tombée de la nuit. On prendra la garde à tour de rôle.

— Tu crois qu'elle acceptera ? Souviens-toi que jusqu'à ce soir elle a toujours refusé ?

— Oui, mais elle vient d'avoir très peur.

— Autre problème : l'hôtel est plein comme un œuf !

— Bah, je suis bien sûr que notre Plan-Crépin acceptera volontiers de partager sa chambre avec elle. On fera rajouter un lit... point final !

— Oui, mais ça ne durera qu'un temps. Tôt ou tard, il faudra qu'elle réintègre son logis. Elle y tient et c'est compréhensible !

— On fera ce qu'il faut ! Quitte à rendre visite à l'évêque de Versailles pour lui demander l'aide de son exorciste... Il n'y a aucun doute pour moi : cette maison est ce que l'on appelle « visitée ». Une fois par an c'est supportable mais toutes les nuits c'est invivable !

— Et si on organisait une séance de spiritisme ? Je suis certain que Plan-Crépin nous arrangerait ça parfaitement. Avant de lui balancer de l'eau bénite, à cet esprit, on pourrait essayer de savoir ce qu'il veut !

— C'est une idée, approuva Morosini, et quelque chose me dit que Marie-Angéline pourrait avoir des talents de médium. Elle a quelquefois de ces inspirations !

— Tu veux rire ? Pieuse comme elle est – et même un rien bigote ! – elle va nous envoyer promener !

— Pas sûr ! À présent, prends ton courage à deux mains, tes jambes à ton cou et va nous chercher une voiture !

Adalbert parti, Aldo dénicha une valise qu'il emplit de son mieux et réveilla la jeune fille aussi doucement qu'il le put. Elle devait être épuisée car il eut de la peine à y arriver. Enfin, elle ouvrit des yeux encore tout ensommeillés et, sans doute trop lasse pour livrer le moindre combat, accepta de se laisser emmener, ne protestant même pas en voyant qu'Aldo avait préparé son bagage.

— S'il vous manque quelque chose, on viendra le chercher, assura celui-ci mais j'ai l'impression qu'il est urgent pour vous de prendre un vrai repos et je vous avoue ne pas comprendre que vous ayez pu dormir dans cet atelier cauchemardesque !

— Ah, vous y êtes allés ?

— Naturellement ! Votre grand-père avait du talent, mais pour quelle raison ne vous êtes-vous pas débarrassée de ce buste que je trouve, pour ma part, indécent et assez terrifiant !

— Je n'en ai pas le droit. Dans son testament mon grand-père a stipulé que l'atelier devait rester tel qu'il l'a laissé sous peine de me déshériter. Quand je me réfugiais là-bas je mettais un drap sur le buste mais, au matin, je le retrouvais à terre...

Un bruit d'échappement libre l'interrompit. Aldo en conclut qu'Adalbert revenait avec son Amilcar :

— Tu vas réveiller tout le quartier, reprocha-t-il. Tu sais quelle heure il est ?

— Un peu plus de quatre heures du matin... et je n'ai pas vu le moindre taxi. En revanche, j'ai une chambre pour Mlle Autié : celle de je ne sais quelle baronne atrabilaire qui a claqué hier soir la porte de la sienne en clamant qu'elle avait trouvé un cafard dans sa salle de bains ! Ce qui lui a permis de partir sans payer parce qu'elle a déposé délicatement le corps du délit sur le bureau du directeur.

— Elle avait dû le convoyer personnellement, fit Aldo en riant.

— Sans aucun doute, mais le malheureux a failli en faire une apoplexie.

On s'empila comme on put dans la petite voiture, Caroline à côté du chauffeur, la valise dans le spider, Aldo assis dessus et l'on regagna le Trianon Palace à une allure assez sage pour ne pas faire trop de bruit... C'était l'heure du ménage à l'hôtel et une femme de chambre conduisit la jeune fille à la sienne cependant que le portier prévenait Aldo et Adalbert que la marquise de Sommières désirait les voir dès leur retour...

Inquiets tout à coup ils se précipitèrent jusqu'à sa chambre dont elle ouvrit elle-même la porte : elle était blanche comme sa robe de chambre à rubans mauves :

— Je vous ai vus arriver de ma fenêtre. Plan-Crépin n'est pas avec vous ?

— Non, fit Aldo. Elle devrait ?

— Quand vous êtes partis hier soir, elle vous a suivis. Vous la connaissez: votre grand besoin si bien organisé de rejoindre vos lits a éveillé sa curiosité. Elle s'est « bâchée » et vous a filés!

— Telle qu'on la connaît on aurait dû s'en douter, grogna Vidal-Pellicorne. Où peut-elle être?

— C'est ce que je voudrais savoir, murmura la vieille dame visiblement angoissée. Je n'aurais jamais dû lui permettre de participer à cette exposition: ça la rend folle!

— Ne vous faites pas de reproches, Tante Amélie! Vous savez que lorsqu'elle a une idée en tête elle s'y accroche comme une arapède à son rocher... Elle était loin derrière nous?

— Elle ne voulait pas vous perdre de vue. Or il faisait nuit et il pleuvait. Elle ne devait pas être à des kilomètres.

— Et nous n'avons pas rencontré âme qui vive, réfléchit tout haut Adalbert qui ajouta aussitôt: Mais j'y pense, quand nous sommes passés devant la maison du colonel Karloff, il y avait de la lumière. Quand elle y est arrivée derrière nous, Marie-Angéline a dû être fixée sur notre destination. Elle est peut-être entrée pour savoir si sa femme avait des nouvelles!

— Très juste! approuva Aldo. On y va!

Mais quand Adalbert arrêta son bolide devant la maison des Russes il n'y avait trace d'aucune lumière ni d'ailleurs le moindre signe de vie. Aldo regarda sa montre:

— Il est trop tôt. J'aurais scrupule à troubler le sommeil sûrement fragile de cette malheureuse femme ! Si Karloff était revenu nous aurions trouvé autre chose que ce morne silence...

Ils restèrent assis un moment dans la voiture à regarder le ciel s'éclaircir puis se moirer de longues traînées roses. Aldo alluma une cigarette :

— L'aurore ! murmura-t-il après avoir rejeté la première bouffée. C'est, comme l'arc-en-ciel, une lumière que j'ai toujours aimée. Elle annonce en général une belle journée...

— Ou du vent ! grogna Adalbert occupé à bourrer sa pipe. Qu'est-ce qu'on fait à présent ?

— Aucune idée ! exhala Morosini avec lassitude. Toi non plus apparemment ?

— On peut patrouiller à vitesse réduite dans les rues de Versailles. Il y aura peut-être un indice ? Quelqu'un qui l'aurait remarquée... Tiens, voilà des hirondelles ! ajouta-t-il en désignant deux agents à vélo à qui leur grande cape avait valu ce surnom et qui piquaient droit sur eux.

Le premier arrivé toucha sa casquette plate en se penchant vers la portière côté passager :

— On peut savoir ce que vous faites là, messieurs ? demanda-t-il poliment.

— Nous partons, répondit Vidal-Pellicorne. Nous nous sommes avisés qu'il était peut-être un peu trop tôt pour rendre visite à une dame...

Le policier jeta un coup d'œil à la maison sans doute pour en vérifier le numéro :

— C'est Mme Karloff que vous veniez voir ?

— Exactement ! Elle est l'épouse d'un de nos amis disparus et...

— Vos papiers, s'il vous plaît.

— Voilà, fit Adalbert en tirant son portefeuille. Encore que je ne voie pas pourquoi il vous les faut ? Nous sommes animés des meilleures intentions.

— En ce cas vous allez nous aider, conclut l'homme tandis que son camarade, après avoir vérifié l'identité d'Aldo, actionnait vigoureusement la cloche du perron.

Morosini se sentit pâlir :

— Vous avez des nouvelles du colonel ? Il est...

— Mort, non. Mais il a été transporté il y a deux heures à l'hôpital avec une vilaine blessure à la tête...

Adalbert prit feu :

— Et c'est vous que l'on envoie prévenir sa femme ? Lemercier n'aurait pas pu envoyer une voiture ? Cette malheureuse va vouloir se rendre au chevet de son époux. Vous pensiez pouvoir la mettre sur le cadre de votre bicyclette ?

— Nous, on nous envoie porter les nouvelles mais on n'est pas chargés du transport !

— Eh bien, c'est une chance que nous soyons là ! conclut Adalbert en s'extrayant de son siège.

Apparemment, les habitantes de la maison avaient le sommeil plus lourd que prévu. Les agents carillonnèrent un moment avant qu'un volet ne s'entrouvre pour laisser passer la tête enveloppée d'un foulard de Marfa. En constatant qu'elle avait affaire à la police, la grosse femme se hâta de descendre mais en poussant des clameurs qui, succédant au tintement de la cloche, firent apparaître des têtes ébouriffées ou ornées de bigoudis aux fenêtres voisines.

— Va t'occuper de Mme Karloff ! conseilla Adalbert. Elle aura grand besoin de quelqu'un d'un peu chaleureux. Pendant ce temps, je vais chercher un taxi. Il faudra certainement les emmener toutes deux à l'hôpital et ceci n'est pas un autobus !

— Entendu.

Et Aldo emboîta le pas à l'« hirondelle » devant qui l'énorme servante déjà larmoyante ouvrait la porte. Il était temps. Quand ils pénétrèrent dans le couloir d'entrée, Mme Karlova descendait l'escalier en s'accrochant à la rampe et Marfa se ruait sur elle en déversant un flot de paroles en russe entrecoupées de signes de croix qui la firent chanceler. Sans hésiter Aldo la repoussa, s'empara du bras libre de Liouba afin de la soutenir solidement tandis qu'elle descendait les dernières marches. Elle leva sur lui des yeux chargés d'angoisse :

— Dites-moi la vérité ! Mon Nicolas est mort, n'est-ce pas ?

— Blessé seulement. Il se peut que ce soit grave, je n'en sais pas plus que vous, mais il vit, soyez-en sûre ! Et on va vous emmener auprès de lui mais demandez un manteau à votre servante : il fait frais ce matin, ajouta-t-il en considérant le léger châle en tricot posé sur ses épaules.

— Ah oui, je veux bien ! Marfa, s'il te plaît !

Adalbert fit diligence et reparut quelques minutes plus tard escorté d'un taxi dans lequel Aldo prit place avec les deux femmes – Marfa n'avait rien voulu savoir pour rester à la maison ! –, cela au milieu d'un assortiment de pyjamas et robes de chambre tout bruissant de commentaires, suppositions et chuchotements. Rapidement on fut à l'hôpital proche du marché Notre-Dame et donc pas très éloigné mais, tandis qu'une infirmière emmenait Liouba au chevet de son époux, les autres furent priés poliment mais fermement d'attendre dans la salle prévue à cet effet. Peu désireux d'avoir à subir le lamento de la Russe, Aldo s'apprêtait à proposer à son ami d'aller fumer une cigarette dans la cour quand, avec un ensemble admirable ils se précipitèrent à l'intérieur de la petite pièce vitrée :

— Angelina ! s'exclamèrent-ils d'une même voix. Mais que faites-vous ici ?

C'était elle, en effet. Sagement assise sur le bord d'un banc dans son imperméable noir luisant d'eau, elle consacrait toute son attention à ses genoux sur quoi elle lissait ses gants d'un geste machinal. L'irruption des deux hommes la fit sursauter et son visage s'éclaira :

— Ah, vous êtes là ? J'en suis bien contente, soupira-t-elle.

— Il ne tenait qu'à vous d'avoir notre compagnie plus tôt ! Est-ce que vous savez que Tante Amélie se fait un sang d'encre et que l'on vous cherche partout ? gronda Aldo.

— Et d'abord, renchérit Adalbert, comment se fait-il qu'on vous retrouve dans cette salle d'attente ?

— Oh c'est simple : c'est moi qui ai trouvé le colonel Karloff. Et vous n'imaginez pas à quel point je me tourmente pour lui !

— On veut bien vous croire mais où l'avez-vous trouvé ? Aux dernières nouvelles vous galopiez sur nos traces ! Vous et votre sacrée curiosité !

— Elle vous a été cependant utile en maintes circonstances, ma curiosité ! se rebiffa la vieille fille, et vous devriez me féliciter au lieu de me lancer vos foudres ! C'est vrai, je vous suivais mais d'assez loin et j'allais traverser la place ronde qui est au bout du boulevard du Roi quand une voiture tous feux éteints s'est autant dire jetée sur moi. Elle m'a ratée de peu mais j'avais glissé en me lançant en avant pour lui échapper et je me suis retrouvée le nez dans l'asphalte. Heureusement je n'avais rien de cassé mais j'ai eu de la peine à me relever parce que ça glissait. Enfin je me suis remise sur mes pieds, mais j'étais seule et vous aviez disparu. En revanche, la lumière d'un réverbère m'a permis de distinguer un corps étendu à quelques mètres et naturellement je suis allée voir : il était couché sur le ventre, face contre terre et il y avait du sang sur ses cheveux gris. Pourtant il n'était pas mort : l'artère de son cou battait mais lentement, lentement. Et il n'y avait personne, pas un chat sous ces arbres dégouttant d'eau ! En réunissant toutes mes forces, j'ai réussi à le retourner et j'ai reconnu le colonel ! J'aurais dû m'en rendre compte plus tôt à sa blouse grise mais elle était trempée. Et cette pluie qui ne cessait pas ! Pendant un moment je n'ai su que faire. Autour de moi c'était le désert. J'ai sonné à une porte pour obtenir de l'aide puis à une autre sans résultat. En désespoir de cause, j'ai abrité le colonel dans l'embrasure d'un portail puis je suis partie pour chercher du secours. Croyez-moi, ce ne fut pas facile ! À partir de neuf heures du soir, Versailles ferme comme un théâtre où le rideau vient de tomber...

— Vous avez raison, opina Adalbert songeur. Les Américains disent de certaines villes de la côte Est : « On roule les trottoirs et on les rentre ! »

— J'ai même été sonner chez le gardien du cimetière Notre-Dame. Rien à faire ! Celui-là, il n'y a que les morts qui l'intéressent. Alors j'ai couru au hasard et finalement j'ai rencontré deux agents à bicyclette. Ils m'ont accompagnée auprès du colonel et l'un d'eux est parti chercher une ambulance à l'hôpital tandis que l'autre est resté avec moi. Il voulait même que je reparte mais j'étais franchement trop inquiète. J'ai dit que c'était un vieil ami et que je voulais savoir tout de suite si c'était grave. Ils ont eu la gentillesse de m'emmener et depuis j'attends !...

— Mais le téléphone, ça existe vous savez ? reprocha Aldo. Pourquoi n'avez-vous pas prévenu Tante Amélie ?

Elle tourna vers lui un visage si las qu'il eut honte de ce reproche pourtant léger.

— Vous êtes exténuée. Adalbert va vous ramener à l'hôtel pour vous reposer. En même temps il mettra Tante Amélie au courant. Moi je reste. Ne fût-ce que pour aider Mme Karlova, ajouta-t-il à l'instant où, étayée par Marfa et par une infirmière, Liouba faisait son entrée dans la salle d'attente :

— Cette dame refuse de rentrer chez elle, expliqua la femme en l'aidant à prendre place sur un banc. Elle veut attendre la fin de l'opération.

— Quel genre d'opération ? s'informa Adalbert qui avait pris Marie-Angéline par le bras.

— Une trépanation. Le blessé s'est réveillé en s'agitant et en débitant des chapelets de mots inconnus...

— Ce doit être du russe ?

— Non. L'une des assistantes du professeur Debray est une réfugiée et elle n'a rien compris. Évidemment, il a une forte fièvre. Quant à cette dame, nous avons eu toutes les peines du monde à la convaincre de venir attendre ici : elle voulait rester à la porte du bloc opératoire. Auriez-vous l'obligeance de vous en occuper ?

— Je m'en charge, soyez tranquille ! Si toutefois... il était possible de lui offrir ainsi qu'à sa compagne une tasse de café !

— Thé ! rugit Marfa. Thé noir très fort !

L'infirmière la regarda avec autant de dégoût que si elle avait demandé de l'arsenic.

— À l'hôpital il n'y a que du café !

— Ça ira ! sourit Morosini conciliant. Elles ont surtout besoin de quelque chose de chaud.

L'indolent sourire produisit son effet habituel. La femme fondit comme beurre au soleil.

— Pas vous ? minauda-t-elle.

— Je ne refuse pas. Merci beaucoup !

L'attente allait durer près de trois heures. Elle eût paru interminable à Aldo, en dépit du café additionné de chicorée, ce qui était sans doute très sain mais qu'il détestait, si au bout de deux heures le commissaire Lemercier ne s'était manifesté avec sa grâce habituelle :

— Tiens, vous êtes là, vous ?

— Eh oui !

— Et en quel honneur ?

— J'essaie de réconforter Mme Karlova. Sans grand succès je le crains, soupira Aldo en considérant le visage désolé sur lequel les larmes ne cessaient de couler, silencieuses et d'autant plus navrantes. Quant à Marfa, son café avalé, elle avait entamé une interminable prière qui ressemblait au bourdonnement des abeilles.

— Il paraît que Karloff est salement amoché? C'est votre cousine qui l'a trouvé, m'a-t-on dit? Je me demande ce qu'elle fabriquait aux environs de minuit dans une rue déserte et sous une pluie battante.

Aldo éprouva quelque peine à dissimuler son aversion. Cet homme était capable de passer Plan-Crépin à la question s'il ne se mettait pas en travers:

— Chrétienne fervente - elle se rend chaque matin à la messe de six heures où qu'elle soit - Mlle du Plan-Crépin possède une âme généreuse qui ne supporte pas la souffrance d'autrui. Hier soir, sur une impulsion, elle a voulu se rendre chez Mme Karlova et c'est ainsi qu'elle a pu voir les ravisseurs du colonel le jeter hors d'une voiture tel un simple paquet. Je pense que vous savez la suite...

— Et vous ne l'aviez pas accompagnée? Par ce temps?

— Ni M. Vidal-Pellicorne ni moi ne nous en doutions. Comme tous les êtres de qualité, elle pratique une charité discrète, poursuivit Aldo avec une sévérité qui parut faire impression. Le vieux « Dur-à-cuire » se radoucit:

— A-t-elle pu distinguer la voiture des ravisseurs? C'était son taxi?

— En dépit de la peur qu'elle a eue je crois qu'elle l'aurait remarqué. Elle est très observatrice...

— Je verrai avec elle ! Après déjeuner ! Je suppose qu'elle doit dormir à cette heure ?

— Merci de le comprendre, commissaire !

En vantant les qualités de Marie-Angéline, Aldo n'avait rien exagéré. Il en fut lui-même surpris lorsqu'elle précisa à Lemercier qu'il s'agissait d'une Renault noire, d'un modèle un peu ancien, dont les portières étaient décorées d'un motif jaune et noir imitant le cannage d'une chaise. Malheureusement il lui avait été impossible de lire le numéro d'immatriculation en raison de la boue qui recouvrait les plaques.

— Une bonne précaution, commenta Adalbert, mais insuffisante. Le cannage des portières rend la voiture d'autant plus facile à reconnaître que l'on n'en a pas vu beaucoup sur le marché...

— Cela s'explique si c'est une voiture volée, répondit Aldo.

C'était aussi l'avis de Lemercier.

Celui-ci se disposait à repartir quand Aldo le retint :

— Pas d'autres nouvelles de l'assassin ? demanda-t-il en baissant la voix pour ne pas être entendu des deux femmes. Il est vrai que le lamento de sa suivante suffisait amplement à remplir les oreilles de Mme Karlova qui l'écoutait résignée et surtout habituée.

— Aucune. Il n'a pas manifesté de nouvelles exigences, ce qui je vous avoue ne laisse pas de me surprendre.

— Peut-être n'est-il pas complètement idiot ? Il a dû finir par comprendre que si on ne lui donnait pas ce qu'il a exigé c'est parce que nous ne l'avons pas. Ou alors il se donne le temps de préparer autre chose ?

— Il a déjà fait autre chose. D'ores et déjà je porte à son crédit l'enlèvement de Karloff.

— Qui n'a guère de rapport avec Marie-Antoinette, fit Aldo avec une hypocrisie parfaite mais qui ne trompa pas Lemercier.

— Peut-être mais il me paraît très lié avec des gens dont elle occupe le centre de la vie, des... collectionneurs de bijoux, par exemple ?

— N'exagérons rien ! C'est un excellent ami pour moi aussi bien que pour Vidal-Pellicorne. Nous voulons savoir qui l'a mis dans cet état et ce qu'est devenu son taxi. Vous ne l'avez pas retrouvé, n'est-ce pas ?

Lemercier haussa les épaules et recoiffa son chapeau melon :

— Sans compter la Seine, il y a suffisamment d'étangs aux environs pour nous faire chercher jusqu'au Jugement dernier...

— Ce qui veut dire que s'il en réchappe, il n'aura plus de moyens d'existence, dit Aldo gravement. Cela devrait vous inciter à fouiller sans attendre notre comparution commune devant l'Éternel ?

— Mêlez-vous de ce qui vous regarde ! Je connais mon métier.

Et enfonçant son couvre-chef d'un coup de poing qui ne lui fit aucun bien, Lemercier sortit à grandes enjambées furieuses.

L'opération terminée, Liouba eut juste le droit d'embrasser le pansement sous lequel disparaissaient les trois quarts de la tête de son époux quand on le ramena dans la chambre particulière qu'Aldo avait obtenue pour lui en déclarant se charger de la totalité des frais. Le blessé était encore sous l'influence du chloroforme. Sa femme ne serait autorisée à le revoir que le lendemain mais comme elle levait sur le chirurgien des yeux délavés par les larmes, il s'efforça de la réconforter :

— Tout s'est passé mieux que je ne l'espérais étant donné l'état de la blessure. En dépit de l'âge c'est un homme solide pourvu d'un crâne dur et je pense pouvoir vous dire, madame, qu'il a de fortes chances de s'en tirer... Il a surtout besoin de repos maintenant... Vous aussi il me semble ? ajouta-t-il gentiment en retirant avec douceur la main que la pauvre femme venait de baiser sans pouvoir articuler un mot.

— Soyez tranquille, docteur, intervint Aldo. Je m'en charge et demain je ramènerai Mme Karlova ici. Je passerai ce soir pour avoir des nouvelles.

De retour à l'hôtel, il trouva Mme de Sommières à demi dissimulée par le journal largement déployé qu'elle tenait devant elle. Elle le jeta à terre en l'entendant entrer :

— Ah ! fit-elle avec satisfaction. Enfin quelqu'un qui tient debout et avec qui, avec un peu de chance, je vais pouvoir déjeuner.

— Ce qui veut dire que vous n'avez que moi ? Où sont les autres ?

— Ils dorment ! Mais tu as peut-être sommeil toi aussi ?

— Pas trop, non. En revanche, j'ai faim.

— Alléluia ! Tu es l'homme qu'il me faut !

Il l'aida à fixer le chapeau sans lequel une dame digne de ce nom ne saurait prendre un repas dans un lieu public. Même s'il s'agissait d'un morceau de feutre ou de velours grand comme un timbre poste. Sortir « en cheveux » était considéré du dernier vulgaire... Le couvre-chef de la marquise était une sorte de plateau en fine paille lavande ornée de roses en soie blanche, le tout assorti à sa robe et à ses gants. En dépit ou peut-être à cause de l'archaïsme voulu de sa toilette, elle avait une allure folle et, en lui offrant son bras Aldo l'en complimenta :

— Vous avez l'air d'une reine, Tante Amélie !

C'était aussi l'avis du maître d'hôtel qui les conduisit cérémonieusement à une table près des hautes fenêtres d'où l'on découvrait le jardin à la française précédant les nobles frondaisons du parc royal. Là tout n'était qu'ordre, beauté et paix. En s'asseyant, Aldo eut l'impression de changer de monde et ne retint pas un soupir de satisfaction :

— On devrait faire ça plus souvent !

— Quoi donc, mon garçon ?

— Déjeuner ou dîner tous les deux ! Vous êtes incroyablement réconfortante, chère Tante Amélie !

— C'est toujours agréable à entendre. Mais donne-moi des nouvelles de ce pauvre Karloff ! A-t-il une chance de s'en tirer ?

— Le professeur Debray le pense. Reste à savoir s'il n'y aura pas de séquelles...

— Ce serait affreux ! murmura-t-elle en attaquant sa salade de crabe d'une fourchette délicate. Que vont-ils devenir s'il ne peut plus travailler ?

— C'est une question que je me poserai en son temps. Depuis que nous nageons dans ce mélange d'horreur et de magnificence, j'ai décidé de m'en tenir à un principe simple : « À chaque jour suffit sa peine. » D'autant qu'il y a aussi la jeune Caroline et sa maison hantée.

— L'est-elle réellement ?

— Pour ce que j'ai pu en voir il n'y a pas de doute. De toute façon, nous allons y passer la prochaine nuit, Adalbert et moi.

— Doux Jésus ! Alors faites en sorte de ne pas emmener Plan-Crépin. Depuis qu'un assassin a entrepris de décimer les Versaillais, elle a toujours l'air de flotter entre deux univers et j'en viens à redouter que le fil ténu qui la rattache à la terre ne vienne à se rompre !

— Soyez tranquille ! On lui confiera Mlle Autié. Cela l'occupera suffisamment...

Ils en étaient à la pêche Melba quand le couple Crawford pénétra dans le restaurant : elle, époustouflante à son habitude dans un crêpe de Chine corail, une cascade de perles fines au cou et une étroite toque de plumes blanches et rouges sur la tête, lui visiblement soucieux. Apercevant Mme de Sommières et Morosini, il indiqua au maître d'hôtel une table voisine de la leur qu'un couple venait d'abandonner.

— C'est un vrai bonheur de vous rencontrer, s'exclama Léonora de sa voix chantante – avec elle on avait toujours l'impression qu'elle entamait un air d'opéra ! J'ai convaincu Quentin de venir ici plutôt que de rester à la maison. Depuis le début de l'exposition, on a l'impression que les plafonds nous tombent sur le crâne par morceaux !

— Vous avez des ennuis ? Mais pourquoi ? demanda la marquise.

— C'est moi qui suis à l'origine de cette manifestation en hommage à la Reine et que je voulais si brillante, soupira Crawford. Vous avez vu ce qui s'ensuit ? Je commence à croire que quelqu'un m'en veut personnellement !... Je vous explique, continua-t-il après avoir avalé d'un trait la coupe de champagne que l'on venait de lui servir. Il y a un mois environ, l'une de mes voitures m'a été volée Faubourg-Saint-Honoré, juste à côté de l'ambassade d'Angleterre...

— Vous avez un chauffeur qui, normalement, reste sur son siège en votre absence. Comment est-ce possible ? questionna Morosini.

— Fields souffrait des dents depuis le matin et je lui avais donné sa journée. D'ailleurs je ne déteste pas conduire moi-même. Et comme je venais seulement chercher un renseignement auprès de l'attaché culturel, je n'avais pas rentré ma voiture dans la cour. En outre, j'étais pressé...

— Et quand vous êtes ressorti elle n'était plus là ! conclut Aldo, qui après s'être demandé pourquoi le richissime Écossais faisait tout un plat d'une auto disparue depuis un mois, sentait venir une idée Et elle était comment ?

— Heureusement ce n'était pas la Rolls-Royce, continua Léonora, mais c'était tout de même une assez jolie chose : un modèle spécial de Renault. Noire avec...

— ... des portières cannées, acheva son époux.

— Banco ! pensa Morosini qui ajouta :

— Et vous venez d'apprendre non seulement qu'on l'a revue mais aussi qu'elle a servi à un crime ? Ou peu s'en faut !

— C'est ça ! s'écria Léonora. Le commissaire a téléphoné pour dire l'horrible histoire. Nous sommes bouleversés !

— Contrariés ! corrigea sir Quentin. Ma femme a énormément d'imagination. J'avoue cependant que c'est plutôt désagréable... D'autant que je ne comprends pas pourquoi on s'en est pris à un malheureux chauffeur de taxi ?

— Ce malheureux chauffeur de taxi commandait un régiment de cosaques au service du tsar, précisa sèchement Aldo choqué par le ton vaguement méprisant de l'Écossais. Il est, en outre, mon ami et celui de Vidal-Pellicorne...

— Le mien aussi ! fit Mme de Sommières en écho.

— ... De plus il assurait nos arrières lors de l'opération « Bassin du Dragon ». C'est à cet endroit qu'il a dû être pris.

— Oh ! Veuillez m'excuser ! J'ignorais...

— Mais c'est un homme passionnant ! s'exclama Léonora. Il faut que j'aille prendre de ses nouvelles !

Les yeux de la jeune femme brillaient d'un feu qui inclina Morosini à plaindre son ami Vauxbrun. La dame avait l'emballement facile et la romance de Gilles risquait de tourner court. Comme quasiment les précédentes d'ailleurs ! Mais aussi cette manie de se jeter sur le premier bouchon de carafe venu en le prenant pour un diamant !

Parvenu à ce point de réflexion, il s'aperçut soudain qu'un nouveau personnage venait de s'inscrire dans son champ de vision. Debout à côté de Crawford, un jeune homme d'environ vingt-cinq ans lui parlait à l'oreille. Un assez joli garçon en vérité! *L'Homme au gant* du Titien habillé en Angleterre! Tante Amélie le considérait à travers son face-à-main avec une insolence tout aristocratique. Quant aux yeux de Léonora ils se muaient en un noir océan de douceur veloutée... Crawford, cependant, se levait de table, s'inclinait devant la vieille dame avec un sourire d'excuses:

— Faites-moi la grâce de me pardonner, madame la marquise, mais je dois impérativement rentrer chez moi. Mon secrétaire – Frédéric Baldwin – vient m'apprendre une visite imprévue...

— Mais... et le déjeuner? On vient juste de nous servir! gémit sa femme.

— Je ne vous empêche pas de rester, ma chère! Gardez la voiture! Nous allons prendre un taxi.

Il régla rapidement sa note, salua et quitta la salle suivi à trois pas respectueux par son secrétaire. Pendant ce temps la marquise indiquait au maître d'hôtel de déplacer à leur table le couvert de Léonora, ce dont celle-ci se montra ravie:

— C'est tellement gentil à vous! Je déteste prendre un repas seule et Quentin le sait très bien!

— Il devait sans doute penser que nous ne manquerions pas le plaisir de vous garder un peu plus longtemps...

La galanterie était banale chez Morosini. Léonora n'en prit pas moins un air mutin pour lui tapoter la main en gloussant:

— Comme il a bien dit ça ! Nous allons pouvoir faire plus ample connaissance puisque jusqu'à présent nous ne nous sommes rencontrés qu'au milieu de grandes foules... Et j'ai tellement entendu parler de vous ! Je raffole...

Le sourcil délicatement remonté de Tante Amélie, l'ombre de sourire qui passa sur ses lèvres en disaient plus qu'un discours sur son opinion. Aldo se contenta d'un sobre :

— Vraiment ?

— Vraiment ! Je raffole des joyaux, surtout ceux qui ont une histoire et vous êtes un maître en la matière ! !

— En d'autres petites choses aussi, fit Mme de Sommières. Mais, dites-moi : il y a longtemps que ce jeune homme est auprès de lord Crawford ?

— Frédéric ? Quatre ou cinq ans. N'est-ce pas qu'il est charmant ? Et bourré de talents !...

On eut le bon goût de ne pas demander lesquels mais la jeune femme était lancée sur un sujet qui apparemment lui tenait à cœur et on apprit ainsi tout naturellement que le jeune Anglais était d'une naissance incertaine encore qu'il laissât « supposer » qu'il possédait quelques gouttes de sang royal – celui d'Angleterre bien sûr ! – dans les veines. L'époux de Léonora l'avait rencontré au casino de Monte-Carlo, ou plutôt sur les rochers voisins d'où il s'apprêtait à plonger dans la Méditerranée après avoir raclé le fond de ses poches sur le tapis vert du casino...

— Comme vous le savez, mon époux est grand amateur d'œuvres d'art et Frédéric en est une incontestable. Quentin l'a sauvé, ramené chez nous où il s'est vite rendu indispensable. Il sait tout faire et quelle belle âme ! ajouta-t-elle en conclusion assez inattendue avant de se consacrer à la charlotte au chocolat qu'un serveur venait de placer devant elle.

À l'œil pétillant de sa tante, Aldo devinait qu'elle mourait d'envie de demander une ou deux précisions sur une qualité si rare mais lady Crawford, sa charlotte avalée, entreprit Aldo presque sans respirer sur les bijoux de Marie-Antoinette, leur nombre exact – ce qui était impossible puisque l'on ignorait à peu près tout de ce qu'elle avait apporté d'Autriche en se mariant – et ce qu'il était advenu de ceux de la cassette privée puisque le sort désastreux des joyaux de la Couronne était connu de tous.

Cela faisait beaucoup trop de questions et Aldo s'en déchargea en alléguant que Mme de Sommières et lui-même étaient attendus chez une amie de la vieille dame. Il ramena donc Léonora à sa Rolls puis remonta chez sa tante qu'il trouva songeuse, enfouie dans une bergère et son chapeau encore sur la tête.

— Quelque chose ne va pas ?

— Si... ou plutôt non ! C'est ce jeune homme. Il... il est séduisant !

— Singulière critique.

— Il me fait penser à Lucifer. Lui aussi était séduisant... et tu vois où ça l'a mené ?

— Si j'en crois la tradition, il serait assez satisfait de son sort. Mais à la réflexion vous n'avez peut-être pas tort. On pourrait en parler à Marie-Angéline. Elle devrait le connaître depuis le temps qu'elle fréquente le Comité.

— Qu'est-ce ce que je devrais connaître ? fit celle-ci qui faisait justement son apparition, tirée à quatre épingles mais étouffant discrètement un dernier bâillement.

— Un certain Frédéric Baldwin, le...

— ... le délicieux secrétaire de lord Crawford ? Quand on l'a vu une fois on ne peut plus l'oublier, ajouta-t-elle avec un soupir.

— Plan-Crépin ! s'indigna la marquise. Ne me dites pas que vous en êtes tombée amoureuse ?

L'interpellée piqua un fard, chercha son mouchoir dans sa manche, ne le trouva pas, alla explorer les coussins du canapé, n'y trouva rien, renifla comme si elle flairait une piste et finalement sortit du salon pour y revenir quelques secondes plus tard, la figure enfouie dans un vaste carré de batiste en demandant :

— A-t-on des nouvelles du colonel ?

— Plan-Crépin, je vous ai posé une question.

— Vraiment ?... Ah oui, je me souviens...

— Eh bien ?

— Eh bien, c'est non ! Ce jeune homme a, dans son regard... un je-ne-sais-quoi qui me fait penser à un ange déchu... Allez-vous maintenant à l'hôpital, Aldo ?

Décidément, elle ne voulait pas s'attarder sur le sujet !

— Pour l'instant, avec votre permission, je vais dormir deux ou trois heures. La nuit qui vient sera longue... Non, Angelina, ajouta-t-il en voyant une petite flamme s'allumer sous ses cils pâles. Vous me ferez le plaisir de rester auprès de Tante Amélie et nous suffirons amplement à la tâche, Adalbert et moi... Quant à Karloff, vous pouvez toujours demander de ses nouvelles par téléphone. C'est le professeur Debray qui s'occupe de lui...

Il allait sortir, se ravisa :

— Et surtout prenez soin de Mlle Autié ! Est-elle réveillée ?

— Je viens de passer par sa chambre : elle dort comme une souche !

— Ou comme quelqu'un qui n'a pas fermé l'œil de la nuit ! C'est aussi bien ainsi !

VII

UNE LETTRE DE BUENOS AIRES

En garant sa voiture dans le jardin de Caroline sous un sorbier afin de la mettre à l'abri de la curiosité du voisinage, Adalbert, comme Aldo d'ailleurs, ne se sentait pas vraiment en forme en dépit du repos de la journée. Avant de venir ils étaient passés par l'hôpital et s'ils y avaient appris que Karloff était hors de danger, le corollaire de cette bonne nouvelle était assorti d'un bémol affligeant : le coup reçu sur la tête lui avait fait perdre la mémoire. Il ne reconnaissait personne, pas même sa femme. Et quand les deux amis s'étaient présentés devant lui, il leur avait dit bonjour mais sans manifester un plaisir quelconque. À croire qu'il ne les avait jamais vus. Il ne se rappelait même pas son propre nom !

— Il est possible que cet état soit temporaire, répondit le chirurgien à la question que posait Morosini, mais il se peut aussi que cela perdure. Tout dépendra de l'évolution.

— Vous comptez le garder longtemps ou bien le rendrez-vous à sa femme ?

— Dans quelques jours il pourra rentrer. Bien qu'il ait été retenu prisonnier – il porte des traces de liens serrés ! – sa constitution n'est amoindrie en rien. Il se peut même que, dans son environnement familier, une étincelle se produise.

— Eh bien, il n'y a plus qu'à prier ! conclut Adalbert.

Prier, Liouba et Marfa ne s'en privaient pas. En passant devant leur maison, un instant plus tôt, on avait perçu l'écho de ces oraisons psalmodiées qui sont l'une des beautés du culte orthodoxe...

Curieusement, cette espèce de mélopée leur apporta du réconfort. Elle semblait flotter dans l'air adouci du jardin. La pluie avait cessé. En s'éloignant elle avait emporté avec elle l'aigreur des derniers jours. Son souvenir s'attardait seulement dans l'odeur de l'herbe mouillée et le parfum du chèvrefeuille mêlé à celui des roses mourantes... Aussi, à peine entré dans la maison, Adalbert se précipita-t-il pour ouvrir les fenêtres afin de combattre le vague relent d'humidité et, debout devant l'une d'elles, respira le jardin avec volupté. Aldo, lui, avait allumé une cigarette et, installé dans un fauteuil près du piano, il fumait, la tête renversée en arrière en s'efforçant de ne penser à rien pour avoir l'esprit plus réceptif.

Un courant d'air soudain fit claquer la fenêtre. Adalbert alors referma et vint s'asseoir en face de son ami :

— Et maintenant que faisons-nous ? On attend ensemble dans cette pièce ou bien l'on se sépare : l'un dans la chambre et l'autre ici ?

Aldo jeta un coup d'œil à la pendule. Elle marquait onze heures et demie.

— Il va bientôt être minuit. On va se séparer, tu as raison : tu restes ici et moi je vais m'installer dans la chambre.

Adalbert opina d'un hochement de tête, prit à côté de lui une serviette en maroquin qu'il avait apportée, en tira une fiasque d'argent et un paquet de café qu'il tendit à Aldo :

— Prends ça, s'il te plaît, et va nous faire un « jus » digne de ce nom ! Celui de cette baraque est imbuvable. C'est fou le nombre de gens qui ignorent cette vérité première : pour faire un bon café, il faut d'abord en acheter un bon.

— C'est presque signé La Palice mais c'est tellement vrai !

L'odeur qui s'éleva quelques minutes plus tard était un réconfort à elle toute seule et faisait honneur au talent de Morosini. Ils en burent chacun deux tasses puis, minuit étant proche, ils allèrent prendre place, Adalbert dans le salon et Aldo sur le lit de Caroline. Chacun d'eux posa son revolver à portée de main ainsi que la petite croix que Plan-Crépin leur avait remise après l'avoir fait bénir à l'église Notre-Dame au salut du soir... Puis, on éteignit les lumières et l'on attendit...

Or il ne se passa rien. Tant et si bien qu'ils finirent par s'endormir et le cri enroué d'un coq dans un poulailler voisin fut le premier bruit qu'ils entendirent. Apercevant un reflet de lumière, Aldo, sans rallumer alla rejoindre Adalbert dans le salon. Il le trouva assis sur son canapé, l'air perplexe et fourrageant à deux mains dans ses cheveux ébouriffés :

— Alors ? fit-il.

— Alors rien ! Chez toi non plus je pense...

— Calme complet. Si je n'avais été témoin de ce qui s'est passé l'autre nuit, je croirais que Caroline a rêvé. Quoique...

— Quoique tu saches aussi bien que moi que ce genre d'aventure peut exister. Mieux que moi puisque tu as eu l'honneur de rencontrer le spectre d'un empereur [1]. Mais peut-être que l'entité qui se manifeste ne vise-t-elle que Caroline ? En gros, il se peut que la maison la rejette tout simplement.

— Ce pourrait être possible ?

— Absolument !... Tiens, le jour commence à se lever. On va aller à la cuisine, tu nous referas du café et pendant ce temps je te raconterai une histoire...

Un moment plus tard tout en tartinant de la confiture d'oranges sur une brioche – apportées par prévoyance ! – Adalbert entamait son récit :

— Un ami de mon père, un avocat célèbre, perdit sa femme. Le deuil lui était cruel parce qu'il l'avait énormément aimée. C'était d'ailleurs une femme charmante ! Mais il perdit du même coup l'envie de vivre en société et en particulier à Paris. D'autant qu'il n'avait pas d'enfants. Il se chercha une retraite, on pourrait presque dire un ermitage pour y vivre dans la paix, le silence et le souvenir. Il dénicha, dans le Perche, un ancien prieuré dont le charme le séduisit. Il y avait beaucoup de travaux à faire aussi ne s'étonna-t-il pas de la modicité du prix demandé, bien que la bâtisse fût inscrite à la liste

1. *Le Rubis de Jeanne la Folle.*

supplémentaire des Bâtiments historiques. Il entreprit donc des travaux qui lui coûtèrent fort cher car il tenait à ce que chaque détail soit reconstitué à l'identique. Cela ne se fit pas sans peine. Il se produisit nombre d'incidents, plus deux accidents durant la restauration. Au point qu'il fallut doubler les salaires pour convaincre les ouvriers de continuer.

Évidemment, des bruits revenaient à cet homme et aussi des conseils pour faire appel à un exorciste mais il était athée, ne croyait qu'à sa douleur et son besoin de solitude. À la limite, il n'était pas fâché que sa maison eût cette réputation douteuse : au moins personne ne viendrait l'importuner. Pour son plaisir, il fit planter un beau jardin dans le genre de ceux des monastères. Enfin vint le jour où tout fut achevé et où, les derniers objets mis en place, il put fermer sa porte sur le monde extérieur. Il avait à son service depuis longtemps un domestique ramené du Liban qui devait être son seul lien avec la vie extérieure... Le lendemain de son installation, les curieux qui ne manquaient pas tout au long du jour trouvèrent les portes ouvertes. L'ami de mon père était mort dans son lit écrasé par une pierre tombée de la voûte, la seule qui s'en fût détachée. De longues traces noires marquaient les murs de sa chambre comme si le feu les avait léchés. Quant au serviteur, le garde champêtre l'attrapa dans la campagne devenu complètement fou...

— Brrr ! fit Aldo en avalant d'un seul coup le contenu de sa tasse avant de s'en resservir une. Elle est sinistre, ton histoire.

— Mais vraie ! dit Adalbert avec une gravité qui lui était peu coutumière. Cette ancienne Maison Dieu avait dû être détournée de sa pieuse vocation par quelqu'un qui s'était acoquiné avec les forces des ténèbres. Elle a rejeté les intrus...

— Qu'est-elle devenue ?

— Une aubaine pour des vagabonds qui l'ont pillée de son contenu. Deux d'entre eux voulurent s'y installer. Ils furent carbonisés par le feu qu'ils avaient allumé dans une cheminée. Depuis, elle est livrée à la ruine, aux ronces, aux herbes folles. Ici, c'est moins tragique mais je suis persuadé que cela relève du même processus.

— Nous venons d'y dormir et cependant nous sommes entiers ?

— Parce que Caroline seule est visée. À moins que l'on ne réussisse à la « nettoyer », cette baraque n'aura de cesse de l'avoir jetée dehors... ou pire. Je pense que ces manifestations sont liées à l'exhumation de la grand-mère... Bon ! Cela dit, on range tout et on s'en va ! conclut Adalbert en portant les tasses dans l'évier pour les laver.

Aldo retourna dans la chambre pour y prendre ce qu'il avait pu y laisser. Soudain Adalbert l'entendit appeler :

— Viens voir !

— Quoi donc ?

— Le portrait de cette femme ! Hier soir, avant de me coucher, je l'avais décroché et posé à terre face contre le mur, parce que je n'arrive pas à me faire à sa tête. Et regarde !

Dame Florinde avait repris sa place et dardait sur les intrus un regard plus désagréable que jamais.

— Si on en faisait une flambée ? proposa Morosini.

— Ce pourrait être plus dramatique ! Et puis il faudrait détruire aussi le buste de l'atelier. Si Plan-Crépin, notre bigote maison, connaît quelqu'un à l'archevêché, c'est le moment de la mettre à contribution. Viens, on rentre ! J'ai besoin d'une douche froide. Et toi aussi !

Ils effacèrent les traces de leur passage, refermèrent soigneusement portes et volets. Ce fut pendant qu'Adalbert sortait la voiture que Morosini s'aperçut qu'il y avait une lettre dans la boîte scellée à la grille. Elle était adressée à Mlle Autié et venait de Buenos Aires. Aucune indication d'expéditeur au dos. L'écriture volontaire était celle d'un homme.

— Je savais bien qu'elle devait avoir un amoureux ! commenta Adalbert. Le contraire serait par trop étonnant : une aussi jolie fille !

— Rien ne dit que ce soit un amoureux ! Il pourrait s'agir d'une lettre... d'affaires !

Adalbert éclata de rire :

— Tu serais contrarié à ce point ?

— Cette fille n'est pas heureuse, c'est l'évidence ! Si elle avait une histoire d'amour quelque part, même en Argentine, elle aurait une autre mine.

— C'est peut-être justement parce qu'il est loin... ou qu'il est marié ?

— Suffit ! Cesse de faire du mauvais roman et démarre !

— De toute façon tu verras bien la tête qu'elle fera quand tu la lui remettras. À moins que tu ne me laisses ce soin ?

— Pourquoi ? C'est moi qui l'ai trouvée, non ?

Le rire d'Adalbert se perdit dans le vrombissement de son moteur. Aldo s'enfonça dans son siège, croisa les bras et n'ouvrit plus la bouche. Il y avait des moments où le cher Adal l'exaspérait...

Quand il fut une heure décente pour se présenter à la jeune fille, Aldo appela par le téléphone intérieur. Ce fut Marie-Angéline qui décrocha : Caroline était allée faire un tour dans le parc.

— Je vais essayer de la rejoindre : il faut que je lui parle... se hâta-t-il de dire craignant que la curieuse ne lui proposât de l'accompagner.

La proximité de l'hôtel avec les Trianons et le Hameau de la Reine n'était pas son moindre attrait. Il faisait un temps délicieux, ce matin-là. Le soleil réchauffait les frondaisons et les pelouses où les jardiniers venaient de passer. L'heure des visiteurs de l'exposition n'avait pas encore sonné et le parc baignait dans une paix... royale ! C'était un vrai bonheur de s'y promener. Le chant des oiseaux remplaçait agréablement les raclements de pieds sur les graviers et les commentaires plus ou moins pertinents mais pour la plupart dénués de la plus élémentaire poésie qu'imposaient la beauté, la grâce et la majesté d'un site exceptionnel à ce point chargé d'histoire. Si l'on n'avait que des pauvretés à émettre mieux valait se taire. Le silence n'était-il pas la meilleure façon de recueillir l'écho lointain du temps ?

Il suivit d'abord l'allée des Trianons puis obliqua à droite vers la demeure préférée de la Reine. C'est alors qu'il aperçut Caroline et admira l'harmonie de sa mince silhouette, vêtue d'un petit tailleur grège sur lequel flottait une écharpe azurée, avec les pierres blondes du château. Elle allait à pas lents, ses cheveux soyeux répandus sur ses épaules au mépris des modes et Aldo regretta l'ampleur des robes à paniers même si la jupe courte laissait voir des jambes ravissantes...

Elle se retourna instinctivement en l'entendant approcher et, pour la première fois, lui offrit un sourire spontané :

— Je savais que vous étiez rentré : j'ai vu la voiture devant l'hôtel. Cela m'a soulagée car j'étais vraiment inquiète.

— De quoi, mon Dieu ?

— De ce que la maison pouvait vous faire. Il lui arrive d'être... insupportable.

Le sourire s'était effacé, remplacé par une crispation des lèvres correspondant à un frisson. Sans qu'elle fît un geste pour l'en empêcher, Aldo prit sa main et lui baisa les doigts :

— Comme l'autre nuit où vous vous étiez réfugiée sous votre parapluie ? Eh bien, celle que nous venons de vivre, Vidal-Pellicorne et moi, a été fort calme.

— Vrai ?... Il ne s'est rien passé ?

— Rien... ou si anodin ! Je m'étais installé dans votre chambre et pour éviter l'œil de granit de dame Florinde, j'avais décroché et posé sur le sol le portrait retourné contre le mur. Je vous l'avoue avec un brin de honte, j'ai dormi comme un ange sur votre lit. Votre parfum s'y attardait. Il m'a gardé des mauvais rêves. C'était assez délicieux. Le cauchemar n'est venu qu'avec le jour en m'apercevant que le tableau s'était raccroché tout seul.

— Oh, Seigneur Dieu !...

L'angoisse ternissait à nouveau son regard, donnant à son compagnon une soudaine envie de la prendre dans ses bras pour la rassurer, lui communiquer sa force. Il se contenta de glisser celui de la jeune fille sous le sien et de l'y maintenir de sa main libre :

— Marchons, voulez-vous ? Ici nous sommes trop en vue et j'ai à vous parler.

Elle se laissa emmener comme une petite fille perdue. Sous ses doigts Aldo sentait trembler ceux de Caroline. Elle s'accrocha même plus fort, ce qui les rapprocha d'autant. Sans plus parler, ils laissèrent sur leur gauche le Petit Trianon, contournèrent le lac artificiel pour gravir au milieu des arbres le tertre que couronnait une élégante construction : une coupole supportée par douze colonnes corinthiennes abritant une statue. Il y avait là un banc de pierre blanche sur lequel ils vinrent s'asseoir. Le visage de la jeune fille s'éclaira d'un léger sourire :

— Vous m'avez conduite au temple de l'Amour ? Pourquoi ?

— J'étais perdu dans mes pensées et je ne l'ai pas fait exprès. J'ai aperçu ce banc et vous y ai menée sans réfléchir. Cela vous ennuie ?

— Absolument pas ! Je trouve même... que l'on est bien ici, ajouta-t-elle en respirant l'air ensoleillé.

— J'en suis heureux. Cela va m'aider à vous dire la suite, Caroline. Vous me permettez de vous appeler ainsi ?

Elle approuva de la tête et il poursuivit :

— Caroline, même si cela vous paraît difficile, il faut que vous quittiez cette maison !

— Quelle idée ! Elle traverse une période difficile, sans plus et je me reproche déjà d'avoir cédé à un moment de panique.

— Ô combien normal ! Ne vous illusionnez pas, jeune fille, cette maison est dangereuse...

— Vous exagérez ! Ne venez-vous pas de me dire que vous y aviez fort bien dormi ?

— Nous n'étions que de passage et elle le sait. Ce qui ne fait que renforcer ma conviction – je devrais dire notre conviction car Adalbert pense comme moi ! – que vous ne pouvez continuer à y vivre. Vous risquez d'y devenir folle... ou pire peut-être.

— Je ne vois pas ce qui pourrait être pire...

— La mort. À votre âge ce serait du gâchis...

— Je répète que vous exagérez et je regrette à présent de vous avoir appelé à mon secours. Regardez les choses en face : si je quitte « ma » maison, c'est toute mon existence qui s'écroule. Je ne vis pas de l'air du temps mais de mon travail.

— Et vous ne pouvez donner des leçons de piano que là-dedans ? Il me semble qu'en la vendant, vous auriez largement de quoi prendre un appartement – ils sont souvent vastes dans cette ville ! – où vous caseriez votre piano, vos meubles...

— Mais ni mon jardin, ni l'atelier !

— Le jardin passe encore mais l'atelier ? Vous y tenez à ce point ? Au point de ne pas vous être rendu compte qu'il y règne une atmosphère sulfureuse... démoniaque ?

— C'est vrai : je ne l'aime pas mais je dois le garder. Comme le reste. C'était la condition formelle de mon grand-père pour que j'en hérite. Autrement c'est mon cousin Sylvain qui l'aurait eue.

— Je croyais qu'il l'avait chassé et ne voulait plus le voir ?

— Sans doute mais plutôt que de me permettre de vendre, il préférait encore la lui laisser. Avec la même interdiction !

Caroline se leva brusquement et fit face à Aldo, les yeux étincelants de colère et peut-être aussi de larmes :

— Et puis, au fond, qu'est-ce que ça peut vous faire ? En quoi mon avenir vous concerne-t-il ? Nous nous sommes rencontrés par hasard et voilà que vous prétendez régenter ma vie ! À quel titre ? Vous n'êtes pas d'ici ! Vous n'êtes même pas français ! Alors, retournez donc à Venise, dans votre palais avec votre femme et vos enfants !

Elle éclata en sanglots et s'enfuit mais les larmes lui brouillaient la vue : elle buta contre une racine et serait tombée si Aldo ne l'avait retenue... et gardée contre lui.

— Même si c'est vrai, vous ne devez pas le dire. Vous ignorez mes pensées. Il arrive qu'une inconnue pénètre dans votre vie et d'un coup s'y taille une place. Les choses ne sont plus comme avant et je sais que je ne pourrais pas reprendre le cours normal de mon existence en vous sachant malheureuse ou... en danger ! Non, Caroline, que vous le vouliez ou non, je tiens à vous à présent... à votre bonheur !

Il entoura ses épaules d'un bras et elle ne cherchait pas à le repousser :

— Et... si ce bonheur... passait par vous? Si vous lui étiez devenu indispensable?

Un nuage obscurcit un instant les yeux d'Aldo envahi par ce parfum de jeunesse. Contre son corps il sentait trembler celui de Caroline et elle était – ô combien! – ravissante, attirante! Il eût été si doux de s'abandonner à cette exquise tentation mais quelque chose veillait en lui. Quelque chose ou quelqu'un. Toujours est-il qu'à l'instant où ses lèvres allaient se poser sur la tempe de Caroline, il rejeta la tête en arrière et, doucement, s'écarta:

— Vous êtes si jeune! Vous ne pensez pas ce que vous dites...

— J'y pense beaucoup au contraire! Et ne me parlez pas de différence d'âge! Vous êtes l'homme dont on peut rêver quand on a le mien. Et je rêve de vous. J'ai besoin de vous et je sais que je vous plais! Ne m'abandonnez pas.

À ces mots, un déclic se produisit dans l'esprit d'Aldo. Il se revit quelques années plus tôt, dans un compartiment du Nord-Express en provenance de Varsovie, chapitrant une jeune Polonaise aussi séduisante que celle-ci, qui le suppliait de fuir avec elle et de l'épouser. Ce qu'il avait fini par faire, contre son gré et dans des circonstances qui lui avaient fait prendre en horreur la trop jolie tentatrice. Cela s'était terminé en drame et par certains côtés Caroline ressemblait à Anielka. En une sorte de surimpression, le visage de Lisa lui apparut avec une incroyable netteté. L'idée qu'il pût la perdre le déchira en même temps qu'un sentiment de honte l'envahissait. Était-il à la merci de la première jeune beauté venue simplement parce que privé de son épouse depuis trop longtemps il avait envie d'une femme ? Ses bras retombèrent :

— C'est trop facile de vous aimer, Caroline ! – Ça aussi il l'avait déjà dit ! – Mais vous savez aussi bien que moi que rien de durable n'est possible entre nous parce que j'aime ma femme. Ce qui ne veut pas dire que je vous abandonnerai, se hâta-t-il d'ajouter pour étouffer le cri de colère de la jeune fille. Je veillerai sur vous tant que ce sera nécessaire mais il faut me promettre d'être raisonnable et, d'abord, de rester tranquillement ici jusqu'à ce que cette affaire de meurtres soit élucidée.

— Vous dites n'importe quoi ! Il n'y a aucun rapport !

— Je n'en suis pas certain. Mon nez me dit...

— Rien du tout ! Je vais quitter cet hôtel qui est au-dessus de mes moyens et où il me déplaît de vivre à vos crochets...

— Vous n'êtes pas mon invitée mais celle de Mme de Sommières, qui se soucie de vous. En refusant son hospitalité vous la blesserez. En outre, telle que je connais Marie-Angéline, elle ira poser son sac chez vous avec un seau d'eau bénite, un goupillon et une demi-douzaine de livres de prières. Alors un peu de patience ! Vous ne me verrez que si vous le souhaitez...

Il recula de quelques pas, s'inclina et tournait les talons quand il se souvint de ce qu'il y avait dans sa poche :

— Veuillez m'excuser, j'allais oublier ceci qui a été déposé dans votre boîte aux lettres.

À la vue de l'enveloppe, Caroline tressaillit, ses yeux s'agrandirent mais elle tendit la main pour la recevoir. Une main qui tremblait légèrement. De même, Aldo put constater qu'elle avait pâli.

— Elle vient de loin, murmura-t-il. J'espère que ce sont de bonnes nouvelles ?

— Je ne vois pas en quoi cela vous regarde !

Et, sans l'ouvrir, elle glissa le message dans sa poche. Il ne restait plus à Aldo qu'à se retirer. Ce qu'il fit en se traitant d'idiot. C'était tellement facile d'ouvrir un pli avec la vapeur d'une bouilloire, une lame et de la colle pour fermer ! Seulement c'est le genre d'acte que l'on ne commet pas quand on s'appelle Morosini. Et c'était bigrement dommage !

Laissant la jeune fille poursuivre sa promenade comme elle l'entendait, il rentra à l'hôtel. Après avoir hésité un instant, il se rendit dans l'appartement de sa tante afin de lui apprendre qu'elle était censée prendre Caroline à sa charge durant son séjour. Il ne craignait pas d'être démenti si la jeune fille venait à lui en parler mais il valait mieux éviter le moindre risque.

Il trouva Mme de Sommières occupée à faire une réussite et s'excusa de la déranger. Elle lui sourit et brouilla ses cartes des deux mains.

— Tu vois, il faut tuer le temps ! De toute façon, c'était raté, et tu es beaucoup plus distrayant que n'importe quoi. Tu as quelque chose à me dire ?

— En effet. Il s'agit de Mlle Autié...

Quelques mots suffirent pour relater une partie réduite de son entretien avec la jeune fille. D'ailleurs elle ne le laissa pas aller très loin :

— Je l'ai toujours entendu ainsi, fit-elle avec un rien de sévérité. Tu n'imaginais pas que je te laisserais payer sa note? Tu tiens absolument à passer pour son amant?

— Tante Amélie! protesta-t-il furieux de se sentir rougir. Ce qui la fit éclater de rire.

— En aurais-tu envie, par hasard? C'est une très jolie fille et on pourrait le comprendre... d'un autre que toi? Adalbert par exemple!

— Et pourquoi, s'il vous plaît?

— C'est l'évidence: parce que Lisa et toi êtes unis par un amour qui durera autant que vous deux et même après. Seulement, mon garçon, l'ennui avec toi c'est que tu n'as pas encore oublié l'aimable temps du célibat et qu'une belle créature en péril réussit toujours à réveiller non seulement le chevalier mais aussi... disons l'amateur!... Mais tant que l'intéressée ne se montre pas sensible à ton charme...

Elle le regarda de nouveau, leva un sourcil:

— Hein? fit-elle.

— Oui... et cela m'ennuie!

— Tu m'en vois ravie! Cela dit, j'ai besoin de réfléchir et de voir avec Plan-Crépin comment sortir de là avec les honneurs de la guerre...

— Au fait, où est-elle Plan-Crépin?

— Au château. Ce Ponant-Saint-Germain dont elle raffole y réunit son petit monde dans les jardins pour une sorte de miniconférence donnée plus ou moins en son honneur! Si toutefois j'ai bien compris: elle était tellement excitée!...

Marie-Angéline avait été surprise quant à sa demande de suivre ses cours-conférences sur Marie-Antoinette, Aristide Ponant-Saint-Germain avait répondu en lui donnant rendez-vous ce matin-là à onze heures au bosquet de la Reine. Elle s'attendait plutôt à ce qu'il la reçût chez lui – il habitait une vieille maison du côté de la place Hoche mais s'il préférait le grand air elle n'y voyait pas d'inconvénient. D'autant qu'il faisait un temps superbe... Chaussée de ses plus confortables richelieus et munie d'un plan détaillé du château et des jardins, elle quitta l'hôtel avec une heure d'avance afin de s'y rendre à pied et sans se presser. La distance était en effet appréciable puisque le bosquet en question se trouvait à l'opposé du Petit Trianon à chaque bout d'une diagonale partageant en deux les jardins du Roi-Soleil.

Plan-Crépin avait revêtu pour la circonstance une robe de toile bleue, de ce bleu Nattier que la Reine aimait particulièrement, coiffé un canotier de paille garni de pervenches et s'était munie d'une longue ombrelle blanche à manche d'ivoire qui lui servait de canne quand le soleil n'était pas trop chaud.

Entrée par la grille du Dragon – les membres du Comité « Magie d'une reine » bénéficiant d'une autorisation permanente –, elle se donna le plaisir de longer entièrement l'immense château, admirant depuis la terrasse où les bâtisseurs l'avait posé comme une offrande au soleil, la sublime perspective qu'ouvrait à partir du bassin de Latone le large ruban bleu du Grand Canal fuyant vers l'horizon. La paix ambiante ajoutait à la majesté des lieux et la vieille fille éprouvait un plaisir accru en se rappelant que ses ancêtres, sous trois règnes, avaient hanté ce palais, ces jardins, ce parc et foulé ce sol de leurs talons rouges. Une assiduité qui les avait pratiquement ruinés, ce qu'aucun – pas même elle ! – n'avait eu le mauvais goût de regretter. Elle s'imagina un instant vêtue de satin et de dentelles, son ample jupe traînant sur le fin gravier, un éventail à la main, coiffée « à l'oiseau royal » ou « à l'enfant », distribuant sourires et révérences aux fantômes scintillants que son imagination lui montrait... Il lui sembla apercevoir le Roi – Louis XV et pas Louis XIV qu'elle n'aimait guère ! –, splendide dans un habit scintillant de diamants, coiffé d'un tricorne bordé de plumes blanches, une main appuyée sur une haute canne, l'autre menant une dame rieuse en robe d'azur miroitant. Incroyable ce que pouvait être évocatrice la légère brume dorée annonçant une journée chaude qui montait des arbres et des eaux !...

Désertes à cette heure, les Grandes Marches glissant le long de l'Orangerie lui firent courir dans le dos un frisson de plaisir. Que de pieds illustres les avaient-ils descendues ! Elle croyait entendre encore leur martèlement, les froissements des robes de cour. En face c'était le ciel immense, en bas, la pièce d'eau des Suisses où l'on patinait l'hiver...

En sonnant onze heures, la cathédrale Saint-Louis abrégea le rêve. Marie-Angéline hâta le pas. Heureusement elle était presque arrivée au bas des degrés. Il fallait à présent tourner à droite pour entrer dans l'allée en diagonale menant au lieu de rendez-vous. Une sorte de clairière ronde entourée d'essences rares comme le tulipier de Virginie ou le cèdre du Liban avec au milieu une blanche statue de Vénus... à laquelle s'appuyait le professeur emballé de nankin jaunâtre sur un gilet moutarde et une sorte de torsade noire lui tenant lieu de cravate. Une trentaine de personnes se déployaient en éventail devant lui. Apercevant la nouvelle venue il traversa leurs rangs sans trop de douceur pour venir à sa rencontre, ce qui la rendit confuse :

— Je crains d'être en retard, professeur !

— Du tout, du tout ! Vous êtes au contraire juste à l'heure. J'avais prié nos amis de venir quelques minutes avant vous afin de vous annoncer. Évidemment nous ne sommes pas au complet : certains travaillent. Au château en général et vous les connaîtrez plus tard. Voici donc, mes amis, Mlle Marie-Angéline du Plan-Crépin, de vieille noblesse poitevine, qui a souhaité nous rejoindre dans le culte que nous portons à notre Reine martyre !

Il lui présenta plusieurs personnes. Des hommes et des femmes âgés pour la plupart mais tous ces visages affichaient la même expression à la fois satisfaite et extatique des gens conscients d'appartenir à un clan aux aspirations nettement au-dessus du commun des mortels. Plan-Crépin serra quelques mains : celles d'une baronne et d'une vicomtesse, d'un médecin en retraite, d'un homme sans spécialité, de la veuve d'un tapissier du château mais cela n'alla pas au-delà d'une dizaine. Selon le maître, elle aurait tout loisir de faire la connaissance des autres par la suite.

— Procédons ! ajouta-t-il en revenant à la nouvelle venue. Cela peut vous surprendre mais c'est en ce lieu que sont reçus, fondamentalement, ceux qui souhaitent nous rejoindre bien que nous tenions en général nos réunions chez moi, en particulier aux mauvaises saisons...

— C'est une idée très poétique, fit l'impétrante avec suavité. Ne sommes-nous pas dans le bosquet de la Reine ?

Les sourcils broussailleux du professeur se rejoignirent jusqu'à former un petit buisson gris au-dessus de son œil courroucé :

— Ce n'est pas du tout ça ! À l'époque on l'appelait le bosquet de Vénus, fit-il en appliquant une claque sur les jambes de la statue. Ne me dites pas que vous ignorez ce qui s'est passé à cet endroit ?

Marie-Angéline comprit qu'elle aurait mieux fait de se taire. Tous ces gens semblaient personnellement offensés :

— Je... ah oui ! Le bosquet de Vénus !... C'est là que...

Sachant à quel point il aimait parler, elle espérait qu'il compléterait. Il n'y manqua pas :

— ... que s'est jouée cette comédie infâme dont les conséquences allaient ébranler le trône et ouvrir la voie à l'ignoble Révolution et aux malheurs dont allait souffrir notre bien-aimée souveraine. Là que cette misérable Jeanne de La Motte qui osait se dire Valois a définitivement asservi le cardinal de Rohan en l'amenant à s'agenouiller devant une fille de joie vêtue des habits de la Reine à laquelle, par l'un de ces coups affreux du destin, elle ressemblait ! Ce qui lui a permis de voler le fameux collier dont la copie se trouve dans notre exposition. C'est d'ici que tout est parti et c'est d'ici que nous partons, nous aussi, pour ce que je ne crains pas d'appeler notre croisade afin que, par-delà les siècles, nos contemporains prennent conscience de l'effroyable injustice, du crime commis contre la plus touchante des victimes...

— Bravo, bravo ! applaudit un petit monsieur à barbiche grise élégamment habillé et portant un œillet à la boutonnière. La seule chose qui me gêne, c'est qu'on ne parle jamais du Roi ! C'est quand même lui qui a été exécuté le premier !

— Je n'irai pas jusqu'à prétendre qu'il l'a mérité mais s'il avait agi autrement il n'aurait pas détruit sa famille ! Il a fait de grosses bêtises et vous le savez bien...

— Essayez d'être honnête ! À ce train, Marie-Antoinette aussi en a fait – puisque nous en venons là –, la compassion qu'elle avait montrée à votre aventurière, sans oublier l'amusement qu'elle a pris, cachée dans l'une des salles de verdure qui sont autour de nous, en voyant mystifier un homme qu'elle détestait !

— Ah, vous n'allez pas recommencer ! Vous savez ce que je pense de cette ânerie dont, hélas, certains historiens se sont faits l'écho ! Et j'en viens à me demander ce que vous cherchez chez nous, monsieur l'ancien attaché culturel d'Autriche. Plus qu'un autre vous devriez être le dévot absolu de Marie-Antoinette !

Le vieux monsieur distingué se mit à rire :

— Mais je le suis, cher professeur, je le suis ! Seulement la vérité n'a jamais déshonoré personne. La pauvre reine n'était pas la sainte que vous voulez en faire mais une femme avec ses faiblesses et c'est ce qui la rend tellement attachante !

— Femme ! Faiblesses ! Attachante ! Qu'est-ce que ce pathos indigne de l'objet de notre culte ?

— C'est justement le mot « culte » que je trouve excessif !

— En ce cas, je ne vois pas la raison de votre présence, monsieur le marquis des Aubiers, vous dont les ancêtres ont dû prendre la poudre d'escampette au lendemain du 4 Août !

— Pour un homme si savant je vous trouve bien mal renseigné : mes ancêtres, mon cher monsieur, sont morts sur l'échafaud ! Tous... sauf un qui était trop jeune, que l'on a caché ce qui lui a permis de ressusciter la famille. Sans lui je n'existerais pas !

Un murmure dont on ne savait trop s'il était approbateur ou son contraire parcourut les assistants. Marie-Angéline, elle, ne manifesta rien, attendant la suite. Elle vint quand Ponant-Saint-Germain eut atteint une certaine nuance d'écarlate. Il vociféra :

— Permettez-moi de le regretter ! Comme de vous avoir permis de vous joindre à nous !... Pas de fausses notes dans notre chœur à l'unisson et vous en êtes une. Aussi...

Il étouffait à moitié mais fit un geste. Aussitôt la nouvelle recrue vit surgir avec surprise deux jeunes gens de carrure athlétique... qui vinrent prendre chacun par un bras le perturbateur et l'emportèrent hors du lieu de son sacrilège. Assez loin sans doute car on ne les revit pas. Le professeur, cependant, se reprenait, s'épongeait le front à l'aide d'un grand mouchoir, appliquait un masque bénin sur sa figure encore fumante et revint à Marie-Angéline.

— Il nous arrive, hélas, de commettre des erreurs. Ce personnage reçu il y a peu en est un exemple navrant ! Il nous faut purifier l'atmosphère en chantant notre cantique.

Et il entonna une curieuse transposition de l'*Ave Regina caelorum* dans un latin de son cru que les autres reprirent en chœur et que la fidèle paroissienne de Saint-Augustin écouta avec une surprise totale. Elle aimait bien Marie-Antoinette mais de là à expulser la Sainte Vierge pour lui donner sa place !...

L'exécution – c'était le mot qui convenait ! – achevée, on procéda à l'intronisation de la nouvelle recrue. Cela consistait à prêter serment de fidélité à la Reine ; ce qui n'engageait pas à grand-chose. Après quoi, le professeur épingla sur sa poitrine frémissante une cocarde de ruban bleu au centre de laquelle il y avait le chiffre de Marie-Antoinette en laiton doré, lui donna l'accolade et une copie du cantique en lui enjoignant de l'apprendre par cœur. Ensuite le reste des « frères et sœurs » vinrent lui serrer la main. À l'exception des deux « videurs », qui ne reparurent pas. Enfin, Ponant-Saint-Germain reprit la parole pour annoncer qu'une messe serait célébrée à la chapelle du château le 16 octobre prochain, date anniversaire de la mort de la Reine mais qu'entre-temps, on tiendrait plusieurs réunions dont les dates seraient communiquées au moment donné. Et là-dessus on se sépara non sans que la veuve du tapissier qui assumait le rôle de trésorière n'aille demander cinquante francs – la cotisation annuelle ! – à la nouvelle sœur. L'assemblée se scinda en petits groupes dont le plus important avait pour centre le maître et personne ne s'occupa plus de Marie-Angéline.

Elle en profita pour rester en arrière et, quand elle fut seule, elle fit le tour du bosquet, découvrant et explorant les salles de verdure disposées autour. Les deux jeunes gens qui avaient emporté le vieux marquis ne pouvaient être que dans ces endroits – dans deux de ces cachettes – opposées d'ailleurs ! –, elle trouva des mégots de cigarettes de marques différentes... écrasés dans le sable et, dans le meilleur style Sherlock Holmes, se baissa pour en ramasser un de chaque sorte qu'elle mit dans son mouchoir. Cela fait, elle consulta sa montre, décida qu'il était temps de rentrer. Sortie par la grille de l'Orangerie dans l'espoir de trouver un taxi, elle en héla un qui passait justement et se fit rapatrier à l'hôtel.

Dès son arrivée, elle chercha Aldo, l'aperçut à la terrasse perdu dans ses pensées à l'abri d'un parasol, en compagnie d'une cigarette et d'une citronnade qui n'était pas d'habitude son breuvage préféré. L'entendant arriver, il se leva pour lui avancer un fauteuil de rotin :

— Ça va si mal ? fit-elle en désignant le verre plein.

— Plus que vous ne l'imaginez encore ! Mlle Autié veut rentrer chez elle. Je ne sais plus que faire pour l'en empêcher ! Voulez-vous boire un verre ?

— Volontiers ! La même chose que vous !

— Alors prenez celui-là : je n'y ai pas touché et, tout compte fait je préfère quelque chose de plus tonique !

Il appela le serveur, commanda une fine à l'eau tandis que Marie-Angéline sirotait doucement sa citronnade à l'aide d'une paille :

— Je suppose qu'elle se sent gênée d'accepter notre hospitalité ? fit-elle pendant une pause. Cela peut se comprendre : nous sommes de parfaits étrangers pour elle.

— Pourquoi m'a-t-elle appelé au secours alors ?

— Je n'ai rien à vous répondre, mon cher Aldo. Sinon que, depuis, il s'est peut-être produit un fait nouveau.

— Elle a reçu une lettre venant d'Argentine. Nous l'avons trouvée, Adalbert et moi, dans sa boîte aux lettres et je la lui ai donnée.

— Sans l'avoir lue ?

— Oh ! Angelina ! Vous l'auriez lue, vous ?

— Sans hésiter ! Il y a des cas où il faut savoir où l'on met les pieds ! À ce propos, je viens de me faire admettre dans la joyeuse troupe du professeur Ponant-Saint-Germain ! Comme vous voyez ! ajouta-t-elle montrant la cocarde bleue qu'elle avait mise dans son sac.

— Et alors ?

— C'est bizarre... Écoutez plutôt !

Son impressionnante mémoire lui permit de restituer presque mot pour mot ce qui s'était passé dans le bosquet de la Reine sans oublier le vieux marquis et les garçons surgis si fort à point pour le jeter dehors.

— Un drôle de procédé pour une paisible association de thuriféraires de Marie-Antoinette ! Le « maître » se fait garder et je suis persuadée qu'il y en avait d'autres en dehors de ceux que j'ai vus !

Tirant son mouchoir, elle le déplia pour montrer les quatre mégots qu'elle sépara en deux groupes du bout de son doigt ganté :

— Ceux-là viennent de la petite pièce de verdure d'où sont sortis les deux hommes mais ceux-là, je les ai trouvés dans une autre située en face de la première.

— Vous, vous avez lu Sherlock Holmes ! dit Aldo amusé. Il n'empêche que vous avez fait du bon travail car aucun de ces débris n'est semblable à l'autre. Donc il y avait au moins quatre hommes pour surveiller votre intronisation ! Pour quelle raison ?

— C'est ce qu'il faudrait savoir ! Quel besoin a ce vieux fou de prendre des gardes du corps ? Il n'a rien à cacher, j'imagine ?

— Et... ce marquis des Aubiers, vous ne le connaissez pas, vous qui cousinez avec au moins la moitié de l'armorial ?

— Non, mais peut-être notre marquise ? Avec elle nous arrivons largement aux trois quarts...

Interrogée quelques minutes plus tard, Mme de Sommières après un instant de réflexion, déclara :

— Non, ce n'est pas un cousin mais je le connais. Ou plutôt je l'ai connu quand il était en poste à Vienne. Un homme charmant qui, si j'ai bonne mémoire, se passionnait pour Louis XVI, sa famille et surtout la Reine, qui semblait exercer sur lui une sorte de fascination. S'il habite Versailles comme tout le laisse supposer, il pourrait être intéressant de renouer avec lui. Cherchez-moi son adresse, Plan-Crépin !

— Une rencontre fortuite serait peut-être mieux venue, conseilla Aldo. La soirée a lieu après-demain et nous y serons tous. Il devrait normalement y être aussi ?

— On saura ça bientôt ! Après le déjeuner, je vais aller consulter la liste des invités...

Bien que le temps fût radieux et que l'on eût choisi une table sous les arbres, le déjeuner en question ne fut pas gai. D'entrée de jeu Caroline remercia Mme de Sommières de son hospitalité et fit connaître son intention de rentrer chez elle l'après-midi même. Ce qui ne souleva pas une tempête de protestations. Aldo savait à quoi s'en tenir et ne broncha pas. Marie-Angéline, occupée à bâtir mentalement une sorte de roman autour du bosquet de la Reine, se contenta de lever un sourcil surpris. Quant à Adalbert, reparti momentanément pour Paris afin d'y régler une affaire, il brillait par son absence. Seule la marquise, avec cette bonté qui formait le fond de son caractère et qu'elle montrait si rarement, s'étonna d'une aussi soudaine décision :

— Pensez-vous vraiment supporter la vie dans une maison qui, voici peu, vous faisait peur avec juste raison ?

— Ce n'est pas la première fois qu'il s'y passe des choses bizarres et jusque-là je les supportais sans trop de peine. Je ne sais ce qui m'a pris de m'affoler comme je l'ai fait. Mes nerfs sans doute m'ont joué un mauvais tour mais grâce à vous maintenant je me sens redevenue sereine et il est temps que ma vie reprenne son cours normal.

Elle s'exprimait d'un ton monocorde, comme si elle récitait une leçon. Ce qui agaça Morosini :

— N'y a-t-il personne qui puisse venir habiter avec vous ? C'est votre solitude qui nous inquiète.

— Ne vous y trompez pas : j'aime la solitude, répondit-elle avec un sourire qu'il jugea artificiel parce qu'il n'atteignait pas les yeux, curieusement ternes, qu'elle fixait sur lui. J'aime aussi ma maison. En outre, je n'y serai pas seule longtemps. La lettre que vous m'avez remise ce matin est de mon cousin Sylvain. Il m'annonce son retour...

Cette fois, elle avait réussi à créer la surprise.

— Votre cousin Sylvain ? Je croyais que vous l'aviez perdu de vue depuis longtemps et que vous ignoriez ce qu'il était devenu ? C'est du moins ce que vous avez dit à la police ?

— Justement parce que c'était la police. Il était si loin que se mettre à sa recherche eût compliqué les choses... sans servir à quoi que ce soit.

— Vous nous l'avez dit à nous aussi, coupa Aldo sévère.

— Je ne mentais qu'à peine. J'ai longtemps ignoré où il était au juste. C'est grand, l'Amérique du Sud et, en fait, c'est ce matin seulement que j'ai pu le situer. Maintenant tout est bien... et d'ailleurs nous allons nous marier...

Toujours cette impression de récitation. Caroline débitait ses mots avec une sorte d'indifférence sans montrer la moindre joie à l'approche d'un événement important dans la vie d'une femme. Mme de Sommières, qui l'observait avec attention, entra dans la comédie :

— Voilà au moins une heureuse nouvelle ! Et qui nous rassure puisque vous allez retrouver un protecteur naturel, ajouta-t-elle, les yeux sur Aldo, avec une nuance interrogative à laquelle il répondit par un haussement d'épaules. Et je suppose que vous l'aimez ?

— Oh oui !... Il est très beau ! dit-elle sans la moindre conviction.

La bizarrerie de son comportement finit par arracher Marie-Angéline à ses élucubrations romanesques :

— Et il rentre quand, ce cousin si beau ? Au fait, vous n'auriez pas une photographie ?

Caroline tourna vers elle un regard qui n'avait plus l'air de la voir :

— Non... Sylvain a toujours détesté les photographies. Il dit... qu'elles peuvent voler une âme. Du moins en partie... Il n'en a pas non plus de moi. C'est mieux ainsi !

— Vous n'avez pas répondu à la question de Mlle du Plan-Crépin ? reprit Aldo. Pour quand annonce-t-il son retour ?

— Sous peu, je pense... Il doit être en mer à cette heure !

Mme de Sommières fit observer qu'une traversée de l'Atlantique depuis Buenos Aires demandait un certain temps et que Caroline pourrait peut-être rester encore quelques jours avec eux... Mlle Autié alors se leva sans même achever son assiette.

— Non... non, il faut que je rentre et le plus tôt sera le mieux, dit-elle soudain fébrile. Merci de toutes vos bontés, madame la marquise ! Je vais préparer mes affaires et demander un taxi...

— Ne prenez pas cette peine. Ma voiture vous ramènera ! Aldo, veux-tu faire dire à Lucien qu'il se tienne prêt ?

— Encore merci !

Elle était déjà partie alors qu'Aldo ne s'était pas encore levé de son siège. Ils regardèrent la jeune fille s'engouffrer dans l'hôtel et disparaître.

— Que dites-vous de cela ? émit Marie-Angéline médusée. Elle laisse son déjeuner en plan, dit merci et se sauve comme si nous allions la poursuivre. Et pas le moindre au revoir !

— Il est certain que cette fille n'est pas normale. Elle a changé d'un seul coup ! remarqua Mme de Sommières.

— C'est cette foutue lettre ! grogna Morosini. J'aurais dû mettre de côté mes grands principes et en prendre connaissance avant de la lui remettre...

— Sans aucun doute, approuva la vieille dame. Plan-Crépin, allez donc l'aider à faire sa valise ! Telle que je vous connais vous êtes tout à fait capable de dénicher ce poulet galant et d'y jeter un œil, non ?

— Si ! Vous avez entièrement raison. J'y vais.

Elle quitta la table en même temps qu'Aldo. Il allait prévenir Lucien. Tante Amélie restée seule se fit apporter un saint-honoré qu'elle dégusta lentement avec une dernière coupe de champagne. Dans un sens, elle était assez satisfaite que cette fille eût choisi de couper les ponts avec Aldo qu'elle prétendait aimer trois heures plus tôt, même si cela égratignait son amour-propre masculin. D'autant que c'était vraiment une bien jolie créature et que... bon ! En voilà une au moins qui ne risquerait pas de troubler les nuits de Lisa et c'était toujours ça de pris !

Aldo revint rapidement mais on en était à la seconde tasse de café quand Marie-Angéline reparut, l'air préoccupé.

— Eh bien ? s'enquit Aldo.

— Elle a refusé mon aide en disant qu'elle avait trop peu de bagages pour ne pas s'en tirer seule. Évidemment elle n'est pas allée jusqu'à me mettre à la porte. Pour gagner du temps j'ai essayé de la faire revenir sur sa décision. Sans succès, bien entendu, mais j'espérais pouvoir mettre la main sur la lettre. Je n'ai pas réussi davantage. En revanche j'ai pêché ça dans la corbeille à papier pendant qu'elle pliait des jupes dans sa valise...

— L'enveloppe ? Que voulez-vous que j'en fasse ?

— La regarder avec attention et me dire à quelle heure vous l'avez trouvée dans la boîte ?

— À l'aube, au moment où nous allions partir.

— Et vous avez déjà vu un facteur délivrer le courrier à ce moment-là quand il ne s'agit pas d'un télégramme ?

— Non, mais...

— Regardez mieux, vous dis-je ! Si cette épître vient d'Argentine ou est seulement passée par une poste quelconque, moi j'arrive des États-Unis !

Aldo prit le papier qu'il examina avec attention :

— C'est ma foi vrai ! Le timbre est authentique mais les compostages, à peu près illisibles, sont de pure fantaisie. Et dire, soupira-t-il, que j'ai eu ce truc dans ma poche pendant des heures sans me rendre compte de rien.

— C'est normal, fit Mme de Sommières. Tu étais trop occupé à lutter contre l'envie de la décacheter délicatement pour pouvoir la lire. Un combat intérieur prend du temps...

— Vous pouvez le dire mais je suis surtout un imbécile ! Ce poulet a peut-être été écrit ici même et le cousin Sylvain ne doit pas être loin. Caroline a beau dire qu'elle va l'épouser, je ne peux m'empêcher de penser qu'il représente un danger. Et qu'elle a besoin de protection ! Vivre seule dans cette maison est une folie !

— Va lui tenir compagnie ! fit Mme de Sommières acerbe en écrasant d'un geste nerveux la cigarette qu'elle aimait fumer avec son café. Elle ne demande que ça !

Devinant que quelque chose lui avait échappé, Marie-Angéline les regarda l'un après l'autre puis réintégra aussitôt son rôle de vieille fille effacée :

— Nous n'y pensons pas ! Ce ne serait pas convenable ! À la limite ce serait plutôt ma place mais...

— ... mais j'aimerais savoir de qui vous êtes la lectrice et la secrétaire ? explosa la marquise. Depuis que je vous ai permis de vous fourrer dans ce sacré Comité, on vous trouve dans tous les coins de Versailles sauf auprès de moi ! D'ici que je rentre rue Alfred-de-Vigny il n'y a pas loin !

— Calmez-vous, Tante Amélie ! plaisanta Aldo. Nous n'irons ni l'un ni l'autre mais je vais faire en sorte que la maison soit surveillée...

Sa première idée était de se rendre chez Lemercier lui poser le problème mais, en passant par le bar de l'hôtel afin d'y recharger son étui à cigarettes, il aperçut le journaliste Michel Berthier accoudé au long comptoir d'acajou où il sirotait un liquide indéfinissable dans un verre ballon, en ayant l'air de s'ennuyer prodigieusement. Il alla vers lui.

— Vous êtes encore là ? Vous avez cependant peu d'informations à rapporter en ce moment ?

— Ah, vous pouvez le dire ! Le tueur ne s'est plus manifesté, la police fait du surplace sans avoir l'air de comprendre quoi que ce soit à ce qui se passe et mon patron commence à trouver le temps long. Je vais attendre la soirée d'après-demain où il se produira peut-être du nouveau. Après...

— Vous buvez quoi là-dedans ?

— Une Marie Brizard à l'eau.

— Boisson de demoiselle ! Prenez plutôt un armagnac ! Ils en ont un formidable ici et je vous accompagnerai.

L'œil du journaliste s'alluma :

— Vous avez quelque chose pour moi ?

— Une manière comme une autre de passer le temps... à condition que vous soyez discret et que vos confrères n'en rêvent pas !

— Vous avez ma parole ! fit Berthier soudain sérieux.

— Une maison hantée en face de celle du pauvre colonel Karloff, cela vous intéresse. Avec en prime une jolie fille à surveiller, ça vous va ?

— Je pense bien !

— Alors, écoutez-moi !

DEUXIÈME PARTIE

VENGEANCE... MAIS POUR QUI ?

VIII

REVOIR PAULINE

D'une rare beauté, le spectacle faisait reculer le temps. En franchissant la porte Saint-Antoine desservant les Trianons devant laquelle s'arrêtaient les voitures, d'une part, et, d'autre part, l'interminable tapis rouge qui se perdait sous les arbres éclairés de lanternes vénitiennes, on abandonnait le vingtième siècle, son fracas et ses outrances, pour pénétrer dans un monde mystérieux et attirant dont la magie effaçait les siècles. On n'était plus dans les années folles mais en l'an de grâce 1784 et la reine Marie-Antoinette allait recevoir le roi Gustave III de Suède venu sous l'incognito de comte de Haga...

Tout y concourait et d'abord le soin que l'on avait mis à dissimuler les lumières électriques au moyen de lampes couvertes disséminées à travers les jardins et qui donnaient des reflets très doux. Près de la cascade on avait reconstitué comme autrefois les grands transparents blancs, peints à la détrempe, figurant de hautes herbes, des buissons de fleurs fantastiques, des palmes et des rochers. Des personnages vêtus de blancheur scintillante semblaient voltiger, irréels dans la sombre verdure.

La couleur de la neige était d'ailleurs de mise comme elle l'avait été pour cette dernière fête qu'avait donnée la Reine dans son jardin anglais. Toutes les femmes étaient habillées de blanc et c'était une débauche de satins, de velours, de mousselines, de dentelles, de crêpes de Chine, de lamés et de plumes sous les plus beaux diamants, les plus belles chutes de perles fines que recelaient les écrins des belles invitées. Et des moins belles aussi. Le noir mat de l'habit masculin relevait encore la splendeur des toilettes féminines...

Quant au cadre, lady Mendl et le décorateur de l'Opéra avaient fait merveille en utilisant au mieux au bord du lac artificiel la disposition en arc de cercle du Hameau comme d'une scène de théâtre, dont la maison de la Reine était l'élément principal côté cour et la tour de Marlborough, en avancée de la laiterie de propreté, côté jardin. L'ensemble était doucement éclairé de lampes invisibles afin de ne pas mettre en évidence l'usure du temps sur ces gracieuses constructions de bois et de torchis. En face, au pied du Belvédère brillant comme de l'or, plusieurs tribunes basses, tendues de bleu et blanc, étaient disposées pour les invités et sur le lac même un radeau supportait l'orchestre à cordes choisi par la comtesse Greffuhle. Les musiciens étaient bien sûr en costumes d'époque. Des projecteurs cachés dans les arbres étaient prêts à les éclairer en laissant dans l'ombre relative les barques alentour. Venu de nulle part en apparence, un air de flûte animait la nuit... Le temps était doux et le ciel plein d'étoiles.

Curieusement silencieux, ce début de fête ! Conscients des drames flottant encore autour de Trianon, les invités étouffaient leurs voix pour se saluer ou échanger quelques mots tandis que des jeunes gens en livrée bleu et blanc les guidaient vers leurs places.

Splendide à son habitude, la marquise de Sommières fit, au bras de son neveu, une entrée remarquée dans une longue robe de chantilly blanche à courte traîne réchauffée d'une écharpe doublée de satin. L'habituel col baleiné était remplacé par un large « collier de chien » en diamants baguettes assortis à ceux de ses boucles d'oreilles. Une collection de fins bracelets tous semblables étincelait sur la dentelle de son poignet droit cependant que sa main gauche ne portait qu'une bague en dehors de son alliance : une magnifique pierre à reflets bleutés soutenue de chaque côté par deux plus petites qu'Aldo découvrit avec stupeur au moment du départ lorsqu'il posa l'écharpe sur ses épaules tandis qu'elle mettait ses gants :

— Je ne vous ai jamais vu ce bijou. D'où le sortez-vous ?

— De mon coffre-fort, qu'il n'a pas quitté depuis ton mariage. Que tu ne t'en sois pas aperçu à l'époque n'a rien d'étonnant : tu ne voyais que Lisa et c'était bien naturel.

— Mais c'est...

D'un geste devenu habituel, Aldo était à la recherche de sa petite loupe de joaillier quand elle l'arrêta :

— Ne cherche pas ! C'est un « Mazarin » et Marie-Antoinette l'a porté. C'est la raison pour laquelle je le mets ce soir. Il m'a semblé normal de le ramener respirer l'air de Versailles !

— Pourquoi ne l'avez-vous jamais dit ?

— Cela ne me semblait pas indispensable ! Maintenant tu le sais et j'ajoute que je le destine à Lisa comme la plupart des bijoux auxquels je tiens !

— C'est impossible ! Vous avez une famille !

— J'avais un fils que je ne voyais que rarement parce que sa femme préférait vivre en Espagne, son pays natal. Elle s'est remariée et je n'ai pas d'autres petits-enfants que les tiens.

— Et vous ne m'en avez jamais parlé ? Je savais que vous ne voyiez pas votre fils... que vous n'aimiez pas en parler mais j'ignorais...

— Je voulais qu'il en soit ainsi. Il avait tourné le dos à la France pour une femme qui me détestait. Plan-Crépin a reçu une fois pour toutes l'ordre de ne pas évoquer le sujet. Nous y allons ?

On y alla mais quand la main de la vieille dame se posa sur sa manche, il la couvrit de la sienne en un geste plein de tendresse dont elle le remercia d'un sourire fier. La tête bien droite sous sa couronne de cheveux argentés, elle avait l'air d'une reine et pour lui elle en était une. Ce soir, il eut une bouffée d'orgueil quand un murmure flatteur salua son apparition. Elle fut immédiatement très entourée bien qu'elle ne fréquentât guère le Tout-Paris mais cette grande voyageuse habituée de nombreux palaces possédait un nombre incroyable de relations françaises ou étrangères. Elle et Aldo avaient leurs places marquées dans la tribune centrale, celle des notables, des ministres ou ambassadeurs tandis qu'Adalbert et Marie-Angéline se retrouvaient dans celle de gauche avec plusieurs membres du Comité, les autres étant installés dans celle de droite, ce qui, grâce à la courbure du lac, leur permettait de se voir.

Plan-Crépin était aux anges ce soir dans la robe de moire que lui avait offerte la marquise, jointe à un long entretien avec le coiffeur et la manucure de l'hôtel. Un chignon savant et un léger maquillage plus les perles qu'elle lui avait prêtées la transformaient et Adalbert lui en fit compliment :

— Aldo a raison quand il dit que vous devriez être plus coquette.

— Bah, dans la vie quotidienne ça ne s'impose pas et j'aime mes aises. Je me vois mal perchée à longueur de journée là-dessus, fit-elle en montrant ses escarpins à hauts talons. De toute façon, je ne serai jamais une foudroyante beauté comme j'en vois une là-bas, ajouta-t-elle en parcourant du regard les tribunes. Sautant l'officielle, il s'arrêta sur la tribune d'en face : ... Par exemple la voisine de Gilles Vauxbrun.

— Lady Léonora ? Ce n'est pas une nouvelle, répondit Adalbert occupé à consulter le programme.

— Pas elle, non. Celle qui est à sa gauche et à qui il parle en ce moment. Elle est superbe et je ne sais pas qui elle est.

Il leva les yeux. Presque aussitôt ses sourcils effectuèrent le même mouvement ascendant :

— Pour une surprise !

— Vous la connaissez ?

— Je pense bien ! Aldo et moi avons séjourné chez elle à Newport. Il ne vous a jamais parlé de Pauline Belmont ? Je veux dire la baronne von Etzenberg ?

— Ces gens qui possèdent une copie d'un château français ? Celui de Maisons-Laffitte, je crois !

— C'est juste ! Ils sont charmants. Le frère John-Augustus est un phénomène, qui collectionne les voiliers et les maillots de bain. Il trempe dans l'océan au moins trois fois par jour pendant que sa femme danse ou joue du banjo. Pauline, elle, est sculpteur.

— Aldo, en effet, nous a raconté... Mais il n'a jamais dit qu'elle était aussi splendide !

— Ça lui aura échappé, lâcha Adalbert avec la conscience aiguë d'avoir dit n'importe quoi. Ce soir, en contemplant la belle Américaine à la fois somptueuse et sobre dans une robe de mousseline scintillante de petites perles de cristal dont le profond décolleté, sans le moindre bijou, se voilait à demi sous une longue écharpe transparente, il retrouvait intacte l'inquiétude éprouvée l'an passé devant l'attirance visible entre la jeune femme et son ami. Pauline – il en aurait mis sa main au feu ! – était amoureuse d'Aldo et celui-ci, plus troublé qu'il ne voulait l'admettre, s'était hâté de mettre un océan entre lui et ce beau danger auquel Vidal-Pellicorne était presque sûr qu'il avait cédé. Une seule fois sans doute mais cédé tout de même. C'était à l'aube du bal donné à Belmont Castle.

Pauline et Aldo s'étaient attardés dans la bibliothèque... dont Adalbert avait pu constater, en revenant silencieusement sur ses pas, qu'elle avait été fermée à clef... Deux jours plus tard Aldo et lui repartaient, à son grand soulagement. Jamais le bonheur de Lisa qu'il aimait beaucoup n'avait été autant menacé parce que Pauline possédait les mêmes armes qu'elle: intelligence, sensibilité, générosité, culture, courage, sens de l'humour et de l'esthétique, et capacité d'aimer au-delà d'elle-même! Et Adalbert n'envisageait pas sans crainte ce qui se passerait dans le cœur de son ami quand l'Américaine et lui se retrouveraient face à face. Parce que c'était inévitable...

Tandis que debout au bord du radeau des musiciens Mme de La Begassière délivrait un petit discours de bienvenue plein de tact et de chaleur, il se pencha un peu pour chercher Aldo et ne vit que son profil: aucun doute! Il regardait Pauline et Pauline le regardait. Ni l'un ni l'autre ne souriait. Adalbert n'en ressentit pas moins qu'un courant invisible s'établissait entre eux et du concert il n'entendit pas une note, se contentant d'applaudir docilement en même temps que les autres... Une idée s'imposait à lui: il fallait que Morosini rentre à Venise et le plus tôt serait le mieux! Restait à savoir comment l'en convaincre...

Aldo non plus ne vit pas grand-chose du spectacle du Hameau animé par les jeux de lumières et les choristes de l'Opéra, n'entendit guère les extraits de Mozart, de Gluck et de Grétry, joués par les musiciens ou chantés par les célèbres Germaine Lubin et Georges Thill. La musique servait seulement à bercer sa rêverie. Persuadé que personne ne faisait attention à lui, il s'accordait le délicieux plaisir de contempler Pauline: son beau visage sauvé d'une froide perfection par une bouche trop grande, trop rouge mais combien attirante, de caresser du regard son cou gracieux le long duquel tremblaient des diamants, sa gorge à peine voilée, ses lourds cheveux noirs et lustrés noués sur la nuque et piqués d'un croissant de lune étincelant. Osant même se souvenir, avec un frisson, de ce qu'il ne voyait pas et se perdre par moments dans les nuages gris des yeux qui revenaient si souvent vers les siens. Eussent-ils été seuls au cœur de cette nuit sublime embaumant le parfum des tilleuls et des roses, qu'il l'eût prise dans ses bras sans un mot, certain qu'elle s'ouvrirait à lui aussi naturellement qu'au matin de Newport...

Une salve d'applaudissements enthousiastes coupa le fil de son rêve. Il y joignit les siens à retardement...

— Si tu n'avais l'œil si largement ouvert on aurait pu croire que tu dormais, observa Tante Amélie. Tu étais en transe ou quoi ?

— Pas en transe mais assez loin ! Je réfléchissais à l'étrange période que nous vivons ici ! Cette série de crimes sordides sur fond de splendeurs !...

— En ce cas tu sembles y prendre un certain plaisir ? Je t'ai vu sourire... avec béatitude même. Deviendrais-tu sadique ?

L'œil toujours bien vert de la vieille dame pétillait de malice et elle semblait d'excellente humeur. Aldo décida de ne pas gâcher sa soirée.

— Quand on laisse son esprit vagabonder, même sur des événements affreux, il arrive que, chemin faisant, il rencontre quelque chose d'amusant, une incongruité... mais je ne vous en ferai pas confidence parce que ce n'est pas toujours... convenable !

Il s'en tirait avec une pirouette. Si elle garda un doute, elle n'en montra rien. Autour d'eux, applaudissements et acclamations continuaient, nourrissant de nombreux rappels. Enfin, à l'invitation d'Olivier de Malden qui jouait les maîtres de cérémonie, les tribunes se vidèrent et la file des invités s'achemina vers la propriété de lady Mendl, illuminée elle aussi dans le style du Hameau avec des éclairages diffus et des lanternes vénitiennes afin de continuer l'impression de mystère qui régnait autour du lac. Elle avait été jusqu'à faire abattre une partie de sa clôture dans le but de permettre une solution de continuité. Pour l'intérieur de la maison sur lequel ouvraient les hautes fenêtres, elle avait banni l'électricité. Les lustres aux cristaux translucides, les candélabres, les flambeaux, l'ensemble était équipé de ces bougies douées de l'étrange pouvoir de flatter les visages en les adoucissant et d'allumer des éclairs dans les joyaux des femmes.

Des tables rondes juponnées de damas blanc et bleu étaient disposées sur la terrasse, autour de la pièce d'eau et sous les arbres. Elles portaient en leur centre des surtouts de bois doré piqués de feuillages, de nœuds de rubans bleus, de roses, de bruyères blanches comme les bougies. Le chiffre de Marie-Antoinette était brodé en bleu et or sur toutes les serviettes destinées à constituer autant de souvenirs. Enfin des valets en perruques blanches et livrées bleu et blanc attendaient les convives. Le spectacle était ravissant et fut salué, d'entrée par de nouveaux applaudissements. Violons et flûtes invisibles allaient accompagner le souper dont le chef du Trianon Palace avait composé le menu se référant autant que possible à ce que l'on servait dans le petit château de la Reine. Ce à quoi Aldo n'accorda aucun intérêt. Avec Mme de Sommières et les Crawford il dut prendre place à l'une des deux tables d'honneur surélevées d'où l'on pouvait fort bien voir, en contrebas, celle où Gilles Vauxbrun éclatait littéralement d'orgueil en compagnie de Pauline. Il est vrai qu'elle lui souriait souvent...

Il s'était arrangé pour la rencontrer au moment où l'on quittait le Hameau. Confiant un instant Tante Amélie à Adalbert, il était allé vers elle assez vite pour que Vauxbrun n'ait pas le temps de l'emmener. « Il faudrait que j'aie une conversation avec celui-là, pensait-il. Qu'est-ce qui lui prend de l'accaparer avec des airs de propriétaire ? » Mais il se calma en la voyant faire quelques pas à sa rencontre avec un sourire radieux :

— Pauline à Versailles ! Mais quelle merveilleuse surprise, murmura-t-il en baisant sa main juste un peu plus longtemps que ne l'autorisait le code de la politesse.

— Elle l'est aussi pour moi ! J'ignorais que vous fussiez à Paris !

— Vauxbrun ne vous l'a pas dit ? Pourquoi ? ajouta-t-il à l'attention de son ami qui s'était hâté de les rejoindre...

— Justement pour t'en réserver la surprise, coupa celui-ci avec une mauvaise foi totale. Notre amie vient pour exposer ses œuvres et il était normal que je la fasse inviter à cette soirée. Tu devrais me remercier !

— Mais comment donc ! Merci, mon vieux !... Chère baronne, venez que je vous présente à une dame que j'aime infiniment et avec qui vous devriez vous entendre, dit-il en prenant la main de la jeune femme pour la conduire à Mme de Sommières qui visiblement les attendait, Adalbert l'ayant déjà renseignée.

La rencontre en effet fut empreinte de la soudaine sympathie née entre les deux femmes. Tante Amélie remercia Pauline de son hospitalité et de l'aide qu'elle et les siens avaient apportée à la paire Aldo-Adalbert embarquée dans une histoire aussi ténébreuse que dangereuse. Elle fut tout de suite sensible au charme de la nouvelle venue. Elle aima son regard direct, sa voix chaleureuse, l'étreinte ferme de sa main et le respect empli de gaieté qu'elle lui montra. Elle sentit qu'elle avait devant elle un être de qualité mais ne put s'empêcher de se demander jusqu'à quel point son neveu y était sensible. Il était bien joyeux d'un seul coup !

On se rendit en groupe vers les tables en laissant passer ces quelques instants avec « Mrs Belmont » – Pauline tenait à dépouiller la baronne pour privilégier le nom dont elle signait ses œuvres. La marquise prit le bras d'Adalbert qui, lui aussi, était venu saluer leur amie américaine :

— Quelle femme charmante ! dit-elle d'un ton léger. En temps ordinaire je ne raffole pas des filles de la libre Amérique mais celle-là est... exceptionnelle ! C'est votre avis ?

— Absolument ! Et, dans son genre, son frère ne l'est pas moins ! Il émaille ses discours d'un « Nous autres les Belmont » que je trouve irrésistible. Et quelle générosité ! Il tient quelque peu du marsouin parce qu'il passe la moitié de sa vie dans l'eau mais, à sa manière, c'est un vrai seigneur! Je les aime bien tous les deux!

— Pas avec un petit plus pour « Pauline »? Elle est d'autant plus séduisante qu'elle ne cherche pas à l'être!

— Bravo! Vous possédez, chère marquise, la rare faculté de juger quelqu'un en un clin d'œil et sans jamais vous tromper. Vous avez raison: il est facile de s'attacher à elle! fit-il avec un léger soupir.

— C'est aussi ce que pense Aldo?

Une sonnette d'alarme tinta dans la tête d'Adalbert. Il comprit que, sans en avoir l'air, Mme de Sommières entreprenait de le confesser. Grâce à Dieu on arrivait près des tables mais il fallait répondre car sa main s'était raffermie sur son bras: il alluma son plus grand sourire:

— Elle a été pour lui comme pour moi une amie parfaite. Comment voulez-vous qu'il en soit autrement?

Olivier de Malden en venant lui enlever Tante Amélie pour la conduire à sa place lui évita d'en dire plus long ou de mentir. Il se promit d'éviter autant que possible les apartés avec une aussi fine mouche. Mais la première chose à faire en urgence lui semblait d'intimer à Morosini l'ordre de mettre sa lampe sous le boisseau. Cet imbécile rayonnait positivement!... Et en imaginant ce que Lisa penserait en le voyant en ce moment, il sentait monter une pointe de colère qu'il se hâta de juguler. Prendre Aldo de front ne servirait à rien. Il ne le connaissait que trop!

Quand, le souper achevé on se réunit dans les salons pour offrir à la géniale maîtresse de maison un gigantesque bouquet de fleurs et boire une dernière coupe de champagne, Adalbert attira Marie-Angéline à part mais il n'eut même pas à ouvrir la bouche :

— Vous, dit-elle en pointant son index sur lui, vous vous faites de la bile.

— Cela se voit à ce point ?

— Non, mais moi je vous connais bien... et je connais bien Aldo. Alors je vous dis, cessez de vous tourmenter ! Il n'y a aucune raison !

— Ah, vous trouvez ? ronchonna-t-il en désignant de la tête la terrasse où Aldo avait réussi à entraîner Pauline.

Il s'était hâté de profiter du répit offert par Léonora, qui, l'œil farouche, était venue récupérer son chevalier servant.

— Mais mettez vos lunettes et regardez-les ! Il est en train de tomber amoureux d'elle... si ce n'est déjà fait !

— Il le croit peut-être mais vous vous trompez ! Il est l'époux de Lisa et il en a profondément conscience.

Devant une indulgence aussi coupable qu'inattendue chez Plan-Crépin, Adalbert prit feu :

— Et si je vous disais...

— Rien ! Je ne veux rien savoir... Sinon ceci : que se produirait-il, selon vous, si à cet instant Lisa faisait dans ce salon l'une de ces apparitions dont elle a le secret ?...

— Elle serait furieuse.

— Elle n'en aurait pas le temps ! Aldo se précipiterait vers elle avec son amour au bord des lèvres.

— Ah, vous le croyez ? C'est parce que vous ne savez pas à quel point Pauline Belmont est exceptionnelle !

— Lisa aussi est exceptionnelle. Son tort est de ne pas être là !

— Son... tort ?

— Eh oui, son tort ! Où était-elle quand Aldo a rencontré cette Pauline ? À Vienne, chez sa grand-mère, en train de fabriquer un petit Morosini j'en conviens mais elle n'était qu'au début de sa grossesse et pouvait parfaitement l'accompagner : il le lui a demandé devant moi et notre marquise. Où est-elle à présent ? Encore en Autriche ou en Suisse à pouponner un bébé en pleine forme qu'elle pourrait sans problème confier à sa grand-mère et à sa fidèle Trudi sans compter une armée de serviteurs. Elle pouvait donc... et je dirais même qu'elle devait accompagner son époux et nous n'en serions pas là ! On n'a pas idée d'être suissesse à ce point ! À quoi cela ressemble-t-il, dites-moi, de laisser galoper seul un homme d'une telle séduction ? En outre, si j'ai bien deviné, elle lui a donné d'autorité le second rang, se déclarant mère avant tout... mais plus son épouse. Ça aussi c'est une faute ! Aldo a besoin d'une femme et si la titulaire déclare forfait... De toute façon, ce ne sera qu'une passade. Alors, fichez-lui la paix !

— Tudieu, Plan-Crépin ! s'exclama derrière eux Mme de Sommières qu'ils n'avaient pas vue venir. Si c'est le genre de catéchisme que l'on enseigne à la messe de six heures, je me demande si je ne devrais pas vous défendre d'y aller ?

L'interpellée leva vers le plafond un nez offensé et renifla :

— Je dis ce que je pense !

— Et ce n'est pas idiot. Vous me surprenez !... Cela dit, mon cher Adalbert, nous mêler de sa romance ne servirait qu'à braquer notre don Juan. Contentons-nous de veiller au grain mais de loin. Et ne me prenez pas pour une entremetteuse si j'invite Mrs Belmont à déjeuner ou à dîner un jour prochain...

À la vérité, leurs trois inquiétudes si soucieuses auraient pu entendre ce que se disaient Aldo et Pauline. D'autant qu'ils avaient commencé par ne rien dire. Il lui avait offert une cigarette et tous deux accoudés à la balustrade admirèrent d'abord en silence le parc et les jardins dont les lumières s'éteignaient l'une après l'autre. Comme une lente marée l'obscurité remontait vers eux.

— Je savais que vous deviez venir, murmura Aldo. Mais pas seule. Vauxbrun, malade d'angoisse attendait...

— Diana Lowell ? La pauvre s'est fracturé le genou en tombant de cheval ! fit Pauline en riant. C'est cruel à dire mais le cher Vauxbrun en a été agréablement soulagé.

— Et d'autant plus heureux ! Comment vont votre frère et votre belle-sœur ?

— À merveille ! Nous autres les Belmont comptons parmi les privilégiés que le krach boursier d'octobre dernier n'a guère atteints. Seules les fortunes les plus anciennes donc les plus solides ont résisté à la tempête du « Jeudi noir » de Wall Street mais il y a eu de gros dégâts. Les ruines ont été lourdes et nombreuses. John-Augustus essaie d'aider de son mieux les plus défavorisés...

— J'en ai eu connaissance. J'ai pris le plus de renseignements que je pouvais.

— Vous vous tourmentiez pour nous ?

— Vous n'en doutiez pas, j'espère ?

Il avait jeté sa cigarette et, redressé, se tournait vers elle pour admirer la ligne fière de son profil et respirer son parfum. Elle en fit autant et ils se retrouvèrent face à face.

— Merci, dit-elle. Cela veut dire que vous avez pensé à nous.

— J'ai surtout pensé à vous... plus que je n'aurais dû sans doute ! Vous n'êtes pas facile à oublier, Pauline !

— Nous nous l'étions promis cependant. Et si nous nous étions dit adieu...

— Nous étions sincères et nous n'avons pas voulu cette rencontre.

— Puisque vous saviez que je venais, vous auriez pu partir ?

— J'y ai songé mais pas longtemps parce que j'ai découvert que j'avais envie de vous revoir...

Il s'arrêta au bord de ce qui ne pouvait être qu'un aveu. Elle était belle à damner un saint et il mourait d'envie de la prendre dans ses bras quand le salut lui vint d'une voix à la fois aigre et enrouée :

— Chère Pauline, il est temps de partir. Je vais avoir le plaisir de vous raccompagner, fit Vauxbrun avec un sourire satisfait qui tapa sur les nerfs d'Aldo mais lui rendit le sens des réalités.

— Où êtes-vous descendue ? demanda-t-il.

— Au Ritz. D'abord, j'aime cet hôtel. En outre, il présente l'avantage d'être situé près de ma future exposition.

— Et c'est?

— Chez moi! triompha Vauxbrun. Je vais déménager une partie de mon magasin mais sans toucher au décor. Les œuvres de Pauline seront admirablement mises en valeur par mes tapisseries anciennes...

— Bravo! On dirait que tu as l'art de mettre toutes les chances de ton côté...

— Chacun son tour! Pendant que je me morfondais à Boston, toi tu coulais des jours délicieux à Newport.

Le regard de Pauline alla de l'un à l'autre. La tension était palpable et elle se hâta d'intervenir:

— Tellement délicieux qu'il a failli y laisser la vie! Ainsi qu'Adalbert et certains autres... Veuillez m'excuser, je désire saluer Mme de Sommières!

— Nous allons faire mieux, s'empressa l'antiquaire qui se sentait sur un terrain glissant. Il se fait tard et la nuit fraîchit: je vais lui proposer de la ramener à l'hôtel avec Mlle du Plan-Crépin.

Tante Amélie accepta volontiers même si la distance entre la villa et le Palace était courte: elle sentait de la lassitude et craignait l'humidité du petit matin:

— Je ne suis plus à l'âge romantique où, après avoir dansé la nuit entière, on s'isole à deux pour regarder se lever le soleil, soupira-t-elle. Je suis à celui des rhumatismes. Aussi ne vais-je pas tarder à partir pour Dax mais auparavant, chère baronne...

— Dites Pauline, je vous en prie!

— Alors, Pauline, j'aimerais vous avoir à dîner chez moi ! La fête étant finie, je compte regagner la rue Alfred-de-Vigny le plus tôt possible !

— Oh non ! gémit Marie-Angéline. La fête est peut-être finie mais il y a...

— Une affaire suffisamment sordide pour que je souhaite vous en extraire ! D'ailleurs il faut que je rentre si je veux garder Eugénie. C'est ma cuisinière, précisa-t-elle à l'usage de l'Américaine, et elle menace de rendre son tablier si je la laisse encore longtemps au chômage forcé ! Ma chère, vous viendrez apprécier ses talents. Nous vous en serons reconnaissantes toutes les deux... Quant à vous, Plan-Crépin, vous aurez le choix entre ma vénérable voiture et le train. Que diable, Versailles n'est qu'à 17 kilomètres de Paris...

Quand la Rolls-Royce de Vauxbrun eut disparu, Aldo et Adalbert rentrèrent dans la maison où quelques membres du Comité formaient encore cercle autour de leur hôtesse, qui aimait à prolonger la nuit jusqu'au retour de la lumière. On commentait la soirée et l'on buvait. À l'exception de Mme de La Begassière, il ne restait que des hommes. Mme de Malden avait emmené une Léonora visiblement furieuse. Quant à Crawford, s'il était toujours là, il avait choisi de fumer son dernier cigare sur la terrasse en compagnie d'un verre de whisky. Aldo alla le rejoindre. Il y avait des moments où l'Écossais l'intriguait : il semblait n'attacher aucune importance aux relations de sa femme avec Vauxbrun. Tout à l'heure, elle avait fait une évidente crise de jalousie qu'il n'avait pas paru entendre. De même, il l'avait laissée partir sans faire le moindre geste pour la retenir : il est vrai qu'elle avait énormément bu et qu'il ne lui restait rien d'autre à faire qu'aller se coucher.

Arrivé près de l'Écossais, Morosini ne dit rien, se contentant d'allumer une cigarette et d'en tirer quelques bouffées. Au bout d'un moment il entendit :

— Croyez-vous qu'elle soit venue cette nuit ?

— Qui donc ?

— Elle voyons !... la Reine ! Je n'ai pensé qu'à elle au cours de cette soirée en me demandant si elle lui plaisait. Tant que cela a duré j'ai attendu un signe, un geste... j'ai fouillé les buissons du regard en espérant l'apercevoir... Il est vrai qu'avec ces figurants répandus un peu partout... par Elsie.

— Vous espériez voir... la Reine ? émit Morosini un peu suffoqué tout de même.

— Évidemment ! Trianon est hanté, ne le saviez-vous pas ?

— Vous faites allusion à ces deux Anglaises, miss... Moberly je crois et miss Jourdain qui se sont trouvées soudain introduites dans le passé, un jour de l'été 1789. Elles auraient vu la Reine coiffée d'un grand chapeau de paille en train de dessiner. On en a beaucoup parlé il y a quelques années... C'était étrange évidemment...

— Oh, elles n'ont pas été les seules !... En 1908 des amis américains, les Crooke, ont vu, à plusieurs reprises, la dame à la capeline en train de dessiner. Elle apparaissait et disparaissait avec la même soudaineté. Une autre fois, Mrs Crooke a vu un seigneur coiffé d'un tricorne noir qui l'a saluée avant de s'évaporer. Deux Anglaises, encore, ont vu une femme en coiffe secouer un linge à la fenêtre de la Ferme en ruine. Plus récemment un magistrat londonien a rencontré une dame en grande robe de satin jaune escortée de deux hommes en habit de cour. Moi-même enfin...

— Vous l'avez vue ?

Le regard perdu dans les ombres blanchissantes du parc, Crawford n'offrait à son compagnon qu'un profil dont le dessin le surprit. À cause de l'empâtement du visage on le remarquait moins mais le nez en bec d'aigle, la bouche serrée, l'immobilité de l'œil sous sa lourde paupière l'apparentaient aux rapaces. L'homme ne bougeait plus. Il semblait suivre à travers le ciel quelque chose qu'il était seul à distinguer.

— Dites-moi si vous l'avez vue ? insista doucement Aldo.

— Oui... à deux reprises ! La première fois c'était il y a trois ans dans l'escalier de Trianon. Elle portait cette merveilleuse robe d'un bleu un peu vert qu'a immortalisée Mme Vigée-Lebrun. La dernière fois c'était sur les marches de son petit théâtre, qu'il est impossible d'utiliser maintenant. Elle avait ce costume de bergère qui l'amusait jadis mais elle désignait la bâtisse et le Hameau dont il faut bien admettre qu'ils ont un sérieux besoin de réparations et elle pleurait... C'est à la suite de ce fait que j'ai lancé l'idée de l'exposition, afin d'attirer l'attention sur le délabrement de ce coin charmant où elle se plaisait tant ! Je suis riche et j'ai de nombreuses relations : cela a été facile.

Aldo avait vécu assez d'expériences supranormales pour mettre en doute les confidences de l'Écossais.

— Et vous avez réussi ! Dommage qu'un tueur s'acharne à tenter de détruire ce que vous et votre Comité avez réalisé ! Ce qui est bizarre c'est qu'il s'attaque seulement à des descendants – ou supposés tels ! – de gens qui ont joué un rôle si néfaste dans l'existence de Marie-Antoinette. Je ne vous cache pas que je redoutais une mauvaise surprise pendant le déroulement de la fête.

— Pas moi ! Nous avons trop besoin de l'argent récolté ce soir. S'il est logique avec lui-même l'assassin ne pouvait pas risquer de semer une panique.

— Alors, pourquoi depuis l'ouverture ces meurtres à répétition qui pouvaient tout détruire ?

— Pourtant il n'en a rien été... au contraire. Cela nous a fait, si l'on peut dire, la meilleure des publicités... et la Reine n'a pas manifesté son mécontentement. C'est pour moi la preuve que les... victimes portaient en elles le sang de ces misérables dont elle a eu à souffrir !

— C'est peut-être un peu léger comme raisonnement ?

Cette fois, Crawford se redressa pour regarder son voisin mais dut s'appuyer à la balustrade afin d'assurer son équilibre, preuve qu'il avait beaucoup bu même si ses propos ne s'en ressentaient pas :

— Vous me surprenez ! Vous, descendant d'une longue lignée, comment pouvez-vous nier que votre personnalité ne réunisse celles qui vous ont précédé ?

— Je vous croirais volontiers pourtant...

— Non. Vous savez que j'ai raison. Parce que à travers le temps j'ai hérité de celle de mon aïeul

Quentin qui aima la Reine en silence – avec d'autant plus d'ardeur qu'elle n'en sut jamais rien – et qui a dépensé une fortune pour l'arracher à son destin tragique. Il a financé la fuite vers Montmédy. Malheureusement, Fersen avait l'entière confiance de Marie-Antoinette et l'exécution lui a été confiée. Cet imbécile en a fait un désastre...

— Cet imbécile ? Fersen et votre ancêtre n'étaient-ils pas amis ?

— Comment peut-on être l'ami de l'homme qui couche avec votre femme ? Sa passion pour la Reine n'empêchait pas le Suédois d'être l'amant de mon aïeule Léonora...

— Léonora ?...

Crawford se mit à rire mais ce rire grinçait :

— Oui, comme ma femme, et italienne comme elle. C'est drôle, n'est-ce pas, qu'après plus de cent cinquante ans, un même couple se reforme ? C'est à cause de cette similitude de noms que je l'ai épousée quand je l'ai rencontrée aux Indes. La première Léonora en venait aussi. Après avoir été la maîtresse du duc de Wurtemberg, de l'empereur Joseph II et d'un diplomate français, elle avait suivi là-bas un Irlandais nommé Sullivan qui l'épousa. Quentin Ier avait édifié son énorme fortune dans la Compagnie des Indes. Il y séjournait lors de leur rencontre et avant de repartir pour l'Angleterre, il l'a enlevée. C'est sur le tard qu'ils se sont mariés !

— Et... c'est uniquement à cause de son prénom que lady Léonora est devenue votre épouse ?

— Revoyez-la telle qu'elle était tout à l'heure, vous aurez votre réponse !

Dans sa robe blanche inspirée de l'Empire, Léonora était en effet fort belle ce soir. La simplicité de la coupe mettait en valeur le large collier de diamants orné de grandes pendeloques qui accrochait la lumière et la renvoyait en flèches bleutées.

— Je comprends... mais, au fait, il m'a semblé reconnaître son collier. Marie-Antoinette ne l'aurait-elle pas porté ?

— Si. Il faisait partie des joyaux ayant appartenu à la mère de Louis XVI, Marie-Josèphe de Saxe. Louis XV les avait offerts à la dauphine. Et à présent vous allez me demander pourquoi il n'a pas été exposé avec les autres bijoux? Léonora refuse de s'en séparer. Elle le considère comme son talisman et, chez nous, elle passe des heures à le contempler, à le faire jouer dans la lumière, à le caresser même...

— Parce qu'elle partage votre culte de la Reine ?

— Absolument pas mais elle aime son goût et ses bijoux la fascinent. Ce qui la rapproche encore de la première Léonora. On dit de celle-ci, quand elle s'appelait encore Mrs Sullivan, qu'elle était dévouée corps et âme à Marie-Antoinette mais c'est faux. Axel de Fersen était devenu son amant et un amant passionnément aimé. Tirez vous-même les conclusions !

— Elle n'aurait tout de même pas tenté quelque chose pour faire échouer la fuite ?

— Honnêtement, on n'en a jamais rien su ! Et c'eût été dangereux : si elle l'avait fait et que mon aïeul l'eût appris, il était capable de la tuer. D'autre part, si l'aventure réussissait, elle n'aurait plus revu Fersen qui devait rejoindre la Reine. Alors...

— Disons que cela fait partie des ombres du passé. Vous possédez d'autres bijoux de même provenance ?

— Non, c'est le seul en dehors d'une infinité de boîtes à mouches, de tabatières, de boîtes à pastilles, de flacons, d'éventails et autres objets provenant de Versailles, des Tuileries et même du Temple et de la Conciergerie qui me sont plus précieux encore. Et que j'aimerais vous montrer. Pourquoi ne viendriez-vous pas dîner un soir prochain avec quelques amis ?... Ce serait pour moi un réel plaisir...

— Pour moi aussi, n'en doutez pas.

— En ce cas nous arrêterons une date avec ma femme. À présent je vous donne le bonsoir. Il est temps que je rentre.

Les deux hommes se séparèrent sur une poignée de main et Aldo rejoignit Adalbert, qui bavardait sur le coin d'un divan avec Elsie Mendl. Celle-ci riait beaucoup :

— Savez-vous que, selon notre ami, j'aurais d'innombrables points communs avec Néfertari, l'épouse du grand Ramsès II ! Décidément, j'aurai tout entendu !

Considérant le fin visage auréolé de ses cheveux argentés, Aldo sourit :

— Vous devriez le croire : il se trompe rarement quand il s'agit de l'Égypte ancienne et si vous acceptiez de porter une lourde perruque de laine noire...

— Je préfère rester ce que je suis ! En tout cas, ce soir nous avons ramassé une petite fortune... et aucun cadavre n'est venu troubler la fête...

En rentrant à l'hôtel, Aldo fit part à Adalbert de l'invitation de l'Écossais :

— Ce sera bientôt, je pense. J'ai l'intention de rentrer chez moi dès que possible.

— Vraiment ?... J'aurais cru le contraire.

— Eh bien, tu te trompais...

Puis baissant la voix jusqu'à un murmure trahissant une lassitude inattendue :

— Je ne suis pas un surhomme, Adal ! Quelqu'un dont j'ai oublié le nom a dit que la meilleure façon d'oublier une tentation était d'y céder mais il y en a qui peuvent mettre une âme en péril...

Soulagé, l'égyptologue passa un bras compréhensif sous celui de son ami :

— Une âme non... mais un couple peut-être. Elle est plus séduisante encore que dans mon souvenir, cette Pauline, et je sais bien pourquoi.

— Vraiment ?

— Allons ne joue pas les modestes ! Elle est amoureuse de toi et tu le sais pertinemment. C'est pourquoi je t'approuve d'employer la technique de Napoléon : la fuite et le plus tôt sera le mieux !

On venait de franchir la grille de l'hôtel à l'intérieur duquel les femmes de ménage étaient à l'ouvrage. Aldo alla s'asseoir dans un fauteuil de la terrasse.

— Tu crois qu'elle m'aime ?

— Mais je n'en sais rien ! gronda Adalbert furieux contre lui-même. Il avait voulu adoucir le désir de séparation affiché par Aldo et il avait échoué misérablement. Écoute, poursuivit-il, si je ne savais ce que je sais, je te dirais : passe-toi l'évidente envie que tu as d'elle puis, sans respirer, saute dans le Simplon Express ! Mais...

— Ça veut dire quoi : « Si je ne savais... » ?

— ... que c'est déjà fait !... Pardonne-moi mais il m'est arrivé, l'été dernier, d'écouter ce qui se passait derrière certaine porte de bibliothèque.

— Ah !

Aldo était trop désorienté pour avoir le courage de se fâcher. Il leva sur son ami un regard peiné :

— Et tu penses ?

— Qu'il faut que ce soit la dernière nuit de Casanova ! Si tu recommences, tu auras encore plus de mal à t'arracher à elle et tu ramèneras à ta femme un époux défraîchi... Va dormir à présent ! Tu es fatigué et comme moi tu as trop bu. Quelques heures de repos, une douche et tu verras les choses différemment. Si tu veux, je t'accompagnerai à Venise...

— Ça, c'est une idée !... Tant pis pour le dîner de Crawford : on ramène Tante Amélie chez elle et on part !

— Sans oublier tout de même de faire nos adieux à Lemercier !

Depuis plusieurs heures Aldo dormait de ce bon sommeil des fermes résolutions quand le téléphone sonna lui apportant la voix courtoise et précise du chef de la réception : le journaliste Michel Berthier était en bas et insistait pour être reçu.

Un coup d'œil à sa montre affichant midi lui fit admettre que l'heure était plus que convenable pour une visite :

— Priez-le d'attendre dix minutes et faites-le monter ! Envoyez-moi aussi du café très fort ! Pour deux !

Il sauta à bas de son lit, se précipita sous la douche sans attendre que l'eau chauffe, s'étrilla vigoureusement, s'arrosa de lavande anglaise et s'habilla sommairement d'un pantalon de flanelle grise, d'un chandail de même couleur sur une chemise blanche. Il achevait de se brosser les cheveux quand on frappa : précédé par un plateau de café que soutenait un serveur, Berthier fit son apparition avec une mine défaite laissant supposer qu'il n'avait pas dû dormir beaucoup la nuit précédente.

C'était inhabituel chez lui. Grand garçon d'un mètre quatre-vingts taillé comme un rugbyman, le journaliste jouissait d'une évidente bonne santé et ne cultivait pas les états d'âme. Il accepta avec empressement le fauteuil confortable et la tasse de café que Morosini lui tendait et en avala le brûlant contenu avant même que le domestique se fût retiré. Du coup, Aldo lui en versa une seconde.

— Ça n'a pas l'air d'aller très fort ? remarqua-t-il le nez dans sa propre tasse.

— Ça ne va même pas du tout ! La petite Autié a disparu !

— Comment ça disparu ?

— Envolée, volatilisée ! Il me semblait pourtant que disparu était le terme idoine ? J'explique : hier en fin d'après-midi on l'a vue rentrer chez elle et on n'a plus bougé.

— C'est qui : on ?

— Moi et mon copain Ledru, le photographe avec qui en général je fais équipe. On s'est installés dans ma voiture légèrement en retrait de la grille afin de pouvoir surveiller les allées et venues éventuelles. Je vous avoue qu'on s'est demandé un instant ce qu'on faisait là. Tout avait l'air si tranquille !

Pas un chat dehors en dépit de la douceur du temps qui incite généralement les gens à prendre le frais devant leur porte...

— C'est un quartier de petites maisons pourvues de jardins. On prend le frais chez soi !

— Vous n'y connaissez rien ! Dans mon village d'Indre-et-Loire, chacun a son jardin. N'empêche que tout le monde s'installe dehors avec des chaises ou des tabourets, histoire de se raconter les derniers potins de la journée...

Devant le geste impatient de Morosini, il poursuivit :

— J'y viens ! Donc on a pris la veille à tour de rôle. Vers minuit c'est moi qui étais de garde et j'ai entendu du bruit. Assez fort comme si quelqu'un tapait dans les murs pour accrocher des tableaux ou quelque chose dans ce genre-là. J'ai réveillé Ledru...

— Et vous êtes allés voir ?

— Sous quel prétexte ? En rentrant, la demoiselle avait fermé ses volets et aussitôt elle a allumé. D'ailleurs, au moment du vacarme c'était encore éclairé. J'ai tout de même escaladé le mur pour essayer de voir par les fentes des volets. J'ai juste aperçu les jambes de la demoiselle qui devait être assise dans un fauteuil. Jolies d'ailleurs ! Le bruit s'est arrêté à ce moment et je suis retourné à la voiture. La demoiselle a fini par éteindre et moi j'ai passé la garde à Ledru. La nuit s'est achevée sans autre incident.

Au matin on a vu la voiture du laitier. Il a sonné puis sans attendre il a posé la bouteille de lait et il est parti. La bouteille est restée là sans qu'on vienne la chercher mais on ne s'est pas inquiétés en pensant que la demoiselle dormait. Plus tard, en revanche, il y a eu le facteur. Il n'y avait pas de courrier mais un petit paquet pour lequel il devait avoir besoin d'une signature. Et lui il a sonné, sonné et resonné pendant un bon moment. Il a fini par en avoir assez, a déposé ce qui devait être un avis de passage et puis il est reparti...

« Cette fois on y va ! » m'a dit Ledru, en sortant son couteau suisse grâce auquel nous avons ouvert la grille sans trop de peine après nous être assurés qu'il n'y avait personne en vue. La porte de la maison n'a pas présenté plus de difficultés et nous sommes entrés. À l'intérieur tous les tableaux étaient par terre et certains meubles renversés. Nous avons appelé : pas de réponse ! Alors on a fait le tour et, dans une chambre qui devait être celle de la jeune fille, on a vu le lit en désordre et la fenêtre grande ouverte... elle donne comme vous le savez sans doute sur un chemin menant à un bâtiment...

— L'atelier du grand-père. Vous y êtes entrés ?

— Comme de juste mais il n'y avait rien d'intéressant à l'exception d'une espèce d'autel avec dessus un torse de femme nue qu'on a trouvé bizarre. Les chandelles qui sont devant ont dû servir dans la nuit : ça empestait la cire refroidie. Après on a fouillé le jardin mais nulle part on n'a trouvé trace de la demoiselle. Ledru voulait aller à la police mais comme c'est vous qui m'avez envoyé j'ai préféré venir vous voir...

— Vous avez eu raison, dit Aldo songeur. Vous avez vraiment tout examiné ?

— Pour ça, on peut nous faire confiance. Tout a été passé au peigne fin et on a pratiquement acquis la certitude que votre protégée est partie en chemise de nuit et en pantoufles. On a retrouvé ses vêtements d'hier et, dans son armoire aucun cintre n'était inoccupé. Et si vous ajoutez ceci...

D'un morceau de papier plié dans sa poche Berthier sortit un large tampon de coton auquel s'attachait encore une odeur de chloroforme.

— Cela signe l'enlèvement ! soupira Aldo. Et comme vous n'avez pas perdu l'entrée de vue on peut se demander par où les ravisseurs sont passés.

— L'atelier s'appuie à un mur possible à franchir. Même avec un fardeau si l'on est suffisamment solide.

— Il donne sur quoi votre mur ?

— Une impasse aveugle et, comme il a pas mal plu ces temps derniers, la terre y a gardé l'empreinte de pneus assez larges indiquant une grosse voiture. Qu'est-ce qu'on fait maintenant ?

— On déjeune ! Faites un brin de toilette pendant que je vais chercher Vidal-Pellicorne. Où est votre Ledru ?

— Il est rentré à notre hôtel... qui n'est pas celui-là.

— On va l'y prendre. Il y a, paraît-il, rue du Pain, près du marché Notre-Dame, un bon restaurant tranquille. Après, vous rentrerez provisoirement dans le rang et moi je vais voir le commissaire Lemercier pour lui dire que je suis allé ce matin chez Mlle Autié et que je crains fort qu'elle n'ait disparu.

Il fut impossible de ramener Adalbert à la réalité du jour. Victime d'une solide gueule de bois, il était vert comme une salade et refusait de bouger même une oreille. On le laissa là.

Après un repas confortable au cours duquel Aldo fit pour Berthier et Ledru le compte rendu détaillé de la fête nocturne, on se sépara : les journalistes pour téléphoner le « papier » qu'il venait de leur suggérer et Morosini pour se rendre à l'hôtel de police afin de faire part à Lemercier de son « inquiétude » au sujet de Caroline.

Plus « Dur-à-cuire » que jamais et l'œil mauvais, le policier le reçut comme un chien dans un jeu de quilles. Assis à son bureau, la tête dans les épaules, il ne lui offrit pas de s'asseoir et grogna :

— Il date de quand votre dernier coup de téléphone ?

— Mais... un peu avant midi. Pourquoi ?

— Vous ne seriez pas allé faire un tour chez elle, par hasard ?

— Mon Dieu non ! Je me suis couché extrêmement tard et je n'ai pas quitté l'hôtel ce matin, fit Aldo avec la satisfaction de dire la vérité. Je venais même vous demander de me faire accompagner par un de vos hommes. Je ne vous cache pas que nous sommes soucieux, Mme de Sommières et moi, d'avoir dû la laisser rentrer dans une maison aussi... malsaine !

— Cette grande inquiétude ne vous a pas empêchés de passer une excellente soirée, n'est-ce pas ?

Le ton était franchement acerbe mais Aldo ne parut pas le remarquer :

— Vous savez pour quelle raison nous l'avons maintenue puisque votre opinion allait dans ce sens mais nous en avons connu de plus... détendues. Tout le temps qu'elle a duré nous avons appréhendé une catastrophe et quand tout a été fini, nous étions soulagés...

— Vous redoutiez une catastrophe, ricana Lemercier en cherchant fébrilement un papier parmi ceux qui encombraient son bureau. Est-ce que ça vous paraît suffisant ? Il y a là une petite plaisanterie dont je ne suis pas certain que vous allez apprécier le sel !

Du premier coup d'œil, Aldo reconnut l'écriture et sentit un frisson désagréable couler dans son dos :

« À mon grand regret, écrivait l'assassin, il me faut constater que vous ne vous donnez guère de peine pour vous procurer ce que je vous avais demandé. La larme est introuvable, n'est-ce pas ? Vous vous contentez de tendre le dos dans l'attente d'un nouveau cadavre ? C'est assez facile, au fond ! Aussi me mettez-vous dans l'obligation de stimuler votre zèle. En attendant que le diamant reparaisse en surface, ce qui ne saurait manquer un jour ou l'autre, je me suis pris d'un intérêt passionné pour deux autres parures de Marie-Antoinette ; les diamants roses du prince Morosini et les bracelets de son beau-père le richissime Kledermann. Et comme je me doutais bien que mon simple désir risquait de vous paraître insuffisant je me suis assuré la collaboration – tout involontaire ! – de la charmante et si malheureuse Caroline Autié. Depuis cette nuit elle est entre mes mains et n'en sortira intacte que si vous vous montrez raisonnables. Je vous ferai savoir, en temps voulu, le lieu et l'heure où nous ferons l'échange. Tenant compte que Morosini n'est pas seul engagé dans cette affaire et qu'il lui faut avertir son beau-père, sachez que je vous donne cinq jours. Après cela, chaque soleil qui se lèvera marquera pour ma belle prisonnière la perte d'une de ses grâces : un doigt, une oreille, un autre doigt, la seconde oreille. Le nez ne viendra que si vous vous montrez par trop avare. Cependant, je suis persuadé de ne pas être contraint d'en arriver là : ces messieurs sont trop galants pour mettre en balance quelques colifichets d'une part et la beauté d'une malheureuse dont c'est la seule richesse... Cela dit, je vous laisse à vos réflexions en vous conseillant de ne pas recourir une seconde fois au coup de la copie !... Ce que je tiendrais pour une offense... »

Suivaient des considérations sur les déviations de l'âme humaine, singulièrement sur l'avarice cause de bien des maux, et un long dithyrambe sur la Reine que Morosini lut avec agacement : ce misérable voyait un pieux devoir dans la restitution à Marie-Antoinette du trésor personnel dont elle avait été privée. Cela par tous les moyens, fussent les plus sanglants...

— Écœurant ! exhala Morosini en rendant la lettre au commissaire.

— Pour vous sans doute mais en ce qui me concerne je trouverais plutôt insultant !

— Pour qui ? Pour vous ?

— Naturellement. Ce genre de poulet aurait dû vous être adressé avec l'ordre exprès de ne pas avertir la police. Or, c'est à moi qu'on l'envoie, preuve évidente où l'on me tient... On me prend pour un imbécile.

— On peut l'interpréter différemment. Cette lettre vous fait l'arbitre de la situation : Si mon beau-père et moi-même n'obtempérons pas, nous sommes déshonorés aux yeux de la force publique vite relayée par la presse. C'est habile au contraire...

— Que comptez-vous faire ?

— Prendre le premier train pour Zurich ! Ce genre de tractation ne saurait passer par le téléphone et, par chance, nous avons cinq jours !

— Mais en ce qui concerne votre part du marché ?

Le regard dédaigneux qu'Aldo posa sur Lemercier le vengea des avanies que celui-ci lui avait fait subir :

— Entre la vie d'une jeune femme et un joyau, si cher qu'il soit à mon cœur de collectionneur, pensez-vous réellement que je puisse hésiter ? Je donnerai ce que l'on exige de moi... mais je ne vous empêche pas de faire, de votre côté, quelques efforts pour sauver Mlle Autié et mettre la main sur le maître chanteur...

— Et... M. Kledermann ?

— Je ne peux répondre pour lui. C'est un homme d'honneur, sans aucun doute, un grand seigneur même mais il ne guérit pas de la blessure causée par la mort tragique de son épouse et les bracelets qu'on lui réclame étaient de ceux dont elle aimait se parer. C'est pourquoi je préfère lui parler... si toutefois vous acceptez de me rendre mon passeport ?

De mauvaise grâce, Lemercier fouilla dans un des tiroirs de son bureau, en tira la pièce demandée :

— Vous n'en profiterez pas pour rentrer à Venise ?

Le sang d'Aldo ne fit qu'un tour. S'appuyant des deux poings sur le bureau et se penchant pour être à la hauteur de l'adversaire, il lui jeta à la figure :

— Vous êtes bien un flic ! Perdez donc cette habitude de jauger les gens à votre aune personnelle ! S'il n'existait pas des Langlois et des Warren, ce serait à désespérer de l'espèce !

IX

OÙ L'ON EN APPREND UN PEU PLUS

Le lendemain matin, Aldo pénétrait dans le hall de l'hôtel Baur-au-lac à Zurich. Il connaissait trop les dimensions pharaoniques de la résidence de son beau-père sur la Goldküste – la Rive dorée –, pour aller en tirer la sonnette afin de s'y faire héberger. Pas parce qu'il craignait de n'être pas le bienvenu. Simplement, il préférait la totale liberté de mouvement que procure l'hôtel. Sauf, naturellement, lorsqu'il accompagnait sa femme et ses enfants, il descendait toujours dans ce palais au luxe discret pourvu d'un beau jardin au bord de l'eau. Il y retrouvait toujours la même chambre et s'y sentait un peu chez lui...

Un coup de téléphone à la banque Kledermann lui ayant appris que son beau-père, souffrant, restait chez lui depuis quelques jours le précipita dans un taxi sans prendre la peine d'annoncer sa visite. C'était contraire aux normes de la politesse mais il tenait à juger par lui-même de l'état réel du banquier sans lui laisser le temps de recourir à une mise en scène et à des artifices. En effet, depuis la mort tragique de sa femme, dont il ne se remettait pas, le père de Lisa, bâti à chaux et à sable cependant, semblait accumuler les accidents de santé plus ou moins graves. Cela n'avait rien d'étonnant : Dianora, la blonde Danoise, avait été d'une foudroyante beauté capable d'inspirer une passion même à un homme aussi froid et distant que Moritz Kledermann [1].

Aldo en savait quelque chose. Avant la Grande Guerre, il avait rencontré Dianora à une fête de Noël dans un palais vénitien. Elle était alors âgée de vingt-trois ans et déjà veuve du comte Vendramini, un vague cousin de Morosini. Celui-ci avait été littéralement ébloui : elle ressemblait à une fée des contes nordiques. Tellement blonde et charmeuse, elle évoquait une fleur saisie par les frimas, le plus pur de ces diamants qui la faisaient scintiller, mais sous le givre de cette statue coulait un sang aussi ardent que celui d'Aldo. Le soir même elle devenait sa maîtresse. Une maîtresse passionnément aimée à laquelle il pensait que rien, jamais, ne pourrait l'arracher. Ce ne fut pas rien, ce fut la guerre. Dès la déclaration, Dianora, refusant de devenir princesse Morosini et peut-être veuve, était repartie pour son Danemark natal. Ils s'étaient dit adieu au bord d'une route de Lombardie avec une froideur et une lucidité d'esprit de la part de la jeune femme dont Aldo avait cru ne jamais se remettre.

Pourtant il s'en était guéri plus vite qu'il ne le pensait et quand il l'avait revue, quelques années plus tard, elle avait épousé Moritz Kledermann et elle était devenue la belle-mère de Lisa. Sa mort sous des balles meurtrières au soir de ses trente ans

1. *Le Rubis de Jeanne la Folle.*

l'avait empêchée aussi de devenir celle d'Aldo. Ce qui eût été un comble ! Mais elle avait emporté avec elle le secret de leurs amours dont ni le banquier ni sa fille n'avaient rien su...

Lorsqu'il arriva devant ce que l'on appelait le « palais Kledermann » – il avait des dimensions presque doubles du sien propre – Aldo était partagé entre son inquiétude sur la santé de son beau-père et l'espoir que Lisa s'y trouverait encore. Il fut déçu, hélas !

— Madame la princesse nous a quittés la semaine dernière, lui expliqua Gruber, le solennel maître d'hôtel. La consultation du professeur Glanzer l'a complètement rassurée et elle a rejoint Mme la comtesse von Adlerstein à Rudolfskrone...

— La santé de son père ne l'a pas retenue ?

— Monsieur n'était pas souffrant quand elle est partie... ou tout au moins n'en donnait pas l'impression.

Une fêlure dans la voix cérémonieuse alerta Aldo.

— Voulez-vous dire qu'il était déjà malade et s'est arrangé pour qu'elle l'ignore ?

— C'est cela même ! Monsieur s'entend à donner le change et refuse d'inquiéter si peu que ce soit Madame la princesse mais tous ici nous savons que son mal progresse et que, bientôt peut-être, il deviendra difficile de le cacher.

— C'est si grave ?

— Je le crains, Excellence ! Monsieur refuse d'y faire seulement allusion. Quant à confesser le docteur Ackermann, son médecin, autant s'adresser à un mur.

— Est-ce qu'il se soigne, au moins? demanda Morosini dont l'inquiétude grandissait.

— Sans aucun doute. Il n'est pas homme à se laisser abattre sans lutter, surtout pour sa fille et ses petits-enfants qu'il adore. Cependant, depuis la mort de Madame, quelque chose s'est cassé en lui. Mais je retiens Monsieur le prince et le prie de m'excuser. Je vais l'annoncer...

Aldo trouva son beau-père dans son cabinet de travail, vaste pièce donnant sur les jardins et le lac, magnifique et sobre à la fois, dont il savait que les bibliothèques dissimulaient l'entrée de la chambre forte où reposait la collection de joyaux. Assis à son bureau, le banquier lisait les cours de la Bourse mais jeta son journal pour venir au-devant de son gendre dont il serra la main avec une fermeté pleine de chaleur:

— Voilà un plaisir inattendu, dit-il avec un de ses lents et rares sourires qui conféraient tant de charme à ses traits austères. Savez-vous que vous manquez Lisa de peu? Elle était encore ici il y a trois jours avec les enfants!

— Vous m'en voyez désolé. Était-elle rassurée pour Marco?

— Entièrement! Je vous avoue d'ailleurs ne pas comprendre le souci qu'elle se fait pour ce gamin: il éclate de santé. Glanzer lui a presque ri au nez quand elle s'est rendue chez lui avec le bébé! Mais cela lui ressemble assez: Lisa est la fille des coups de cœur. Rappelez-vous celui qu'elle a eu pour Venise et pour vous...

— Je crains qu'il ne lui passe. Mon fils règne sur elle et je ne suis plus que prince consort. Elle n'a rien voulu entendre pour m'accompagner à Versailles.

Le banquier se mit à rire si spontanément qu'Aldo en oublia un instant les craintes qu'il inspirait à son entourage. D'autant que, toujours aussi sobrement élégant, il n'y avait aucun signe, dans sa haute et mince silhouette, qui pût inspirer la crainte.

— Rassurez-vous, elle vous aime. Seulement vous n'avez pas la priorité en ce moment... Cela dit et, à propos de Versailles, j'ai appris qu'il s'y passait d'étranges événements ? Des meurtres à répétition si j'ai bien compris ?

— Oh, vous avez fort bien compris ! soupira Aldo en se laissant aller dans le profond fauteuil de cuir qu'on lui offrait. Le malheur est que le nombre des visiteurs augmente avec celui des cadavres. Nous sommes en train de ramasser une fortune pour Trianon et la fête que nous avons prévue mais réduite à l'essentiel s'est passée sans anicroches. Un vrai rêve ! Le réveil n'en a été que plus rude...

— Encore un mort ?

— Non. Cette fois c'est un enlèvement... et c'est aussi la raison de ma présence ce matin. Mais il faut que je vous explique.

Avec le plus de concision possible, Aldo retraça la suite d'événements tragiques dont Versailles était le théâtre. Tout en parlant, il sentait une angoisse monter en lui. Les confidences du maître d'hôtel rendaient sa mission singulièrement délicate. Il n'est jamais facile d'annoncer à un collectionneur qu'il va perdre une pièce importante. C'est un peu comme si on lui prélevait un morceau de chair mais quand, en plus, ledit collectionneur est un ami gravement malade, cela touche à la cruauté. Il eût beau faire de son mieux pour adoucir la pilule, il fallut quand même en venir à la présenter :

— En échange de la vie de Mlle Autié, ce criminel exige que lui soient remis mes « girandoles » et vos bracelets. Pour ce faire, il nous a accordé cinq jours après quoi, la pauvre fille pourrait perdre un doigt, une oreille...

— Inutile d'en dire plus, Aldo ! Que comptez-vous faire ?

— Céder, bien sûr !

— Alors qu'est-ce qui peut vous laisser supposer que je sois bâti d'une autre substance que vous ?

— Rien. Je sais quel homme vous êtes, Moritz ! Cependant, il m'était impossible de prendre une décision sans votre accord. Et ne me dites pas que je pouvais téléphoner. J'ai préféré venir vous voir !

— Ce n'est pas moi qui vais vous le reprocher, puisque cela me donne l'occasion de passer un moment avec vous. Remettez sans remords les bracelets de la Reine à ce misérable !

— Merci ! Je n'ai jamais douté de votre générosité mais je sais à quel point vous aimez votre collection. Cela dit, je ferai l'impossible, une fois Mlle Autié hors de danger, pour récupérer votre bien... et le mien !

Kledermann eut, de la main, un geste évasif traduisant une sorte de désintérêt envers cette suite éventuelle, qui frappa Aldo :

— Ne me dites pas que vous n'aimez plus vos joyaux ?

— Si, mais peut-être moins qu'autrefois ! Je n'arrive pas à oublier que c'est cette passion qui, indirectement a causé la mort de ma belle épouse. Pourquoi ne vous ai-je pas écouté ? Pourquoi me suis-je obstiné à vouloir ce rubis diabolique en dépit de vos mises en garde ?

— Ne vous accusez pas ! Rappelez-vous que vous aviez fini par vous ranger à mon opinion, que j'étais en train de vous le racheter quand, par malheur, elle est rentrée plus tôt que prévu. La magie funeste de la pierre s'est emparée d'elle... et a causé sa perte. Parce que au contraire de vous elle n'a pas voulu m'écouter et y renoncer ! Vous savez, Moritz, je crois que l'on n'échappe pas à son destin ! Dianora est morte heureuse, quasiment dans vos bras à l'heure de son plus grand triomphe !

Tandis qu'il parlait, Aldo observait son beau-père. Le masque douloureux se détendait peu à peu. Un instant de silence suivit, qu'il se garda de troubler. Enfin, Kledermann laissa échapper un léger soupir puis sourit :

— Vous ne repartez pas tout de suite, j'espère ?

— Seulement demain. Pour ce soir je me contenterai de téléphoner votre décision à Lemercier depuis l'hôtel.

— Toujours votre goût pour les palaces ! Au moins, déjeunez avec moi !

— Avec plaisir !

Ce fut pour tous les deux un moment privilégié. C'était la première fois depuis le drame qu'ils se retrouvaient en tête à tête. D'habitude, Lisa était présente, tendre trait d'union mais que la passion partagée de ces deux hommes pour les joyaux illustres agaçait un peu : elle leur reprochait d'y laisser une partie de leur âme... Ce fut son père qui remit la conversation sur les pierres précieuses :

— Je ne vous l'ai jamais demandé et vous avez soigneusement évité le sujet à chacun de nos revoirs : qu'est-il devenu, ce maudit rubis [1] ?

— Il est à Jérusalem où il a repris sa place dans le Pectoral du Grand Prêtre avec les trois autres pierres fugitives. Le seul endroit où il ait perdu sa force destructrice. Nous avons éprouvé un immense soulagement en nous en débarrassant, Adalbert et moi...

— Pourtant, vous avez accepté de servir encore cette cause ô combien étrangère, en tant que prince chrétien !

— Les émeraudes du Prophète ? Nous n'avons accepté que contraints et forcés. La vie de Lisa était en jeu !

— Et maintenant c'est celle d'une jeune fille inconnue ! N'y a-t-il pas des moments où votre équipement de chasseur de trésors vous pèse sensiblement ? Les joyaux de cette pauvre Marie-Antoinette n'ont pas l'air plus fréquentables que les autres ?

— Sans doute, mais je ne vous apprends rien. Votre père et vous-même vous êtes souvent lancés sur des traces dangereuses, aveuglés que vous étiez – comme je le suis moi-même ! – par l'éclat de ces merveilles ! Et j'ai peur que le goût des émotions de la chasse au trésor ne me quitte pas de sitôt. Cela m'ennuie pour Lisa...

1. *Le Rubis de Jeanne la Folle.*

— Elle vous a épousé en sachant ce qu'elle faisait. Et puis peut-être l'âge venant vous sentirez-vous moins attiré... comme je le suis moi-même ?

— Peut-être, répondit Morosini évitant de rappeler à nouveau la blessure dont souffrait son beau-père et qui, grâce à Dieu, ne lui avait pas été infligée à lui. En attendant, me ferez-vous l'honneur... et l'immense plaisir de revoir votre collection ? À moins que...

— Du tout, du tout ! Je n'ai jamais dit que je l'avais prise en aversion ! J'y tiens toujours autant. Venez !

Se levant de table, il précéda son gendre jusqu'à son cabinet de travail où il fit porter le café et les liqueurs avant de chercher la clef qui ouvrait un panneau de livres en même temps que la porte d'entrée se fermait automatiquement. La chambre forte s'offrit à eux et ils y pénétrèrent comme dans une chapelle en véritables dévots qu'ils étaient. Le seuil franchi, ils subissaient à nouveau l'envoûtement des pierres... Kledermann ouvrait les écrins avec orgueil. Aldo admirait sans arrière-pensée.

Il revit avec bonheur la grosse émeraude de Montezuma, rapportée par Cortés, la fabuleuse parure d'améthystes et de diamants de la Grande Catherine, les saphirs de la reine Hortense, les nœuds de corsage de la Du Barry, les perles de la Reine Vierge, la Belle de Flandres – l'un des plus beaux rubis du Téméraire ! – un étonnant saphir russe, de deux teintes, représentant une femme enveloppée d'une draperie. Dans l'une des teintes était gravée la tête et dans l'autre la draperie... Aldo l'examina longuement :

— Je ne vous le connaissais pas ? Et même je ne le connaissais pas du tout ! C'est une merveille ! D'où le sortez-vous ?

— Une réfugiée... bolchevique d'ailleurs !

— C'est plutôt rare !

— Pas à ce point ! Celle-ci avait eu accès à certaines « réserves », s'était servie et avait pris le large pour arriver ici en réclamant bien haut l'asile politique. Elle est venue me voir et j'ai acheté. Vous voyez, ce n'est pas plus difficile !

— Qu'est-elle devenue ?

— Elle a disparu, mais rassurez-vous, elle m'a signé les documents nécessaires à une vente régulière et vous n'aurez pas de problèmes !

— Pourquoi en aurais-je ?

Le banquier se mit à rire, referma l'écrin qu'il avait gardé en main et le rangea dans son coffre :

— Mais parce que tout ceci vous reviendra !

— C'est Lisa votre héritière ! Je ne suis que votre gendre et vous n'êtes mon aîné que de dix ans ! précisa Aldo avec un rien de sécheresse.

— Ne montez pas sur vos grands chevaux ! C'est elle, en effet qui héritera mais à la condition formelle de laisser la collection entière entre vos mains, faute de quoi celle-ci ira à Antonio votre premier fils. Vous aurez ainsi largement le temps d'en profiter !

— Oui, mais voyez-vous je préférerais un autre genre de conversation ! Rien ne me dit que l'ensemble sera intact quand vous partirez : vous oubliez les bracelets de Marie-Antoinette ! Il se peut que je ne puisse les récupérer !

— Quelle importance quand je n'y serai plus ! Je vous dis tout cela afin de vous libérer l'esprit ! Ce n'est pas vous qui m'avez entraîné dans l'aventure de Trianon, alors ne vous tourmentez pas pour cette parure.

Les deux hommes restèrent encore un long moment ensemble puis la Rolls-Royce du banquier ramena Aldo à son hôtel dans des dispositions d'esprit contradictoires. Certes, il était soulagé de l'inquiétude éprouvée en arrivant mais il en éprouvait une autre : la santé de son beau-père. De cette visite il emportait la désagréable impression qu'il y avait en effet chez cet homme quelque chose de brisé. Mais ce souci-là, il lui faudrait le garder pour lui afin d'en préserver Lisa. Il serait temps de la soutenir de tout son amour quand l'inévitable se produirait... Jusque-là et tant qu'elle ne se doutait de rien...

Le lendemain, il rentrait à Paris...

Au moment même où, à Zurich, Aldo pénétrait dans la chambre forte de Kledermann, Michel Berthier et Gaspard Ledru décidaient de retourner chez Mlle Autié. Ni l'un ni l'autre n'arrivait à digérer ce qu'ils considéraient comme un affront personnel. Berthier surtout était vexé : Morosini lui avait confié la garde de la jeune fille et on la leur avait soufflée sous le nez sans qu'ils bougent seulement une oreille, sans qu'ils se doutent le moins du monde de ce qui se passait. Ils voulaient revoir la maison en détail. Ce qu'ils ne s'étaient pas donné le temps de faire quand ils avaient découvert le rapt de Caroline. Ils savaient bien que les flics avaient « investigué » mais ils ne tenaient pas en haute estime les limiers de ceux que Ledru appelait poétiquement « les chaussettes à clous » !

Il était onze heures du soir quand leur petite voiture les déposa près de l'église. Ils firent le reste du chemin à pied, traversant un quartier tellement calme qu'il ressemblait à une planète morte. Pas une ombre fugitive, pas un chat ! Ils s'en félicitèrent : c'était pour eux un gage de tranquillité...

Arrivés devant la grille, celle-ci répondit sans se faire prier aux sollicitations du couteau suisse de Ledru et cela sans le moindre bruit :

— Elle a été graissée récemment, chuchota-t-il. C'est bizarre, non ?

— Tout est bizarre dans cette baraque...

Précautionneusement, ils s'avancèrent sur les graviers de l'allée pour ne pas les faire crier. Ils étaient à mi-parcours quand ils s'aperçurent que le salon était éclairé et que la porte d'entrée, simplement poussée, montrait une fine ligne brillante. Berthier leva la main pour agrandir l'espace mais à cet instant un courant d'air fit claquer le vantail et d'un même mouvement l'équipe obliqua vers la première fenêtre. Les rideaux en étaient tirés mais il devait être possible de voir par les interstices d'où filtrait un rai de lumière. Quelqu'un d'ailleurs vint à la porte et la ferma complètement. En même temps, des pas se firent entendre qui ramenèrent bientôt dans leur champ de vision un homme jeune qui revint s'asseoir dans une bergère vétuste à côté du foyer sans feu afin d'y achever la lecture d'une sorte de cahier de papier jauni qui avait l'air de l'intéresser prodigieusement. D'où il le sortait, c'était inutile de se le demander : juste en face des deux observateurs, une plaque était détachée d'une plinthe découvrant une cachette. Vide selon toute apparence.

Pendant un instant ils purent observer l'occupant de la bergère qui leur parut posséder un assez beau profil en dépit de la paire de lunettes qui en chaussait le nez. Ils virent aussi qu'il était vêtu d'une façon décontractée, d'un pantalon et d'une chemise blanche. En outre il se comportait comme s'il était chez lui : une tasse à café vide était posée près de lui sur un guéridon.

Pensant que ce devait être un membre de la famille, les deux compères échangèrent un coup d'œil, hésitant sur ce qu'il convenait de faire : ressortir, sonner et se présenter sous un prétexte qui restait à trouver ou bien faire irruption comme de vulgaires bandits et s'emparer de force de cette liasse de papiers qui semblait si passionnante ? Ils n'avaient pas encore décidé quand l'inconnu choisit pour eux : il se leva, referma la cachette d'un coup de pied, se dirigea vers la porte menant aux chambres et éteignit derrière lui :

— Tu crois qu'il va coucher là ? demanda Ledru.

— Ça m'en a tout l'air...

— Qu'est-ce qu'on fait ?

— On peut attendre qu'il dorme et puis entrer discrètement pour voir s'il n'a pas oublié quelque chose dans ce petit endroit si bien caché que personne ne l'a trouvé...

— ... et si par hasard il avait le sommeil dur, on pourrait peut-être récupérer les papiers ? Quitte à l'assommer avec délicatesse au cas où il aurait la mauvaise idée de se réveiller. Après tout, il est seul et on est deux...

— Ça me paraît jouable...

Ils en étaient à ce stade de leurs cogitations quand un bruit interrompit leurs chuchotements : celui d'une fenêtre récalcitrante que l'on ouvre. D'un seul mouvement ils se glissèrent le long de la maison, et ce fut en tournant le coin qu'ils distinguèrent une silhouette noire courant en direction de l'atelier. N'hésitant plus ils se mirent à sa poursuite mais arrivèrent juste à temps pour la voir sauter le mur après avoir escaladé le toit avec une incroyable agilité. Berthier, sportif et bien entraîné, s'élança à la suite mais quand il atteignit le faîte du mur il ne vit plus que le feu arrière rouge d'une voiture qui fonçait dans la nuit...

Lâchant une furieuse invocation au souvenir du général Cambronne, le journaliste rejoignit son camarade au moment où celui-ci enjambait la fenêtre laissée ouverte par le fugitif :

— J'ai entendu démarrer une bagnole, dit Ledru.

— C'était la sienne, grogna Berthier. Quand elle est passée sous le réverbère qui est au bout de la rue j'ai aperçu une caisse basse peinte en rouge avec une capote noire... Tiens comme l'Amilcar de l'égyptologue à cette différence près qu'elle faisait moins de bruit...

— ... et que ce n'était pas Vidal... machin qui était au volant puisqu'on a eu le temps de voir sa tête à ce type...

— Juste ! Mais rien ne dit que l'égyptologue n'était pas à l'intérieur, attendant l'autre ? Elle a démarré étrangement vite cette charrette !

— J'y crois pas ! Tu sais bien avec qui Vidal fait équipe depuis des années.

— Oui, mais Morosini est parti pour Zurich hier soir et il ne doit pas être le seul copain de l'archéologue. Quoi qu'il en soit, assez discuté ! Essayons de voir s'il n'y a pas encore une babiole à grappiller ! Et d'abord, si on peut rouvrir le machin du salon...

On n'eut guère de peine à repérer le morceau de plinthe mobile et, à leur surprise, moins encore à l'ouvrir : il suffisait de tirer vers soi. La plaque de bois fonctionnait avec un simple ressort et se refermait d'elle-même si on lâchait. Pour la maintenir ouverte il fallait poser un objet dessus. Un livre, par exemple comme précédemment...

À première vue elle était vide mais on ne voyait rien de ses profondeurs et Berthier se mit à plat ventre pour y glisser non seulement sa main mais aussi un bras qu'elle avala presque en entier.

— Je sens quelque chose ! dit-il.

La seconde suivante, il ramenait à la lumière une feuille de papier jauni semblable à celles que lisait l'inconnu et qui, peut-être, avait glissé au fond, échappant à ses pareilles. Elle portait plusieurs lignes d'une écriture un peu maladroite dont l'encre pâle annonçait l'ancienneté : « ... alors je suis sorti de derrière mon mur après m'être assuré que j'étais trop loin du corps de garde pour que l'on me remarque et il n'y avait personne dans la cour où je me suis précipité en évitant de faire du bruit jusqu'à la fenêtre éclairée de l'aide de camp. Je l'ai vu, alors, qui se battait avec l'homme que j'avais vu entrer et qui pensait sans doute le trouver au lit dans un état de moindre défense. Pour ce que j'en ai pu distinguer, l'issue du combat était incertaine car tous deux me semblaient de force sensiblement égale. Mais comme je voyais aussi très bien la cassette posée sur la table je ne me suis pas attardé à savoir qui allait gagner ou perdre parce que c'était ma chance à moi Léonard Autié. Je n'ai eu qu'à tendre le bras pour la saisir, tandis qu'ils continuaient à s'assommer, j'ai pris ma course... »

Le texte s'arrêtait là.

— Qu'est-ce que ça veut dire ? demanda Ledru

— Qu'une page s'est échappée de la liasse que tenait notre ami... et qu'il risque de venir la rechercher...

— Oui, mais quand ? On va pas l'attendre ? Outre qu'une planque est aussi fatigante que peu rémunératrice, nous avons autre chose à faire, toi et moi.

— Oui, mais l'histoire devient passionnante ! On s'assure qu'il n'y a plus rien dans la cache et on va la rendre inutilisable...

Tout en parlant, Berthier se dirigeait vers la cuisine au fond de laquelle il avait remarqué une resserre où l'on conservait aussi bien des bocaux de conserves aux contenus variés et des confitures que des outils de première urgence dans une maison comme un marteau, un tournevis, des tenailles et des clous de diverses tailles. Il choisit les plus longs, un marteau et revint au salon où Ledru à quatre pattes achevait d'explorer le mur. Il n'y avait vraiment plus rien. Le morceau de plinthe fut remis en place et cette fois, le journaliste le fixa par une dizaine de longues pointes qui rendaient l'ouverture impossible mais révélerait que quelqu'un d'autre l'avait découverte. Cela fait, les deux hommes s'installèrent le plus confortablement possible pour finir la nuit. Elle s'acheva sans ramener le visiteur inconnu et sans que l'esprit frappeur du lieu se fût manifesté.

— On fait quoi maintenant ? émit Ledru avec un plaisir visible.

— Du café ! Puis je vais faire un saut au Trianon Palace voir si Morosini est revenu. S'il n'y est pas, je verrai Vidal-Pellicorne. Quelque chose me dit que l'affaire de la voiture semblable à la sienne devrait l'intéresser.

Le terme était faible : elle le fit bondir et se précipiter dans l'escalier en pantoufles et robe de chambre sans se donner seulement le temps d'attendre l'ascenseur. De là au garage de l'hôtel où il fondit de tendresse en constatant que la chère petite était présente, sagement rangée entre une Rolls et une Daimler qui semblaient l'entourer de leur puissance protectrice.

Naturellement, il l'examina sur toutes les coutures pour arriver à la conclusion que rien, absolument rien n'indiquait une quelconque escapade nocturne : le kilométrage non plus n'avait pas bougé... Rassuré sur ce point, Adalbert remonta dans sa chambre, commandant au passage un copieux petit déjeuner pour lui-même et le journaliste et il prit enfin connaissance du texte rapporté par Berthier.

Il possédait une trop grande habitude des vieux papiers pour ne pas situer celui-là dans le temps :

— Une bonne centaine d'années à tous les coups ! Je dirais même l'Empire, ajouta-t-il en froissant légèrement la feuille entre le pouce et l'index.

Quant à la suscription, il est certain que sortie de son contexte il est difficile de voir à quoi cela correspond...

— C'est pourtant assez clair : il est question d'une cassette contenant on ne sait quoi, subtilisée par un certain Léonard Autié qui a dû être un ancêtre de Mlle Caroline...

— Vous avez sûrement raison...

Sans cesser de répondre au journaliste, Adalbert réfléchissait à toute vitesse. Une idée lui venait mais c'était avec Aldo qu'il entendait en parler. Pour l'instant il fallait aviser :

— Vous me le laissez ? fit-il en agitant le papier au bout de ses doigts. J'en parlerai à Morosini dès qu'il sera là. Et, au sujet de votre visiteur de cette nuit, le mieux est d'en toucher un mot au commissaire afin qu'il fasse surveiller la maison. Si l'individu revient il sera pris et obligé de donner des explications...

— Oui, mais c'est notre histoire à Ledru et à moi. On aimerait la garder pour nous ! Quant à la police elle poserait trop de questions gênantes.

— Faites à votre guise ! N'importe comment, Morosini saura vous en remercier...

— Je ne suis pas inquiet pour ça ! Merci pour le déjeuner !...

Resté seul, Adalbert relut plus attentivement l'étrange feuillet. Il sentait qu'il tenait dans ses mains un point capital et il cherchait comment l'utiliser. Après deux ou trois tours dans sa chambre, il appela Marie-Angéline sur le téléphone intérieur et il lui demanda si elle connaissait l'adresse du professeur Ponant-Saint-Germain.

— Vous voulez que je vous y emmène ? proposa-t-elle aussitôt.

— Non. Nous nous sommes déjà rencontrés. Il s'agit d'une visite... professionnelle.

La note allègre qui résonnait dans la voix de la vieille fille s'éteignit. Elle était déçue mais trop bien élevée pour en convenir. Elle se contenta d'un « ah ! »... suivi du renseignement demandé : il habitait place Hoche au rez-de-chaussée d'une maison située au coin de la rue Carnot.

— Ne faites pas cette tête, Marie-Angéline, la rassura Adalbert. Je vous dirai de quoi il retourne en même temps qu'à Aldo quand il rentrera !

— Oh, mais je ne fais pas la tête ! Quelle idée !

« Ben voyons ! » pensa Adalbert en raccrochant avant de procéder en hâte à sa toilette puis de se ruer hors de l'hôtel pour rejoindre au pas de charge la jolie place octogonale au centre de laquelle régnaient un jardin et une grande statue en bronze de Hoche.

Après avoir sonné à une porte de chêne qui aurait eu grand besoin d'un coup de vernis, Adalbert dut parlementer un certain temps avant que ladite porte s'ouvre sur un couloir obscur et une silhouette indécise qui aurait pu appartenir autant au père Goriot qu'à l'usurier Gobseck.

— Ah, c'est vous ? marmotta l'homme. Eh bien, entrez puisque vous y tenez tellement !

Et il tourna le dos à son visiteur après avoir tout refermé soigneusement – y compris une chaîne épaisse dont le bruit avait déjà frappé les oreilles de celui-ci, qui à mesure que l'on marchait vers la lumière du jour éclairant une pièce à main droite –, put constater que son hôte était en négligé du matin : pantalon gris informe et tricot gris fatigué surmontés, en dépit de la douceur de cette matinée, d'un châle à franges noir comme en portaient les chaisières d'église. Une paire de savates qui avaient été dans un temps indéterminé des charentaises à carreaux complétaient l'ensemble. Le tout dégageant une exquise odeur de tabac froid...

— Croyez que je suis désolé de m'imposer de la sorte, professeur, plaida Adalbert, mais vous savez comme nous sommes, nous autres hommes de science. Quand un problème, même mineur en apparence, se présente à nous, il n'y a plus de cesse de le résoudre. Et c'est mon cas.

Durant ce petit discours, on l'introduisit dans le cabinet de travail du maître : un incroyable capharnaüm aux rayonnages tellement débordants de livres qu'ils s'entassaient un peu partout, en colonnes plus ou moins stables autour d'un bureau plat surchargé de paperasses et d'une tisanière où fumait un liquide au parfum indiscernable. Il y avait aussi un vaste fauteuil Voltaire en tapisserie dans lequel Ponant prit place, et une chaise grêle qu'il désigna d'une main lasse :

— De quoi s'agit-il ? ... Veuillez faire court : vous m'interrompez dans une étude des plus absorbantes...

— Soyez persuadé que j'en suis vraiment désolé mais il y a un point d'histoire qu'il me faut éclaircir et pour lequel vous me semblez incontournable étant donné votre vaste connaissance sur la reine Marie-Antoinette... et en particulier de son coiffeur...

Ponant-Saint-Germain se mit à renifler si bruyamment que son visiteur crut qu'il allait cracher. Ce qu'il fit d'ailleurs :

— Ce redoutable imbécile de Léonard ? Et c'est pour ça que vous me dérangez ?

— Ah ! C'est ainsi que vous le voyez ? fit Adalbert. Moi qui m'attendais à vous entendre chanter sa fidélité, son dévouement...

— Son dévouement ? À ce voleur ?

— Ce voleur, à présent ?

— Et pire encore !

— Voyons, voyons ! Nous parlons bien de la même personne ? Ce brave artiste capillaire en qui Marie-Antoinette avait si grande confiance qu'elle lui a remis ses bijoux en le priant de les porter à l'archiduchesse Marie-Christine, sa sœur, alors gouvernante des Pays-Bas ?

Le professeur se mit à tousser, se racla la gorge, prit une boule de gomme qu'il mâcha furieusement avant d'allumer un affreux cigare qui empestait. Et ce fut au tour d'Adalbert de tousser. L'autre cependant reprenait le fil de la conversation :

— C'est le même, sauf, mon cher monsieur, que vous n'y êtes pas du tout ! Ce n'est pas la Reine qui les lui a confiés – et encore pas tous heureusement ! – c'est le duc de Choiseul ! Je raconte : le 20 juin 1791 vers une heure de l'après-midi et avant de passer à table, la Reine fit appeler Léonard qui, à cette époque logeait aux Tuileries. Elle lui a remis une lettre à porter de toute urgence à M. de Choiseul, rue d'Artois, mais à lui seul. Au cas où il n'y serait pas, il devait le chercher chez Mme de Grammont. Mais il y était. La lettre remise, le duc la lut et en montra, au coiffeur, les dernières lignes qui lui recommandaient d'exécuter fidèlement les ordres qui lui seraient donnés. Après quoi le papier fut brûlé à la flamme d'une bougie et Léonard entraîné dans la cour de l'hôtel où était un cabriolet fermé dans lequel on le fit monter. Il était question de se rendre « à quelques lieues de Paris pour remplir une mission particulière ». Et voilà notre figaro qui rouspète : en dépit de la grande redingote et du chapeau rond que la Reine lui avait conseillé de mettre, il n'était pas en tenue adéquate pour voyager ! Il ne peut pas partir ainsi habillé : la marquise de Laage attend qu'il vienne la coiffer et il a laissé sa clef sur sa porte ! Choiseul le rassura en riant et le fit monter dans la voiture dont il baissa les rideaux et fouette cocher ! Un relais, deux relais, trois relais... C'est seulement en arrivant à Pont-de-Somme-Vesle où devaient stationner quarante hussards, que le duc donna le fin mot de l'histoire au « physionomiste [1] » affolé : il l'emmenait au château de Thonelles près de Montmédy où le Roi, la Reine et la famille royale devaient les rejoindre dans les heures à venir après avoir quitté Paris aux environs de minuit. Lui-même emportait l'habit de sacre du Roi, son linge, une partie des bijoux de la Reine et ceux de Madame Elisabeth. À cette révélation Léonard fondit en larmes et jura qu'il ferait ce qu'on voudrait encore qu'il ne comprît pas clairement pourquoi on l'emmenait, lui. La chose était simple cependant : Marie-Antoinette refusait d'être privée

1. C'était le terme à la mode pour désigner un coiffeur.

des mains miraculeuses de son coiffeur pendant son exil...

Après une nouvelle quinte de toux, le narrateur avala d'un seul coup le contenu de sa tisanière et se lança derechef dans son récit :

— Mais voilà qu'à Pont-de-Somme-Vesle, un incident se produit : les paysans se sont émus de la présence des hussards et s'attroupent en parlant de réquisition forcée. Choiseul fait de son mieux pour les apaiser, persuadé qu'il est de voir apparaître bientôt la berline royale. Mais celle-ci a déjà trois heures de retard. Il faut donc prévenir les autres troupes disposées sur la route de Paris à Montmédy que la voiture est en retard et qu'elles prennent patience. Lui-même va se mettre à la tête des hussards et les emmener en plein champ pour calmer les paysans. Pour prévenir les autres il ne reste que Léonard à qui il confie le cabriolet et son contenu. Puis lui remet un billet ainsi conçu : « Il n'y a pas d'apparence que le "Trésor" passe aujourd'hui. Restez où vous êtes et attendez de nouveaux ordres. » Et voilà notre merlan parti, tout faraud de la mission dont il est revêtu. Dieu sait pourquoi Choiseul avait retiré de la voiture les diamants de Madame Elisabeth mais l'Histoire a de ces bizarreries. Arrivé à Sainte-Menehould, Léonard l'air important montre le billet à M. d'Andoins et lui « conseille de faire desseller les chevaux et rentrer les hommes ». À Clermont, il tombe sur M. de Damas qui, méfiant, reçoit le coiffeur plutôt mal, garde le billet et n'en tient aucun compte. Vexé, notre homme poursuit son chemin et, arrivé à Varennes, voilà-t-il pas qu'il se pose en donneur d'ordres, explique au fils du général de Bouillé et à M. de Raigecourt, qu'il est « au courant de tout », qu'il « n'a rien à lui cacher », qu'il vient de donner des ordres à Clermont et à Sainte-Menehould pour que l'on retire les troupes et il ajoute que le Roi a été arrêté à Châlons ! Et cet abruti désorganise tout le dispositif mis en place par Bouillé en accord avec le Roi. Va-t-il s'en tenir là ? Que nenni ! Il poursuit sa route vers Montmédy, se trompe de chemin, rebrousse et ne parvient à Stenay où est le quartier général que le lendemain tard dans la journée : la berline royale avait été arrêtée à Varennes depuis plusieurs heures mais Bouillé l'ignorait. Aux questions pressantes du général, Léonard répond à côté et reste dans le vague même au sujet de Choiseul. Il ne sait rien, il n'a rien vu... Il remet cependant les diamants de la Reine et le bel habit rouge et or du Roi à Bouillé, qui les confie à un de ses aides de camp. Puis il fait loger le malencontreux émissaire... Le lendemain, on trouva l'officier en charge du trésor lardé de coups de poignard, la cassette de la Reine envolée et plus la moindre trace de Léonard sauf celles de son cabriolet qui se dirigeait vers la frontière... Je vous ai tout dit !

— Eh bien ! Moi qui croyais connaître assez convenablement l'histoire de la tragique équipée de Varennes !...

— Au moins vous êtes fixé ! Cela dit, qu'est-ce que vous vouliez savoir au sujet de ce mauvais drôle ?

— Oh, un simple détail ! Léonard, c'était bien son nom ?

— Comment l'entendez-vous ?

— Je veux dire que c'était son nom de famille ?

— Mais non. Il s'appelait Autié ! Léonard Autié... comme la pauvre fille que l'assassin de Trianon a fait enlever pour nous obliger à lui remettre les parures de la Reine. Personnellement je suis contre !

— Quoi ? Vous voudriez qu'on laisse découper en morceaux cette malheureuse qui n'est pour rien dans cette histoire ?

— Elle porte le sang de ce misérable ! On est toujours plus ou moins responsable de ses ancêtres parce qu'ils revivent en nous.

— Mais il me semble avoir lu quelque part que Léonard avait été guillotiné ?

— C'est son frère qui l'a été... si quelqu'un de ce nom a vraiment laissé sa tête sous le couperet car, en réalité, le bonhomme n'est réellement mort qu'en 1820. En fait, après un séjour à l'étranger il est revenu s'installer à Versailles où on lui donna une place dans les services de remonte de l'armée... et je suppose même qu'il occupait la maison où sa descendante a été enlevée...

— Vous avez raison. Ça expliquerait pas mal de choses..., émit Adalbert songeur...

— Quoi, par exemple ? demanda le professeur avec une avidité que son interlocuteur jugea suspecte.

Mais l'autre battit en retraite :

— Rien de précis encore ! Je... je vous informerai quand j'aurai vérifié un fait ou deux... Cela dit, je crois que je vous ai dérangé suffisamment. Veuillez m'excuser et recevoir mes remerciements !

Cependant il avait mis le vieil érudit sur le sentier de la guerre. Ponant-Saint-Germain n'en avait pas fini avec lui et le coinça dans l'antichambre en le retenant par la manche.

— Ces inestimables joyaux, vous allez vraiment les donner ?

— Ce n'est pas moi, ni même vous : ils appartiennent au prince Morosini et à son beau-père, le banquier suisse Moritz Kledermann. Ce sont eux qui vont s'en défaire... pour que vive cette jeune fille !

— Qu'elle vive ou qu'elle meure, où est l'importance ? Les gens du sang de Léonard ne devraient pas avoir le droit d'exister... surtout à Versailles ! Quant à ces sublimes bijoux qui étaient chers à la plus merveilleuse des reines, il ne faut pas les éparpiller aux quatre coins de l'univers mais les réunir ici, chez elle...

Abasourdi, vaguement écœuré, Adalbert écoutait délirer le vieillard avec un mélange d'indignation et de répulsion. Pourtant il y avait là matière à réflexion. C'était une haine véritable qu'exprimait celui en qui tous voyaient un respectable historien, pittoresque et un rien lisible. Se pouvait-il qu'il eût partie liée avec le criminel qui s'intitulait « le Vengeur de la Reine » ?

Du coup, se gardant de lui montrer le papier, Adalbert hâta son départ en bousculant même un peu rudement le personnage et se précipita dans la rue pour remplir ses poumons de l'air calme et frais du matin mais ne s'attarda pas sous les ombrages de la place. Aussi vite qu'il était venu il repartit vers l'hôtel. Il avait quelque chose à faire d'urgence...

Sans ralentir l'allure, il s'engouffra dans le hall, gravit au pas de charge les deux étages et alla frapper chez Mme de Sommières. Comme il le pensait, Marie-Angéline vint lui ouvrir. Elle était dans le petit salon occupée à trier le courrier, toujours abondant, que l'on venait de monter...

— Que s'est-il passé ? s'inquiéta-t-elle tandis que l'arrivant s'effondrait dans un fauteuil. On dirait que vous avez vu le diable ?

— Ça y ressemble ! Quand a lieu votre prochaine réunion avec Ponant-Saint-Germain et sa bande ?

— Je ne sais pas encore. Dans trois jours, je crois... ou trois soirs puisque nous avons reçu l'autorisation de la tenir dans le théâtre de Marie-Antoinette, qu'on ne visite pas en principe à cause de son mauvais état...

— Là ou ailleurs, de toute façon vous n'irez pas !

Le ton était péremptoire. Plan-Crépin réagit aussitôt :

— En voilà une autre ! Et pourquoi, s'il vous plaît ?

— Parce que je commence à penser que ce vieux fou pourrait bien être mouillé jusqu'au cou dans l'affaire des meurtres et de l'enlèvement de Caroline Autié. À propos, vous saviez que cette pauvre fille descend en droite ligne de Léonard, le fameux coiffeur de la Reine ? Il s'appelait en réalité Léonard Autié...

— D'où sortez-vous ça ?

Il le lui dit, lui fit lire le fragment et acheva son propos en restituant presque mot pour mot la philippique du professeur. Et comme elle ne trouvait rien à redire, pour une fois, il conclut :

— C'est la raison pour laquelle il ne peut plus être question que vous vous mêliez à ces gens-là ! Et je suis certain qu'Aldo vous en dira autant quand il rentrera... Dieu sait où peut vous mener ce genre de cinglé ?

— C'est justement ce qu'il faut savoir ! riposta-t-elle après un instant de silence qu'elle employa à décacheter une lettre destinée à Mme de Sommières mais qui, ne présentant aucun timbre postal, avait dû arriver par porteur. Elle la lut, releva les sourcils et s'apprêtait à relire à haute voix quand la marquise fit son entrée. Elle était habillée pour sortir, c'est-à-dire qu'à l'exception de son ombrelle de soie verte il n'y avait aucune différence – robe claire, chapeau et gants – avec ce qu'elle portait entre onze heures du matin et cinq heures du soir. Elle sourit en voyant le visiteur et lui tendit une main sur laquelle il s'inclina :

— Tiens, Adalbert ! Quelles nouvelles ?

Ce fut Marie-Angéline qui répondit en lui tendant la lettre ouverte :

— Nous devrions lire d'abord ceci !

— Qu'est-ce qui vous prend, Plan-Crépin ? Lisez vous-même ! Vous êtes là pour ça, il me semble !

— C'est le marquis des Aubiers qui a eu l'immense bonheur de danser avec nous à plusieurs reprises à Vienne chez le prince Schwarzenberg en 1905 et qui met ses hommages à nos pieds.

Mme de Sommières se mit à rire :

— Je ne me souviens pas que vous fussiez là, vous aussi ?

— Je vous demande pardon ?

— Vous venez de dire : « il a dansé avec nous ». Pour l'amour du Ciel, Plan-Crépin, laissez tomber votre pluriel de majesté quand vous devez décrypter une lettre. On finit par ne plus rien y comprendre !

— Nous sommes d'humeur badine à ce que je vois ! Eh bien, ledit marquis des Aubiers prie Mme la marquise d'accepter de prendre le thé chez lui demain vers cinq heures. Il lui demande en grâce de venir... seule ! C'est-à-dire sans moi !

— Quelle idée ? Mais pourquoi ?

— Parce que, justement, il désire parler de... moi !

Adalbert, du coup, mit son grain de sel :

— S'il s'agit du vieux gentilhomme que Ponant-Saint-Germain a fait expulser l'autre jour au bosquet de la Reine, son invitation tombe à pic. J'aimerais vous accompagner...

— Tant pis pour votre curiosité mais il n'en est pas question. À moins que vous ne me croyiez incapable de lui tirer les vers du nez ? En outre, s'il demande à me voir, c'est qu'il a quelque chose à me dire, non ?

— Inutile d'invoquer le bon La Palice, sourit Adalbert en prenant la main de la vieille dame pour la baiser. Je vous offre mes excuses ! Et Aldo rentre ce soir ! Nous pourrons mettre tout cela à plat et accorder nos violons !...

Mais ce soir-là, on l'attendit en vain.

X

LE MÉDIUM

Pourtant, il était arrivé à Paris comme prévu. Seulement, il s'était laissé entraîner à commettre une folie.

Tandis qu'à peine débarqué de son train il traversait la gare de l'Est, il aperçut soudain Gilles Vauxbrun. Un instant il crut qu'il venait le chercher mais l'antiquaire ne s'intéressait pas au flot des voyageurs en provenance de Zurich. Le nez en l'air avec sa mine des mauvais jours, il consultait le panneau annonçant les départs. Il avait un imperméable sur le bras, tenait une serviette de cuir et une mallette de crocodile brun était posée à ses pieds. Donc il partait. Mais pour où ?

En temps normal, Aldo fût allé droit le lui demander mais une idée lui traversa l'esprit : il cessa de voir provisoirement en lui l'un de ses plus vieux amis transformé en dragon gardien de trésor. Ce soir Vauxbrun ne tiendrait pas Pauline sous son regard jaloux. Avec un peu de chance, elle serait seule... Et lui, Morosini, rien ne l'obligeait à regagner Versailles dans l'immédiat puisqu'il avait déjà communiqué à Lemercier le succès de sa mission...

Prenant bien soin de ne pas entrer dans le champ de vision de Gilles, Aldo le vit se détourner du panneau, faire quelques pas sur le front des trains alignés et de se décider pour le Strasbourg-Munich-Vienne dans lequel il grimpa finalement après avoir remis son billet au contrôleur du wagon-lit. Pas de doute : il partait et ne serait sans doute pas de retour avant deux jours au mieux.

Heureux comme un collégien en vacances, Aldo, fermant les oreilles aux cris d'alarme de son ange gardien, sortit de la gare, sauta dans un taxi et se fit conduire au Ritz. Avant de porter ses pénates rue Alfred-de-Vigny lors de ses passages à Paris, il avait été un fidèle client de l'hôtel, où il revenait de temps en temps. On l'y connaissait donc et il fut reçu avec la respectueuse familiarité réservée aux habitués. Il eut une chambre sans le moindre problème à cela près que ce n'était pas sa préférée :

— Nous l'avons donnée, lui expliqua le réceptionniste, à une dame américaine qui a beaucoup insisté pour l'avoir et comme elle est, elle aussi, une habituée de la maison...

— Pourquoi voulait-elle justement cette chambre ?

— Monsieur le prince lui aurait dit que c'était celle qu'il choisissait toujours et comme Monsieur le prince n'était pas à Paris...

— En ce cas, mon cher ami, il ne vous reste plus qu'à me confier le nom de cette dame ?

La réponse fut ce qu'il espérait :

— Mrs Pauline Belmont. D'ailleurs la voici.

Pauline faisait en effet son entrée, vêtue d'une robe du soir noire, asymétrique et entièrement pailletée sous un ample et léger manteau de satin blanc. Trois étoiles dans ses cheveux de jais et des girandoles en diamants tremblant contre son cou composaient sa parure visible, ses mains et ses bras étant cachés sous les longs gants de satin. Le sourire aux lèvres, elle rejoignit un couple d'un certain âge qui l'attendait visiblement. Le contact fut très américain : joyeux et volubile. Les deux femmes s'embrassèrent et il fut évident pour Aldo qu'ils allaient sortir pour dîner quelque part. Affreusement déçu, il hésitait entre oser se présenter à eux ou monter dans sa chambre quand Pauline se détourna : elle avait oublié de remettre sa clef au portier. C'est alors qu'elle vit celui qui la regardait sans rien dire et ses yeux s'illuminèrent soudain :

— Vous ? Mais comment êtes-vous ici ? Pourquoi ne m'avez-vous pas prévenue ? dit-elle précipitamment en lui tendant les mains.

— C'est vraiment fortuit. J'arrive de Zurich et en débarquant gare de l'Est j'ai vu Gilles grimper dans un train, la mine farouche. Lui ne m'a pas vu, alors j'ai pensé qu'au lieu de rentrer à Versailles, nous pourrions passer une soirée ensemble... sans témoins ! Malheureusement...

— Non. Ce n'est pas grave ! Ce sont d'anciens et chers amis que je ne peux abandonner parce qu'ils repartent demain. Nous allons dîner chez La Pérouse... et je reviens aussitôt que possible. Vous m'attendrez ?

Il ne l'avait jamais vue aussi émue. Ses lèvres tremblaient et son regard étincelant suppliait. Ce qui était superflu...

— Je vous attendrai...

Il la regarda sortir avec ses amis dans les lumières de la place Vendôme. Le voiturier ouvrit pour eux la portière d'une imposante automobile de laque noire où ils prirent place. Aldo, alors, se dirigea vers l'ascenseur pour gagner sa chambre où l'on avait déjà monté son léger bagage qui ne renfermait aucune tenue de soirée, ce qui lui rendait difficile l'accès aux salles à manger. C'était de peu d'importance : il n'avait aucune envie de s'y montrer. Ce dont il avait rêvé, c'était d'emmener Pauline dîner à Montmartre ou à Montparnasse dans un de ces petits bistrots où personne ne les connaîtrait. Mais puisqu'il fallait y renoncer, il appela le garçon d'étage afin de se faire apporter un menu, commanda une cassolette de queues d'écrevisses, une escalope de foie gras au beurre noisette avec des petits pois frais et une bouteille de meursault Goutte d'or. En attendant il prit une douche, se rasa, passa une chemise propre et le costume qu'il avait porté pour sa visite à Kledermann, puis mangea devant la fenêtre ouverte sur la place, en tête à tête avec la statue de Napoléon qui le regardait du haut de sa colonne faite avec les canons pris à Austerlitz. Son cœur battait sur un rythme inhabituel où la hâte se mêlait à une vague inquiétude. Que ferait Pauline en rentrant ? L'appellerait-elle pour lui donner rendez-vous à l'un des bars ou dans un salon ? Ou encore – ce qu'il espérait ! – le ferait-elle venir chez elle ?

Des minutes qui semblaient des heures passèrent. Interminables, occupées par la fumée des cigarettes qu'Aldo allumait l'une après l'autre. De temps en temps, il se levait pour respirer l'air frais du soir ou le bouquet de roses posé sur un guéridon. Il se retrouvait à quinze ans attendant son premier rendez-vous d'amour mais gardait cependant assez de sang-froid pour s'irriter de cette faiblesse. Il se jugeait ridicule : le téléphone allait sonner d'un instant à l'autre et Pauline lui demanderait de la rejoindre pour boire un verre ensemble, évoquer leurs souvenirs de l'été précédent et rien ne voulait dire qu'elle réveillerait celui de leur minute d'abandon dans la bibliothèque. Ils étaient des amis, seulement des amis ! Ne s'y étaient-ils pas engagés solennellement ? Pourtant son moi profond rejetait cette mièvrerie, cette comédie de l'amitié. Si à Newport il n'avait pas senti l'approche du désir, cette nuit il le savait là, prêt à l'embraser dès que sa main toucherait celle de Pauline... Il en fut même effrayé au point de songer à fuir en laissant un mot derrière lui...

Et puis, peu avant minuit, on frappa à sa porte, qui s'ouvrit, et Pauline entra sans rien dire. Elle le regardait seulement, debout devant le vantail repoussé et ce regard fascina Aldo. Il se leva lentement pour aller vers elle, vers ce visage dont la passion exaltait la beauté sensuelle. Comme au petit matin de Newport, elle tendit les bras qu'elle referma étroitement sur lui quand il l'étreignit. Et plus rien n'exista...

Quand Aldo s'éveilla au lever du jour, il était seul dans le lit bouleversé où s'attardait le parfum de Pauline et un long cheveu noir qu'il prit avec délicatesse pour l'enrouler autour de son doigt. La nuit qui s'achevait avait été torride et tendre à la fois et c'était cette tendresse qui mettait une ombre sur l'extraordinaire sensation d'euphorie. Cela voulait dire qu'il ne s'agissait pas seulement de leurs corps mais qu'un peu de leur âme s'était détachée d'eux pour aller vers l'autre. Et ça c'était inquiétant... Dès l'instant où l'acte de chair devenait acte d'amour, tout était à craindre.

En se dirigeant vers la salle de bains et la douche froide dont il avait le plus grand besoin pour se remettre les idées en place, il trouva, sur la coiffeuse, une enveloppe sur laquelle la main ferme de Pauline avait tracé son nom et dans laquelle, bien sûr, il y avait une lettre :

« Je plaide coupable, Aldo... Ce qui s'est passé cette nuit, je l'ai voulu de toutes mes forces au mépris total de ce dont nous étions convenus. Notre étreinte trop brève, au lendemain du bal, m'avait laissé un goût d'inachevé d'autant plus cruel que c'était un éblouissement. Ce matin, je suis divinement heureuse... et un peu triste aussi parce que je n'ai pas le droit de m'installer dans votre vie, d'y devenir... une habitude – qui sait ? – et peut-être ensuite un poids. Alors, souffrez que je referme sur moi les portes du paradis. Au besoin aidez-moi afin qu'à notre prochain revoir nos regards soient sans ombre et nos sourires assez clairs pour reprendre où nous l'avons laissée le cours d'une belle amitié... Le mot – l'un de ceux que je préfère cependant – paraît terne, n'est-ce pas ? Mais c'est ma volonté et je vous demande la grâce de m'aider à y rester fidèle... » Et soudain la plume sage sembla prise de folie : « Mais pourquoi faut-il que je t'aime à ce point ? » Pas de signature...

— Comme si tu ne savais pas que moi je vais t'en aimer davantage ? murmura-t-il en caressant le papier ainsi qu'il aurait caressé la joue de Pauline.

Mais c'est toi qui as raison et je ferai ce que tu veux...

Il était temps à présent de couper les ailes du rêve et de retrouver la réalité. Prenant son briquet, il brûla la lettre dont il laissa tomber la cendre dans la cheminée. Ensuite, il demanda son petit déjeuner et aussi un taxi pour dans une heure. Destination Versailles !...

Une heure plus tard très exactement, il quittait le palace de la place Vendôme sans même se retourner pour chercher des yeux la fenêtre de Pauline...

En arrivant au Trianon vers la fin de la matinée, il trouva Adalbert en train de lire les journaux sur la terrasse ensoleillée en compagnie d'un verre convenablement glacé. Il prit place à côté de lui sans qu'il parût s'apercevoir de sa présence. Ce fut seulement quand Aldo leva le bras pour appeler un serveur qu'il tourna vers lui un œil nonchalant :

— On t'attendait hier soir ? Tu as pris ton temps, on dirait ?

— Moritz ne va pas bien. Ce n'est pas lui qui le dit et même il fait tout ce qu'il peut pour qu'on ne le remarque pas mais son maître d'hôtel, peu bavard cependant, ne m'a pas caché son inquiétude.

— Lisa le sait ?

— Non. Elle était déjà repartie pour Ischl et sans se rendre compte de rien. Toujours ce sacré marmot, je pense ? Décidément, elle ne voit plus que lui ! bougonna-t-il.

Sans lever les yeux de son journal, Adalbert remarqua :

— Prends garde, mon vieux, tu es en train de faire une fixation et c'est très mauvais. Tu as pris le train de nuit ? s'enquit-il.

— Oui. Pourquoi ?

— Parce que tu devrais être là depuis longtemps. Tu n'as pas trouvé de taxi ?

— Oh, mais tu m'agaces ! Est-ce que par hasard je te devrais des comptes ? Si tu veux savoir, je suis passé voir Vauxbrun mais il n'y était pas : parti hier pour Strasbourg... Satisfait ?

— Remarque, ce que j'en dis c'est parce que ici on a bigrement besoin de toi.

— Si c'est ça, commence par refermer ton journal ! Si je ne savais pas où tu as été élevé, je me poserais des questions.

— Tu veux de la lecture ? Tiens !

Et Adalbert sortit de sa poche la feuille de papier récupérée par les journalistes :

— Berthier me l'a apportée hier matin... Après quoi, j'ai pris sur moi d'aller faire une petite visite à mon confrère Aristide. Ce n'était pas très cordial mais j'ai appris des choses...

Aldo prit le temps de lire puis d'un geste vif ôta *Le Figaro* des mains de son ami :

— Je vois ! Les nouvelles au compte-gouttes ça commence à suffire ! Cesse de jouer les auteurs de mauvais feuilletons et raconte !

Ce fut vite et bien fait mais, à mesure qu'Adalbert parlait, la figure d'Aldo s'assombrissait :

— Il y a deux choses que je n'aime pas, souligna-t-il en conclusion : la voiture qui ressemble à la tienne et que Caroline descende de Léonard. Cela veut dire que les bijoux disparus au cantonnement du marquis de Bouillé ne l'ont pas été pour tout le monde et que le friseur s'est conduit comme un fripon même s'il s'en est repenti par la suite : ce que ce papier ne dit pas.

— Remarque : s'il n'était pas intervenu, le précieux dépôt aurait été embarqué par un autre et on n'en aurait peut-être rien retrouvé. En outre, il n'a pas dû garder la totalité.

— En recoupant la liste des joyaux privés de Marie-Antoinette, certains, j'en suis sûr, ont été remis à l'archiduchesse Marie-Christine...

— Moi, il y a un troisième point qui me tracasse : l'attitude de Ponant-Saint-Germain. Je me demande si on ne devrait pas chercher l'assassin de ce côté... Heureusement on va en savoir davantage ce soir : Tante Amélie va prendre le thé chez le marquis des Aubiers qui lui a envoyé hier une invitation. D'après ce que l'on a compris, il souhaiterait la convaincre d'éloigner Marie-Angéline de ce dangereux maniaque...

— Voilà qui est intéressant ! Et... dis-moi : est-ce que Lemercier a été mis au courant ?

— Pas fou ! Pour qu'il vienne patauger ici avec ses gros sabots ! Le salopard que nous cherchons sait ce qu'il fait en s'adressant à lui pour ses demandes de rançons. Ce n'est pas avec cet idiot qu'il risque quoi que ce soit. Tiens... lady Mendl !... et en compagnie d'un beau garçon, ma foi !

Elsie Mendl leur faisant signe d'un bout de son ombrelle fleurie, ils se levèrent pour aller la saluer.

— Nous nous sommes rencontrés en chemin, Baldwin et moi ! Vous le connaissez, je suppose ?

— Pas du tout ! firent les deux hommes d'une même voix en répondant au sourire – timide – du jeune homme.

— Je suis le secrétaire de lord Crawford. Il m'a chargé de vous porter ces invitations, expliqua-t-il en montrant deux enveloppes qu'il répartit entre les deux hommes après un coup d'œil rapide à la suscription. Lord Crawford vous prie d'excuser le côté peu protocolaire de ceci mais, étant donné les épreuves que vous traversez ensemble, il espère que vous n'en serez pas choqués. En fait, il vous convie, l'un et l'autre, à dîner ce soir chez lui avec les autres membres du Comité. Dont lady Mendl bien sûr. Il est soucieux et souhaite resserrer encore les liens entre vous tous.

Il semblait presque aussi inquiet que son patron. Aldo lui répondit avec un sourire :

— Point n'est besoin d'expliquer. Une invitation de lord Quentin ne peut être qu'un plaisir... Au fait, M. Vauxbrun a-t-il été invité ?

— Je viens de le faire par télégramme.

— Et moi je suis passé chez lui ce matin : il a pris hier le train pour Strasbourg.

— Merci de me le dire. Je vais informer lord Crawford. Je crains, ajouta-t-il avec à son tour l'ombre d'un sourire, que lady Léonora n'en soit contrariée.

— Nous ferons de notre mieux pour le lui faire oublier ! assura rondement Adalbert. Lady Elsie, j'espère que vous veniez ici ?

— Oui, mais pas pour vous, fit-elle en riant. Ne m'en veuillez pas, je voudrais dire un mot au chef cuisinier. J'ai à déjeuner des amis qui adorent les escargots et ma cuisinière s'évanouit dès qu'elle en voit un...

Avec un petit signe de la main, elle entra dans l'hôtel de sa démarche dansante qui lorsqu'on la voyait de dos lui ôtait son âge.

Le marquis des Aubiers habitait, non loin de la cathédrale Saint-Louis, une de ces belles maisons dont les garde-corps en fer forgé ressortaient si joliment sur les façades d'ocre rose. C'était à la fois de grand ton et de grand goût, et Mme de Sommières augurait bien de ses habitants quand, au moment où Lucien obliquait pour s'arrêter près de l'entrée, une ambulance sonnant éperdument le dépassa dans un carillon frénétique et l'obligea à piler pour stopper juste devant lui. Sans s'occuper de ses protestations indignées, des hommes en blouse blanche en jaillirent, se précipitèrent sur l'arrière pour en extraire une civière et se ruèrent à l'intérieur de la maison.

La marquise prit le cornet acoustique qui permettait de communiquer avec le chauffeur :

— Voyez donc, Lucien ! Il doit y avoir un accident et j'espère...

Elle n'acheva pas sa phrase. Lucien avait compris. Il suivit les ambulanciers, pénétra sous le porche et, voyant le concierge devant sa loge, l'aborda :

— C'est ici qu'habite M. le marquis des Aubiers ?

Par-dessus ses besicles, l'homme au tablier bleu le considéra d'un air mélancolique :

— Jusqu'à présent, oui, mais je ne sais pas hélas si ça va durer ! Cette ambulance vient le chercher...

— Que s'est-il passé ? Il est tombé malade subitement ?

— Malade non, on ne peut pas dire, il n'a jamais attrapé seulement un rhume à ma connaissance mais tombé, oui ! Il a fait une chute dans son escalier. De marbre que c'est et il le trouvait si beau qu'il n'a jamais voulu y mettre du tapis. Il a dégringolé tout l'étage. Au fait, vous lui vouliez quoi ?

— Madame la marquise de Sommières, ma maîtresse, a été conviée par lui pour le thé.

— Il va falloir qu'elle l'excuse mais pour aujourd'hui ça me paraît difficile. Tenez ! Les voilà qui redescendent...

Les infirmiers et leur civière revenaient, en effet, portant avec précautions le pauvre marquis blanc comme un linge mais la sérénité n'y était pas et le chef, rouge de colère, achevait un dialogue orageux avec le valet de chambre affolé qui le suivait en tentant de donner une explication plutôt embrouillée.

— Vous êtes des dangers publics ! braillait l'infirmier. C'est un vrai piège que votre escalier !... Faudra prévenir la police !

— Mais je n'y suis pour rien ! Pour rien, je vous jure ! Je ne sais pas qui a eu cette idée. Nous sommes des gens convenables...

Le malheureux était en larmes, le concierge alla le tirer par le bras pour le ramener chez lui :

— Viens, Anselme ! T'es dans tous tes états ! Qu'est-ce qui se passe ?

— Oh, c'est affreux ! En voulant monter à l'étage chercher la robe de chambre de Monsieur le marquis, cet homme a failli tomber, lui aussi. Y avait un fil tendu en travers de l'escalier. Il s'est reçu sur le ventre et son poids a cassé le fil mais Monsieur qui est tout léger...

— Et personne n'était encore descendu à cette heure ?

— Non. Monsieur n'utilise les pièces du rez-de-chaussée que lorsqu'il reçoit. Le reste du temps il vit au premier et nous on a l'escalier de service qui est moins beau mais plus commode.

— Mais qui a pu faire une chose pareille ? demanda Lucien pris lui aussi par l'histoire. Vous êtes combien là-dedans ?

— Quatre : moi, la cuisinière, la bonne et le chauffeur. Bon, je te laisse ! Il faut que je téléphone à Madame la comtesse, la nièce de ce pauvre Monsieur...

— Et à la police peut-être ? hasarda Lucien.

— C'est à Madame la comtesse de décider ! C'est pas mes affaires !

Il s'élançait pour rentrer dans la maison quand Lucien cria :

— On l'emmène où ?

— À la clinique de son ami le Dr Garcin, rue du Maréchal-Joffre...

Un peu secoué tout de même, bien qu'il n'eût jamais vu le vieux monsieur, Lucien rejoignit sa voiture et sa patronne à laquelle il s'efforça de faire un compte rendu le plus fidèle possible. Elle eut un haut-le-corps, pâlit sous la poudre mais ne fit aucun commentaire sinon :

— Nous rentrons, Lucien ! Il faut prévenir nos messieurs !

Très calme en apparence, Tante Amélie n'en était pas moins saisie d'effroi. Il ne faisait aucun doute pour elle que l'on venait de tenter – et peut-être de réussir ? – d'assassiner le marquis et cela simplement parce qu'il voulait mettre Plan-Crépin à l'abri d'un danger...

Tout le monde était à l'hôtel quand elle y arriva et, rien qu'à la voir pâle et tendue, Aldo comprit qu'il se passait quelque chose. Elle raconta ce qu'elle avait vu et entendu, ajoutant : « Je crois que vous ne devriez plus chercher bien loin la main mystérieuse qui décime Versailles. »

— Ce vieux fou de professeur ? Sûrement pas, fit Adalbert avec un haussement d'épaules. Qu'il soit teigneux, désagréable et entièrement hypnotisé par la Reine, c'est entendu, mais je ne le crois pas capable de monter un truc pareil...

— Ce n'est pas une piste à dédaigner, corrigea Aldo mais, pour le moment, on va à la clinique savoir où en est M. des Aubiers. On prendra l'adresse exacte à la réception...

Pour une fois, Marie-Angéline ne demanda pas à les accompagner. Assise sur une chaise basse dans un coin du salon elle pleurait toutes les larmes de son corps... La pauvre fille, qui avait été si fière d'appartenir à un comité prestigieux, d'œuvrer pour Versailles, toujours considéré par elle comme la merveille absolue, supportait mal le flot de sanies et de sang où menaçait de sombrer sa belle histoire. Mme de Sommières l'observa quelques instants sans rien dire puis hocha la tête et vint poser une main apaisante sur l'épaule maigre qu'elle serra :

— Voulez-vous que nous rentrions à la maison, Marie-Angéline ? Je crains que tout ceci ne soit un peu trop pour vous...

Relevant la tête, celle-ci la considéra avec stupeur :

— Vous m'avez appelée Marie-Ang...

— Pourquoi pas ? Vous venez bien d'oublier votre sacrée troisième personne de majesté ! Il y a des jours comme ça où l'on a envie de se dévergonder ! Sincèrement, voulez-vous rentrer ?

— Fuir devant l'ennemi ? s'écria celle-ci en se dressant sur ses pieds. Laisser Aldo avec un maître chanteur et le fantôme de Marie-Antoinette, ou son mandataire, dévaster Trianon ? Jamais ! Nous autres, Plan-Crépin, qui avons combattu...

— Aux croisades ! Je sais ! Tenez, allez donc chercher un bon bouquin et venez me faire un brin de lecture ! Ça vous calmera.

— Que choisirons-nous ?

— Mon Dieu, je ne sais pas... Ah si, tiens ! Vous avez certainement apporté un de vos chers Conan Doyle ? L'inusable flegme de votre ami Sherlock Holmes vous refera une santé ! À moi aussi d'ailleurs ! Et n'oubliez pas le champagne. Il est l'heure !

Un long moment plus tard, on commençait à gravir la lande de Baskerville dans un tilbury cahotant quand Aldo et Adalbert rentrèrent. Les nouvelles qu'ils apportaient n'étaient pas bonnes : le marquis venait de cesser de vivre sans avoir repris connaissance.

— Sa nièce était présente et nous avons pu nous entretenir quelques instants avec elle mais il ne faut pas en attendre grand-chose. Elle a peine à cacher sa satisfaction en face d'un bel héritage et refuse de porter plainte. Selon elle, l'escalier était trop bien ciré et elle a prévenu les gens de la clinique de son opposition formelle à l'apparition de la police dans ce qui est désormais « sa » maison ! Toujours selon elle, l'ambulancier avait dû boire plus que de raison – ce qui malheureusement n'était pas faux ! – et cette histoire de fil tendu est une inanité...

— Et la joyeuse bande de Ponant-Saint-Germain ?

— Une collection de vieillards légèrement timbrés qui se prennent au sérieux ! Ajoutons que si la nièce ne semble pas rouler sur l'or, elle a des relations et cousine avec le procureur général... Autrement dit, le pauvre marquis va être enterré en grande pompe et dans une sérénité totale excluant le raclement déplaisant des gros godillots des policiers. Sur ce, conclut Aldo, il est temps de nous habiller pour aller dîner chez lord Crawford !

— Au fait, remarqua Adalbert, je ne vois pas pourquoi il m'a invité : je n'ai jamais fait partie du Comité !

— Moi non plus, mais je m'y trouve par force puisque c'est à partir de demain que les bijoux doivent être remis. Quant à toi, je crois qu'il éprouve de la sympathie...

— C'est gentil de sa part, mais si tu n'y vois pas d'inconvénient, je n'irai pas. Tu vas me trouver une excuse !

— Pourquoi ne viendrais-tu pas ?

— Si le Comité y est, le professeur y sera ?

— Très certainement. Tu n'as pas envie de le revoir ?

— J'ai surtout envie de revoir son logis pendant qu'il n'y est pas. Aussi, pendant que vous festoierez, moi j'irai aux renseignements...

— Si c'est ça, je vais avec vous ! Je ferai le guet ! décida Plan-Crépin, revigorée...

Un toussotement discret ramena l'attention générale vers Mme de Sommières. Sa coupe à la main, elle promenait sur les autres un regard vert plus amusé qu'angoissé... quoique l'inquiétude y transparût tout de même.

— Je me demande, fit-elle, jusqu'à quel point vous êtes encore des gens fréquentables tous les trois ? Vous en avez pourtant déjà vu de toutes les couleurs mais au lieu de vous décourager, on dirait que cela vous stimule ?

— Et moi, fit Aldo en s'approchant d'elle pour l'embrasser, j'avais plutôt l'impression que cela vous amusait ?

— Quelquefois c'est vrai, mais pas toujours ! J'avoue que j'aimerais voir se terminer cette histoire : elle ne sent pas bon !

— Le crime ne sent jamais bon mais avons-nous le droit de le laisser détruire des innocents quand nous pouvons l'éviter ? Et puis nous avons Angelina, ajouta-t-il en souriant. Elle est si en conformité avec le Ciel qu'elle me donne souvent l'impression de mettre nos anges gardiens au chômage ! Pour ce qui vous concerne, Tante Amélie, ne donnez pas dans une sévérité hors de saison. Je pense qu'il y a en vous l'étoffe d'un chef de bande. Non ?

— Peut-être bien, après tout ?

Et elle se mit à rire...

Ce rire, Aldo l'emporta avec lui comme un viatique. En arrivant chez Crawford, il découvrit qu'il ne lui serait pas inutile.

Le couple habitait à la limite du parc du château et de Chèvreloup une maison ancienne qui avait été celle d'un capitaine des chasses royales. C'était auprès d'un étang une grande demeure aux murs épais, à l'architecture sobre, un rien sévère mais que rachetait un très beau jardin anglais qui était le domaine des roses et d'admirables pelouses veloutées. Et quand on pénétrait à l'intérieur on aurait pu se croire dans quelque Trianon oublié au fond des bois : tout y était aux couleurs de Marie-Antoinette. Le bleu, le gris et l'or y régnaient et si, de l'avis du maître lui-même, certains meubles n'étaient que des copies, d'autres avaient appartenu, sans aucun doute, au mobilier royal. La Reine elle-même était présente partout : en bronze, sur toile, en marbre, en terre cuite, en albâtre et en argent. Seul un portrait de Léonora, splendide mais unique, rappelait qu'il existait une maîtresse de maison bien vivante.

Dès l'entrée, Aldo fut frappé par l'atmosphère particulière de la vaste pièce qui avait dû être jadis une salle commune. Il faisait doux, ce soir, et le crépuscule où s'allumait l'étoile du berger promettait une nuit claire. Pourtant, à l'exception d'une porte-fenêtre donnant sur la terrasse, les autres étaient fermées et l'on avait même tiré les grands rideaux de velours bleu France. En outre, on n'avait pas allumé l'électricité remplacée, comme chez Elsie Mendl l'autre soir, par des bouquets de longues bougies blanches allumées dans des candélabres à pampilles de cristal. Posées sur des tapis de soie, des potiches chinoises retenaient des brassées de lys blancs dont l'odeur emplissait l'espace et risquait même de devenir entêtante. Canapés, bergères et fauteuils offraient le confort de leurs coussins habillés de brocart gris et or ou de velours bleu. Enfin, au fond, une large baie était fermée par des rideaux. Deux serviteurs indiens enturbannés et vêtus de blanc s'occupaient des invités qui, bizarrement, se parlaient à voix contenue comme dans un sanctuaire ainsi que le constata Morosini à son arrivée. Bon dernier d'ailleurs: Lucien avait eu de la peine à faire démarrer son antique Panhard.

Introduit par Frédéric Baldwin, Aldo vit Crawford venir à lui, appuyé d'une main sur sa canne, et il se demanda une seconde s'il ne s'était pas trompé de siècle. L'Écossais avait troqué son habituel smoking pour un habit de velours noir à boutons de diamants sur lequel moussait un jabot de dentelles. Aldo fut tenté de faire remarquer qu'il avait changé son personnage contre celui de Cagliostro mais devant sa mine grave, voire compassée, il se contenta de serrer la main qu'on lui tendait.

— Merci d'être venu! dit Crawford d'un ton pénétré. Votre présence va nous être précieuse!

Tandis qu'Aldo excusait Adalbert, il le conduisit à sa femme et l'arrivant pensa que les surprises continuaient: si son mari ressemblait à l'homme des « mystères » Léonora avait l'air d'une jeune fille dans une simple robe de mousseline blanche, haut ceinturée, avec un volant froncé autour du sage décolleté et des manches bouffantes resserrées à deux endroits par des bracelets de ruban bleu au-dessus du coude. Pas le moindre bijou. Quant à ses cheveux un ruban en retenait la masse, et elle n'était pas maquillée...

— Inattendu, n'est-ce pas? murmura lady Mendl auprès de qui il choisit de s'asseoir après avoir salué les sept autres invités. Vous avez reconnu la robe, j'espère, à défaut du visage.

— Elle me donne une impression de déjà vu mais...

— Coiffez-la d'un chapeau de paille avec plumes d'autruche et d'un nœud de satin gris et vous aurez l'un des portraits de la Reine par Vigée-Lebrun: j'en ai une copie chez moi et vous avez dû la voir...

— Ah... en effet! Mais pourquoi?...

— Chut! Vous allez le savoir. Observez les têtes que font les autres! À l'exception du professeur toutefois mais il est déjà un peu parti et en outre il adore... Taisons-nous maintenant: le maître va parler!

Au fond, sous son apparence digne, elle paraissait plutôt s'amuser. Mais c'était bien la seule! Tapie plus qu'assise au fond d'une bergère, Mme de La Begassière semblait mal à l'aise. Le général avait sa mine des mauvais jours, ce qui inquiétait visiblement sa femme. Du côté des Malden, Olivier s'ennuyait avec distinction en buvant un verre de champagne et Clothilde tripotait son sautoir dont elle examinait les perles l'une après l'autre comme si sa vie en dépendait.

— Encore un mot! murmura Aldo avec un regard vers le bout du salon. On ne dîne pas?

— Si, je pense... mais après!

Crawford, qui s'était écarté un instant pour dire quelques mots à son secrétaire, revint à ses invités, s'adossa à la cheminée et toussota pour s'éclaircir la voix :

— Mes chers amis – je pense que l'épreuve traversée en commun m'autorise à vous donner ce titre – nous sommes à la veille d'un épisode crucial dont j'espère qu'il ne sera pas douloureux : demain soir expire le délai qui nous a été donné par le fou meurtrier à qui nous avons affaire...

— Je ne le crois pas si fou que ça, laissa tomber Malden. Dès l'instant où il s'agit de se procurer des bijoux royaux non seulement sans bourse délier mais par tous les moyens...

— Sans doute, sans doute mais, je vous en prie, ne m'interrompez pas ! Demain soir donc, les diamants du prince Morosini et de M. Kledermann serviront de monnaie d'échange contre la vie d'une jeune fille que nous ne connaissons ni les uns ni les autres...

— Moi je la connais ! émit Aldo en levant un doigt mais Crawford l'ignora.

— ... dont la situation de fortune est des plus modeste et qui, en apparence tout au moins, n'a rien à voir avec les tragiques événements de ces jours derniers...

— Qu'est-ce qu'il vous faut ! ricana Ponant-Saint-Germain. Elle descend de ce misérable Léonard en qui la Reine avait placé sa confiance et qui l'a trahie...

— Je sais, cher ami, je sais ! protesta Crawford qui commençait à perdre patience. Vous me l'avez déjà dit ! Il demeure que cette malheureuse ignore sans doute cette circonstance et ne doit rien comprendre à ce qui lui arrive...

— Allons donc ! Je...

— Assez ! hurla l'Écossais hors de lui. Je veux parler et je vous prie de ne plus m'interrompre ! C'est exaspérant !

Le silence reconquis, il poursuivit :

— Afin d'éclaircir cette histoire, l'idée m'est venue de tenter d'obtenir l'aide spirituelle dont nous avons un impérieux besoin et, pour ce faire, de nous adresser avec infiniment de respect à celle qui se trouve au centre de cette malheureuse affaire. – Sa voix s'enfla soudain pour atteindre un registre plus solennel : Avec votre accord, l'aide de Dieu et celle de lady Léonora mon épouse, qui est un excellent médium, nous allons essayer d'entrer en communication, sur le plan astral, avec la Reine !

Sans s'arrêter aux murmures de surprise des assistants il leva un bras et aussitôt les rideaux de velours bleu qui masquaient le fond du salon s'ouvrirent dévoilant une grande table ronde à pied unique entourée de chaises et couverte d'un tissu rouge sombre. Au centre un bougeoir d'argent portait une bougie allumée.

Crawford alla prendre sa femme par la main pour la mener vers le seul fauteuil, garni de coussins, pour l'y faire asseoir. Elle n'articula pas le moindre mot et chacun eut l'impression qu'elle commençait à entrer en transe. Les yeux mi-clos, les mains posées à plat sur la table, elle ne bougea plus...

— Je... je ne suis pas certaine de vouloir participer, bégaya Mme de La Begassière. Ce genre de... de chose me rend très nerveuse...

— Vous n'en serez que plus efficace, chère comtesse... et je vous demande infiniment pardon si je vous donne l'impression de vous avoir prise au piège mais si j'avais annoncé d'emblée une séance de spiritisme vous n'auriez peut-être pas accepté...

— Vous pouvez le dire ! Je suis morte de peur...

— Mais non ! je resterai près de vous et tout se passera bien. Songez que nous obtiendrons peut-être de précieux renseignements ! Ensuite, évidemment, nous dînerons... ou plutôt nous souperons. Et j'espère dans la joie... Quelqu'un a-t-il une objection ?

— Ma foi non, fit Aldo. Votre idée est peut-être bonne...

— Vous croyez aux esprits, vous ? émit Malden effaré.

— Il m'est arrivé de vivre deux expériences capables de déstabiliser l'incrédule le plus coriace...

— J'espère que vous viendrez me raconter ça, chuchota lady Mendl. J'adore ce genre d'histoires !

— Moi aussi, fit la générale de Vernois dont on n'entendait jamais la voix. Une fois pour toutes, elle avait décidé que son mari s'exprimait suffisamment pour eux deux et elle s'y tenait au point que l'on pouvait la croire endormie. Cette fois, elle était bien réveillée et visiblement ravie de l'aventure.

On s'installa donc autour du guéridon. Le jeune Baldwin tira les rideaux afin que les lumières du salon ne fussent plus visibles et alla prendre place devant un harmonium placé dans un coin que personne n'avait encore remarqué. La pièce qui n'était plus éclairée que par la seule bougie s'emplit d'ombres et l'on ne distingua plus que les visages attentifs vaguement éclairés par la lueur jaune. À la demande de Crawford, ils posèrent à plat sur la table leurs mains qui se touchaient par les auriculaires. Dans ses coussins, Léonora ferma complètement les yeux :

— Nous devons nous concentrer, murmura Crawford. Un peu de musique nous y aidera...

Les sons graves de l'harmonium se firent entendre. En sourdine d'abord puis un peu plus fort, jouant une mélodie aigrelette qui, de l'avis d'Aldo, avait dû voir le jour dans les Highlands. Étant donné les goûts de celle que l'on prétendait appeler, cela lui parut curieux. Marie-Antoinette ne devait certainement pas s'intéresser au folklore écossais. Mais, évidemment, il ne pouvait rien dire...

Soudain, il y eut dans la table un craquement puis un autre et, sous ses doigts, Aldo perçut une sorte de frémissement comme s'il touchait le dos d'un être vivant.

Presque aussitôt une voix s'éleva, affreusement enrouée et bizarrement masculine. Pourtant c'était des lèvres de Léonora qu'elle sortait :

— Fait froid !... Fait si froid !...

Un frisson parcourut autour de la table même les plus incrédules comme Malden. Cette voix semblait traîner après elle toute la misère du monde. Crawford qui s'était institué le maître du jeu lui répondit :

— Pourquoi avez-vous si froid, frère !? Nous sommes là pour vous apporter de la lumière et de la chaleur...

— Qui êtes-vous ?

— Des amis, n'en doutez pas ! Que pouvons-nous faire pour vous ? Prier ?

— Peut-être... moi je n'ai jamais su... Oh, que j'ai froid!... L'eau est... glacée. Je... je ne peux pas... lui échapper!...

— Il faut que vous puissiez vous approcher de notre flamme. Nous allons prier pour vous guider jusqu'à nous, jusqu'à la lumière qui est là, au milieu de nous... Notre Père qui êtes aux cieux...

Le timbre profond donnait à la plus vieille prière des chrétiens une résonance inattendue chez cet homme, sceptique en apparence... Elle entraîna les autres mais ne trouva aucun écho de la part de l'inconnu et le silence retomba quand ce fut fini. Contre la sienne, Aldo sentit trembler la main de Mme de La Begassière. La pauvre femme avait si peur que l'on pût entendre ses dents claquer. Cependant, Crawford reprenait:

— Êtes-vous toujours là, frère?...

— Oui... mais je vous entends de plus en plus mal... Vous vous éloignez... oh, que cette eau est froide...

À mesure qu'elle parlait la voix désolée s'affaiblissait, s'éloignait jusqu'à devenir murmure. Puis il n'y eut plus rien. Chacun put voir que la tête de Léonora retombait à présent sur sa poitrine.

— Laissons-la reposer un instant! chuchota son époux. Lorsqu'elle entre en transe, on ne peut jamais savoir qui essaiera de s'exprimer par sa bouche. Celui que nous venons d'entendre a dû mourir sans savoir ce qui lui arrivait et ne parvient pas à se dégager du trou noir...

— Vous souvenez-vous de ce braconnier qui s'est noyé dans le Grand Canal l'avant-dernier hiver? fit remarquer lady Mendl. C'était le soir, il faisait un froid de loup, tout était gelé et le gibier qu'il poursuivait s'est aventuré sur la glace du canal. Elle a cédé sous le poids de l'homme. Les forestiers du parc ont retrouvé son corps le lendemain...

— Vous... vous pensez que c'est lui qui..., chevrota Mme de La Begassière.

— Bien sûr que c'est lui, grogna Ponant-Saint-Germain agacé. Qu'est-ce qu'on fait maintenant ?

— Frédéric va nous jouer un cantique afin de purifier les ondes. Ensuite nous essaierons d'atteindre celle que nous espérons. Je dis bien essaierons, parce que cette sorte de séance est éprouvante pour le fluide vital de notre médium. Malheureusement, ce genre d'intervention n'est pas rare...

Tandis que le jeune homme exécutait « Plus près de Toi, mon Dieu », Aldo qui tenait à son idée proposa :

— Il serait peut-être mieux de jouer l'un des airs favoris de la Reine ? Elle aimait chanter mais des romances de l'époque.

— Cela me paraît judicieux, approuva le jeune homme de son coin. Je vous propose cet air.

En sourdine il entama « Nina ou la folle d'amour ».

Interprétée sur harmonium au lieu du clavecin dont on accompagnait autrefois Marie-Antoinette, la mélancolique mélodie se dramatisait. Doucement, le jeune Baldwin se mit à chanter. On vit alors Léonora, totalement inerte depuis un moment, se redresser, lever la tête et prendre la suite du jeune homme mais cette fois encore ce n'était pas sa voix normale : c'était celle fragile et inexpérimentée d'une jeune fille ou d'une très jeune femme qui prenait un évident plaisir à chanter même si elle n'y était pas fort habile. Et la stupeur se peignit sur ces visages plus ou moins tendus qu'éclairait la bougie : il y avait une indéniable trace d'accent allemand...

Aldo qui depuis le début observait l'Écossais en se demandant à quoi rimait tout cela, le vit s'illuminer de joie :

— Mon Dieu !... C'est elle ! souffla celui-ci. Elle... enfin !

La chanson mourut, la musique se tut. Puis l'on entendit Crawford tremblant d'émotion :

— Madame... Votre Majesté !... Est-ce bien vous ?

L'étrange voix se remit à chantonner. Autour de la table la tension était palpable. Puis on perçut – et le timbre baissa de plusieurs tons, se chargeant de lassitude :

— Je suis venue de loin... de si loin ! Hâtez-vous... Je suis bien fatiguée.

— Un peu de musique vous aiderait ? Nous souhaitons tous tellement que vous vous sentiez bien...

— ... Oui !... Un peu mieux ! Doucement !... Que voulez-vous de moi ?... Pourquoi m'avez-vous appelée...

— Pour que la Reine efface nos doutes. Des événements terribles se produisent ici, des hommes tombent...

— Il fallait qu'ils tombent ! Leur poids s'était alourdi à travers le temps... Ce qui arrive je l'ai voulu... Il faut que l'on me rende ce qui est à moi !...

Depuis un instant, la langue d'Aldo le démangeait :

— J'ai peine à croire que là où elle est Votre Majesté ait besoin de parures terrestres ?

— Taisez-vous, malheureux ! s'écria Crawford. Vous allez la faire fuir... Madame, Madame, veuillez pardonner...

— Ce qui est à moi est à moi !... Ce qui est à moi est à moi... ce qui est à moi est à moi...

Tout en répétant cette phrase la voix s'affaiblissait, s'éloignait...

— Madame ! implora Crawford, Madame ! Par pitié, restez !... Rappelez-la, Frédéric !... Jouez ! Jouez ce qu'elle aime !

L'harmonium soupira les notes mélancoliques de « Plaisir d'amour » mais ce fut en vain. La tête de Léonora était retombée sur sa poitrine cependant que ses mains glissaient le long du fauteuil. Elle semblait évanouie mais respirait bruyamment.

— Vous êtes sûr qu'elle n'a pas besoin d'aide ? hasarda Clothilde de Malden. Elle est vraiment pâle ?

C'était aussi l'avis de Crawford : il se levait pour se pencher sur sa femme dont il prit le visage entre ses mains en murmurant des paroles incompréhensibles. Mais Léonora restait inerte :

— Il faut pourtant que je la réveille ! Cela risque de devenir dangereux. Léonora ! Léonora ! Réveillez-vous !... M'entendez-vous !

Pas de réponse.

— Mon Dieu ! Il faut faire quelque chose ! Frédéric ! Venez m'aider à l'étendre !

Et soudain tout se déclencha. Les yeux toujours clos, Léonora se mit à se tordre dans son fauteuil comme si elle était en proie à une vive douleur. Ses mains affolées cherchaient à repousser quelque chose d'horrible, d'étouffant. Un véritable hurlement de terreur s'échappa de sa bouche distendue :

— Pas ça !... Par pitié, pas ça !... Je ne voulais pas !... Pardon ! Pitié !

Ses yeux s'ouvrirent, plein d'une indicible frayeur et le hurlement devint strident. Affolé, Crawford semblait ne plus savoir que faire. On vit alors s'avancer le secrétaire. Sèchement, par deux fois, il gifla Léonora.

— Vous êtes fou ! clama l'époux en se jetant sur le jeune homme pour lui arracher sa femme. Vous allez la tuer, imbécile !

— Non ! Il faut la ramener sur terre !... Tenez ! Elle se calme !

En effet, Léonora non seulement cessait de crier mais glissait à terre. Frédéric s'agenouilla près d'elle tandis que le mari hurlait qu'elle était morte.

— Non. Évanouie ! Il faut la monter dans sa chambre pour qu'elle se repose. La tension a été trop forte !

Joignant le geste à la parole, il souleva la jeune femme qu'il emporta hors de la pièce. Lady Mendl s'élança derrière lui :

— Je vais l'aider. Je suis aussi infirmière diplômée !

Tandis qu'ils disparaissaient, les autres se groupèrent autour de la chaise sur laquelle Crawford venait de se laisser tomber en donnant tous les signes du désespoir. Mme de La Begassière se pencha pour lui prodiguer de bonnes paroles mais il n'eut même pas l'air de s'apercevoir de sa présence. Il se releva si brusquement qu'il faillit la renverser et se mit à arpenter la pièce aussi vite que le permettait sa boiterie en répétant :

— Qu'est-ce qui s'est passé ? Qu'est-ce qui n'a pas marché !... Pour la première fois « elle » a répondu à mon appel...

Aldo le prit par le bras pour arrêter cette agitation :

— Calmez-vous, sir Quentin ! Je pense que vous devriez être satisfait si, comme vous le dites, « elle » a répondu ce soir à votre appel. Vous aviez déjà essayé ?

— Oh oui !... Léonora a déjà capté nombre de gens de son entourage mais Elle !... C'était merveilleux... et puis tout s'est brisé. Je ne comprends pas ! Je ne comprends vraiment pas.

— Mon cher, intervint le général, quand on touche à ce genre de choses il faut s'attendre à des déboires. Quelquefois pire encore !

— Croyez-le ou ne le croyez pas, je sais ce que je fais !

— En tout cas, intervint la voix acidulée de Clothilde de Malden, il me semble que vous devriez vous soucier plutôt de l'état de votre femme. Elle n'avait pas l'air d'être en pleine forme...

Mais il balaya l'objection du geste qu'il aurait eu pour chasser une mouche.

— Oh ! Ce n'est rien ! Dans un moment elle va se trouver mieux et même elle aura tout oublié... C'est cela un vrai médium : les grandes pertes de substance qu'il subit durant la transe l'amènent parfois à une... crise qui peut être douloureuse mais qui d'un autre côté, semble le régénérer... Elle va redescendre aussi fraîche et souriante qu'au début de la soirée...

— À propos de soirée, émit le professeur, je croyais qu'on nous avait invités à dîner, c'est vrai ou pas ?

Ce prosaïsme éteignit net la fièvre qui s'était emparée de l'Écossais. Son regard soudain souriant fit le tour de ses invités :

— Tout à fait vrai, mon cher ami, et nous allons passer à table dans un instant. Je vous demande pardon d'avoir donné la priorité à l'esprit. Cela tient à ce que le médium doit être à jeun depuis plusieurs heures mais le dîner nous attend !

Il frappa dans ses mains. Deux serviteurs tirèrent les rideaux de velours puis l'un d'eux, après s'être incliné, les précéda à travers le grand salon jusqu'à une double porte qu'il ouvrit devant eux, découvrant en même temps une longue table où deux chandeliers de vermeil chargés de bougies faisaient briller les cristaux et les couverts...

D'un geste spontané, Clothilde de Malden vint prendre le bras d'Aldo :

— Foin du protocole ! s'écria-t-elle gaiement. Je vous choisis pour cavalier, mon cher prince ! Puis tandis qu'ils sortaient de la loggia, elle ajouta, beaucoup plus bas, « Curieux, cette histoire de jeûne ! ». Vous je ne sais pas mais moi j'ai toujours entendu dire que pour être valable un médium devait être vierge ? Et je ne voyais pas Léonora sous cet aspect...

— Moi non plus, mais ils ne le savent peut-être pas ici ?

— Pas plus qu'ils n'ont l'air de connaître les règles de la bienséance.

Puis, élevant le ton, la jeune femme demanda :

— À défaut de la maîtresse de maison, ne devrions-nous pas attendre lady Mendl, ajouta-t-elle à l'adresse de son hôte. Qui rougit :

— Vous avez raison. Je l'envoie chercher...

Mais elle apparut à cet instant précis, escortée de Baldwin jusqu'à sa place, à la gauche du maître de maison à l'oreille duquel le jeune homme murmura quelque chose avant de se retirer. Crawford arbora aussitôt un large sourire :

— Tout va bien ! proclama-t-il. Léonora s'est endormie et sa femme de chambre va rester auprès d'elle. Songeons à nous et recevez encore toutes mes excuses !...

Le dîner tant attendu fut parfait. Les Crawford avaient une excellente cuisinière et Quentin savait choisir ses vins. La plus aimable convivialité régna alors autour de la table. Sentant qu'elle était nécessaire, Aldo en prit sa part en racontant des histoires tournant autour des joyaux célèbres, se renvoyant la balle avec Crawford, s'efforçant d'attirer l'attention sur lui afin de la détourner d'Elsie Mendl, très silencieuse depuis qu'elle était redescendue et dont le sourire poli n'était dû – il l'aurait juré ! – qu'à sa parfaite maîtrise des obligations mondaines. Elle était assise presque en face de lui et leurs regards se croisèrent à plusieurs reprises.

Aussi quand on en eut fini avec le café, les liqueurs et les cigares que l'on retourna prendre au salon, s'approcha-t-il d'elle :

— Vous êtes venue en voiture, lady Elsie ?

— Bien sûr. Voulez-vous que je vous ramène ?

— J'en serai ravi. Le chauffeur de ma tante m'a déposé mais, étant donné son âge, je n'ai pas voulu qu'il m'attende, pensant que quelqu'un aurait la charité de me prendre en charge.

Malden et Vernois protestèrent de leur bonne volonté qu'Aldo remercia d'un sourire :

— Je n'en ai jamais douté, messieurs, mais je vous avoue que je subis, ce soir, le charme de lady Elsie. Ne me privez pas d'un instant si aimable !...

Comme toute noble dame anglaise, lady Mendl possédait une Rolls pourvue d'une glace de séparation avec le conducteur. À peine la puissante voiture eut-elle franchi les grilles de l'ancienne demeure du capitaine des chasses royales qu'Aldo ouvrit le feu :

— Quand vous êtes venue nous rejoindre au début du repas, vous vous efforciez - non sans talent d'ailleurs ! - de donner le change mais vous sembliez soucieuse. Et vous l'êtes encore.

— Vous avez de bons yeux, mon cher prince !

— Me feriez-vous assez confiance pour partager avec moi ? Vous êtes depuis longtemps une amie d'Adalbert et vous n'ignorez pas à quel point nous sommes liés.

— Aussi ai-je saisi la balle au bond quand vous m'avez demandé de vous raccompagner. Sans cela je serais venue vous voir à l'hôtel...

— Il s'est passé quelque chose tandis que vous étiez dans la chambre de lady Crawford ?

— Oui. Quand Mr Baldwin l'eut déposée, elle semblait aux prises avec un cauchemar dont elle ne parvenait pas à sortir. Il fallait la calmer. Dans ce but j'ai envoyé ce jeune homme chercher sa femme de chambre et nous l'avons déshabillée puis couchée. Je me suis demandé un moment s'il ne fallait pas appeler un médecin, quand le choc subi a paru s'atténuer. Peut-être sous l'impact de la fatigue. J'ai prié alors cette fille de lui faire une tasse de camomille et je suis allée dans la salle de bains afin d'explorer l'armoire à pharmacie. Bien fournie, croyez-moi, et digne d'une clinique louche, parce que j'ai trouvé certaine drogue qui n'aurait pas dû s'y trouver. Mais ce n'est pas tout ! En fouillant parmi ces boîtes et ces flacons, j'en ai trouvé une cachée sous des compresses et des bandes de pansements dont, en principe on n'a pas fréquemment l'usage. C'était une sorte de coffret laqué blanc sur lequel on avait écrit « poison ». Un mot capable de refouler toutes les curiosités... sauf la mienne. Je l'ai pris, je l'ai ouvert. Dedans, il y avait des bijoux...

— Quoi ?

— Oh, vous avez bien entendu ! Je précise : un nœud de corsage en diamants et émeraudes – que je daterais du XVIIIe siècle ! – et une boucle d'oreille.

— Une ?

— Oui. Une sublime « larme » d'un blanc légèrement bleuté... qui devrait vous en rappeler une autre.

XI

LE RENDEZ-VOUS

Comme s'il cherchait à s'en persuader, Aldo répéta :

— Un nœud de corsage... et une boucle d'oreille... qui ne peut être qu'une des deux larmes, et dans une boîte à pharmacie ? Mais ça n'a pas de sens ?

— Ah ! Vous trouvez ?

— C'est la boîte, qui n'a pas de sens ! Cette femme possède le collier de diamants à pendeloques dont Marie-Antoinette avait hérité de Marie-Josèphe de Saxe. Elle le portait l'autre soir et nous l'avons tous vu. Il doit être quelque part dans sa chambre puisque à ce qu'il paraît elle refuse de s'en séparer même pour le mettre dans un coffre. Alors pourquoi dissimuler ce que vous venez de découvrir ?

— La réponse coule de source : pour que le mari n'en sache rien ! Je ne vous cache pas que, depuis un instant, mes idées sur le couple Crawford ont singulièrement évolué ! Pourtant, je les connais depuis longtemps... ou plutôt je croyais les connaître. La passion de Quentin pour Marie-Antoinette ne fait aucun doute. Il y a déjà dépensé des fortunes. En outre, si l'exposition « Magie d'une reine » qui était son idée a rencontré très vite un écho favorable, il a généreusement prêté la majeure partie de sa collection, à l'exception du collier de Léonora.

— Quand on espère une belle pêche, il faut appâter sérieusement. Il a fort bien pu organiser cette exposition dans l'espoir d'une récolte mirobolante. Qui ne va plus tarder maintenant puisque le délai imparti s'achève ce soir. En effet, il est plus de minuit !

— Je serais assez d'accord jusque-là mais ma découverte de tout à l'heure change la physionomie de l'affaire. Léonora n'aime pas la Reine mais elle est folle de bijoux ! Qui nous dit qu'elle ne manipule pas son époux et que ce n'est pas elle le chef de la bande ?

— Vous venez de constater l'état de ses nerfs ? Il faut les avoir solides pour monter un truc pareil ! En outre, je ne la crois pas très intelligente. Enfin, ce que nous venons de voir a démontré l'emprise que son mari possède sur elle. Il peut l'endormir et lui faire dire ce qu'il veut...

— Si vous voulez savoir le fond de ma pensée, l'emprise en question est moins puissante qu'il ne le croit. Elle lui a échappé tout à l'heure et il s'est affolé : la crise de terreur – car c'en était une ! – n'était pas prévue au programme...

Admirant dans son for intérieur la clarté d'esprit de cette femme, Aldo rendit les armes :

— Vous avez peut-être raison mais dans l'état actuel des choses nous n'avons aucun moyen de le savoir. Il est certain que votre découverte nous donne une arme. Que proposez-vous à présent ?

— Faire comme si de rien n'était et garder pour vous ce que je viens de vous dire tant que la petite Autié ne nous sera pas restituée.

— Elle n'était peut-être pas loin de nous. La maison de Crawford est vaste, ancienne aussi : elle ne doit pas manquer d'endroits où cacher un être humain. Sans compter le jardin...

— J'y pense aussi ! soupira lady Mendl. Tant que sa vie sera en danger nous aurons les mains liées... Mais vous voici rendu, mon cher prince, ajouta-t-elle tandis que la voiture s'arrêtait silencieusement devant l'entrée illuminée du Palace. Je vous souhaite une bonne nuit de repos. C'est la seule chose intelligente à faire dans l'immédiat.

En rentrant chez lui, Aldo trouva Adalbert répandu dans un fauteuil en train de fumer un cigare, les pieds voisinant sur une table basse avec un vase de pivoines blanches :

— Alors ? C'était comment, ce dîner ?

— Inhabituel, voire insensé d'un certain côté mais bourré d'enseignements ! Elsie Mendl a trouvé l'une des larmes de diamant et un autre bijou de la Reine dans une boîte à pharmacie...

Suffoqué, Adalbert posa ses pieds à terre et son cigare dans un cendrier :

— Comment en est-elle arrivée à fouiller la pharmacie ?

— Je vais te le raconter. Et toi ?

— Disons que je n'ai pas perdu mon temps mais c'est une broutille à côté de ce que tu rapportes.

À travers la relation précise mais non dépourvue de poésie d'Aldo l'étrange soirée prenait une couleur extravagante. Tout en parlant, Morosini observait son ami pariant avec lui-même ce qu'il allait dire quand il aurait fini... Ce qui ne manqua pas !

— Dis-moi, mon bon, fit Adalbert la mine gourmande. Tu n'aurais pas eu l'idée de noter, dans un coin de ton esprit, les us et coutumes et autres moyens d'accès à cette passionnante maison ? Il me semble que j'aurais plaisir à la visiter... en détail !

Aldo se mit à rire :

— J'aurais parié mon palais familial contre une poignée de cerises que tu me proposerais d'aller y exercer tes talents. On verra plus tard ! À toi maintenant ! Tu as trouvé quelque chose ?

— Un fatras de papiers, de cartes, de livres, de notes, de mégots et le début – prometteur, il y en a déjà six cent trente-deux pages ! – d'une histoire exhaustive de Marie-Antoinette visant à lui offrir une auréole de sainteté. Le tout assaisonné de poussière et de brins de tabac. Et puis tout de même il y avait ça, ajouta-t-il en tirant un feuillet de sa poche. Ce n'est pas l'original. J'ai pris la peine et le temps de le recopier parce qu'il pourrait le chercher.

C'était la liste des membres de l'association. Elle se composait d'environ soixante-dix adhérents dont les noms n'évoquaient pas grand-chose pour Aldo, à l'exception du défunt marquis des Aubiers que le professeur n'avait pas eu le temps de rayer des effectifs. En revanche un nom était souligné : celui d'un certain Sylvain Delaunay.

— C'est toi qui as souligné ce nom ou il l'était sur l'original ? demanda Aldo.

— C'est moi, oui. Ça ne te dit rien ?

— Peut-être... Laisse-moi chercher !

— Pas la peine : c'est celui du cousin de Caroline. Tu sais, celui dont, au début de nos relations, elle ignorait ce qu'il avait pu devenir et qui, cependant, lui écrit de si belles lettres de Buenos Aires d'où elles n'ont jamais été envoyées. Si tu l'as oublié, c'est inquiétant : tu fatigues !

— Je n'ai pas oublié ! En outre, il y a une adresse : 10, rue de la Bonne-Aventure ! C'est plus qu'une adresse : c'est tout un programme ! On pourrait y aller voir ?

— C'est fait. Je m'y suis rendu en sortant de chez Ponant-Saint-Germain. J'ai trouvé une maison en ruine. Visiblement à la suite d'un incendie...

— En ce cas il faut interroger le vieux fou.

— Sous quel prétexte ? En lui disant que j'ai été explorer sa tanière en son absence ?

— Non, évidemment ! Mais on pourrait en charger Plan-Crépin puisqu'elle fait partie de la bande à présent ? Tu as vu, son nom est le dernier inscrit. Et ce Delaunay n'est pas rayé. Donc...

— ... donc on s'en occupera demain ! Toi, je ne sais pas mais moi j'ai sommeil ! Bonne nuit !

Et, bâillant à s'en décrocher la mâchoire, Adalbert abandonna Aldo à ses réflexions. Elles l'occupèrent si bien qu'il y passa le reste de la nuit et ce fut seulement vers cinq heures du matin qu'il réussit à se plonger dans un sommeil peuplé de cauchemars absurdes d'où il sortit en sursaut et trempé de sueur quand on frappa à sa porte : un groom était derrière avec un message sur un petit plateau d'argent :

— Un pli urgent pour Son Excellence, annonça-t-il. Un agent en vélo vient de l'apporter!

C'était, en effet, une lettre du commissaire Lemercier. Ou plutôt – vu le style! – une convocation. Morosini était prié de se présenter au Petit Trianon à huit heures et demie du soir muni du laissez-passer joint. D'autres instructions suivaient mais pas la moindre formule de politesse. Un art dans lequel Lemercier avait beaucoup à apprendre. Morosini en conclut que le commissaire avait reçu des nouvelles du ravisseur et qu'il allait devoir délivrer en son nom et en celui de Kledermann l'autorisation officielle de disposer de leurs joyaux. Il devait venir seul et, en outre, garder un silence absolu sur ce rendez-vous même vis-à-vis des membres du Comité.

— Je me demande, grogna Adalbert si quelques-uns dudit Comité n'en savent pas plus long que nous sur le sujet?

— Tu penses à Crawford?

— Bien entendu. Ton dîner d'hier soir me donne l'impression d'une comédie savamment réglée afin de persuader les autres de l'innocence du bonhomme.

— Tu oublies le malaise de Léonora. Ce n'était pas du théâtre, crois-moi!

— Possible qu'un accident se soit produit, c'est même certain. Sans cela lady Mendl n'aurait pas pu explorer la salle de bains. De toute façon cette histoire est de moins en moins claire...

À huit heures un quart, Aldo, en smoking et cigarette aux doigts, sortait de l'hôtel où le service du dîner battait son plein et, du pas d'un flâneur qui s'en va respirer l'air frais avant de se rendre à quelque soirée, franchissait discrètement la grille de la Reine qui céda sous sa main et qu'il referma sans bruit. Après quoi, sous l'abri des arbres il se dirigea vers les Trianons. Respectant les instructions reçues, il avait annoncé à Tante Amélie et à Marie-Angéline qu'il allait souper en tête à tête avec lady Mendl. Ne se doutant de rien, elles y consentirent d'autant plus volontiers qu'Adalbert restait avec elles.

Cette promenade solitaire à travers le parc désert auquel les ombres bleues du soir rendaient son mystère n'avait rien de déplaisant. Aldo aimait trop se plonger dans le passé pour ne pas l'apprécier même s'il s'étonnait d'avoir été convoqué seul. Selon lui, il eût été normal que deux ou trois membres du Comité fussent présents à ce qui ne pouvait être que la remise des joyaux à Lemercier. Mais jusqu'à ce qu'il atteigne la cour d'honneur il ne rencontra personne. Pas même un garde ou un simple policier. Le premier qu'il aperçut patientait sagement au volant d'une voiture noire rangée près de l'entrée du petit château.

Le second faisait les cent pas dans le vestibule éclairé par la lanterne de bronze doré pendue au plafond. Il s'approcha d'Aldo :

— Vous êtes M. Morosini ?

Pour unique réponse Aldo montra son laissez-passer.

— Montez ! Vous êtes attendu dans le boudoir.

Aldo gravit donc l'escalier de marbre, traversa non sans une bizarre émotion les salles à peine éclairées emplies des souvenirs de la Reine où les mannequins portant ses robes et leurs ombres faisaient naître une vie irréelle. Instinctivement il étouffa le bruit de ses pas, peut-être afin de percevoir d'autres échos. Crawford ne prétendait-il pas que Trianon était hanté ? Pour sa part, Aldo n'était pas loin d'être de son avis.

Comme annoncé, il trouva Lemercier assis près de la vitrine à présent à moitié vide. Les glaces que Marie-Antoinette avait fait poser pour isoler sa pièce de prédilection étaient relevées renvoyant à l'infini l'image des deux hommes et celle des quelques meubles.

— Vous êtes ponctuel !

— Pas de quoi s'extasier : c'est chez moi une seconde nature. Où sont les autres ?

— Quels autres ?

— Ceux du Comité : Crawford, Malden, Vernois. Il était normal qu'ils assistent à la remise des bijoux entre vos mains...

— Je les ai déjà, répondit le commissaire en désignant une serviette de maroquin posée sur une console. Si vous voulez vérifier !

Sans répondre Aldo fit jouer la serrure et sortit deux écrins usagés en cuir bleu frappés du monogramme de la Reine qu'il connaissait, mais aussi un troisième nettement plus neuf, qu'il ouvrit avec une exclamation de mécontentement :

— Qu'est-ce que ça signifie ? C'est le collier appartenant à la comtesse Huntington qui était avec eux dans la vitrine et il n'en a jamais été question.

— Si. Je ne vous l'ai pas dit mais j'ai reçu un autre message du ravisseur demandant qu'on le joigne au reste pendant qu'on y était.

— Et vous avez l'accord de la propriétaire ?

Lemercier qui n'avait déjà pas l'air tellement à son aise, fit une affreuse grimace :

— Euh... non ! J'ai bien essayé de l'appeler au téléphone mais elle était allée rejoindre sa fille aux Indes jusqu'à la fin de l'année.

— Il fallait demander son adresse, télégraphier ! Les Indes c'est peut-être le bout du monde mais les Anglais les ont tout de même équipées de moyens modernes...

— Je l'ai fait aussi et je n'ai pas eu de réponse. J'ai même essayé par l'ambassade. Toujours rien ! Or le temps jouait contre nous : il était nécessaire que je me décide puisque l'ultimatum s'achève ce soir. Évidemment, nous allons faire notre maximum pour arrêter ce démon le plus rapidement possible afin de récupérer les joyaux, mais en attendant vous allez remettre les trois écrins...

— Moi ? Mais qu'est-ce que je viens faire là-dedans ? Je vous ai autorisé à disposer de mes bijoux et de ceux de mon beau-père. Il me semble que c'est suffisant ?

— Je l'ai cru... jusqu'à ce que je reçoive les dernières instructions : c'est vous et vous seul qui avez été désigné pour opérer l'échange entre Mlle Autié et les joyaux. Une voiture vous attend à la porte Saint-Antoine... Je suis désolé mais on ne peut faire autrement !

— Désolé ? Vous n'en donnez pas l'impression ! Depuis ce matin vous aviez largement le temps de me prévenir...

La patience de Lemercier était d'autant plus restreinte qu'il se rendait parfaitement compte qu'il avait le mauvais rôle :

— Justement non ! s'écria-t-il. Il y a seulement une heure que l'on m'a précisé que vous seriez le messager. Jusque-là vous deviez seulement m'autoriser à prendre vos sacrés joyaux !

— S'il n'y avait que les miens je n'y verrais pas d'inconvénient mais je me refuse à emporter le collier de perles !

— Alors, on ne vous remettra pas Mlle Autié. L'homme a été formel : c'est tout ou rien ! À vous de voir !

— Il y a quelque chose qui cloche. Au point où nous en sommes, pourquoi ne vous a-t-on pas demandé aussi le diadème de lady Craven et le collier de la duchesse de Sutherland ?

— D'après ce que j'ai lu dans le catalogue, ils n'ont jamais été portés par Marie-Antoinette puisque certaines de leurs pierres viennent du fameux collier volé par La Motte. Ce doit être un sentimental.

Il avait raison, ce qui augmenta l'irritation de Morosini, furieux d'être battu sur son propre terrain par cette simple évidence. Il savait, en outre, que discuter ne servirait à rien et qu'à présent c'était sur lui seul que reposait la vie de Caroline Autié. Et c'était affreusement désagréable...

Refermant les écrins il les remit dans la serviette.

— Bon ! fit-il calmement. Vous avez gagné ! Au cas où je ne reviendrais pas, j'espère que vous trouverez des paroles convaincantes pour ma famille... Et aussi pour Scotland Yard ! Je n'aimerais pas être à votre place !

— Toujours le goût du drame, hein ? Vous êtes bien italien !... Il n'y a aucune raison pour que vous y laissiez votre peau ! Vous êtes seulement chargé de remettre ça contre une jeune fille ! Le premier imbécile venu saurait le faire...

— Pourquoi ne pas le faire vous-même alors ? Et je ne suis pas italien, veuillez le noter !

— Ah non ? Et c'est où Venise ? En Russie ?

— En Vénétie ! Cela fait toute la différence. Nous sommes toujours la Sérénissime République et n'acceptons pas l'Italie des fascistes ! Sur cette mise au point, que dois-je faire ?

— Prendre la serviette et aller jusqu'à la porte Saint-Antoine. Je vais vous escorter.

— Que d'honneurs ! Vous êtes trop généreux !

Côte à côte les deux hommes descendirent l'escalier et prirent place dans la voiture, qui se mit en marche aussitôt. Le trajet n'était pas long – cinq cents mètres environ. À la porte Saint-Antoine, le gardien, avant d'ouvrir la grille devant eux, vint remettre une clef au commissaire :

— La Citroën qui est à main gauche, sous les arbres, dit-il.

— Qui vous l'a remise ?

— Un homme avec de grosses lunettes, habillé de cuir comme un motocycliste avec casque et gants. Il a dit que vous trouveriez ce qu'il faut à l'intérieur puis il est parti et un instant après j'ai, en effet, entendu démarrer une moto qui retournait vers la ville.

— C'est bon. Ouvrez ! Ensuite vous pourrez aller vous coucher. C'est terminé pour ce soir !

Ainsi qu'il l'avait indiqué, une voiture grise, banale, attendait tous feux éteints et tournée en direction de Saint-Germain-en-Laye. Sur le siège du conducteur, il y avait une lampe électrique et une carte routière pliée... Deux croix rouges étaient tracées dessus : une flèche désignait la première avec l'inscription « Vous êtes ici » et l'autre indiquait un carrefour à la limite de Rocquencourt et de Bailly dont Lemercier releva soigneusement l'emplacement sur son carnet en ricanant :

— C'est gentil de se montrer aussi précis !

— Ne rêvez pas ! Je serais fort étonné si ma course s'arrêtait là..., fit Aldo avec un haussement d'épaules. Vous pouvez être certain que ses précautions sont prises !

— Ne me prenez pas pour un idiot ! Je m'en doute ! En attendant voilà le sac ! Filez !

Aldo s'installa au volant, la serviette posée à côté de lui, alluma ses phares et démarra salué par un « Bonne chance ! » dont il n'était pas sûr qu'il soit sincère... De toute façon il n'en avait pas besoin. Dès l'instant où l'action était engagée, le vieux démon de l'aventure le reprenait et lui soufflait que son rôle pourrait ne pas se limiter à celui d'un simple livreur ainsi que se le figurait si commodément un policier dont l'imagination ne semblait pas être la vertu première...

Cette expédition lui en rappelait une autre qui s'était située à peu de chose près dans la même région. Il se revoyait, une nuit, prenant le volant de la superbe Rolls d'Eric Ferrals, et emportant avec lui un fabuleux saphir qui devait servir de rançon à la femme qu'il aimait alors. Une très étrange prise d'otage qui s'était achevée de façon plus étrange encore[1] ! Cette fois, son cœur n'était pas engagé,

1. *L'Étoile bleue.*

même s'il s'avouait sensible à la beauté de la jeune Caroline, et cela ôtait un peu d'intensité au drame qu'il vivait ce soir. Au fond, c'était à Pauline qu'il devait peut-être de n'avoir pas éprouvé pour la jeune fille ces coups de flamme dont Lisa ne l'avait pas complètement guéri et qu'il se reprochait ensuite avec sévérité bien qu'ils n'entamassent en rien son amour pour sa femme. Il est vrai aussi qu'en l'occurrence le remède était pire que le mal. Le souvenir de sa nuit avec Pauline s'effacerait difficilement... si tant est qu'il y parvienne un jour. Le plus affreux était qu'il n'en éprouvait aucun regret sinon celui de devoir y renoncer à jamais. Un remords ? Discret, alors !

Tout en philosophant avec lui-même, Aldo avait roulé. Peu de monde sur la route de Saint-Germain, encore moins quand il l'eut quittée pour plonger dans les bois où il eut vite fait d'atteindre le croisement indiqué sur la carte. Il y avait là trois petites maisons et un poste d'essence d'ailleurs fermé. Un homme habillé comme un ouvrier, coiffé d'une casquette et le visage caché par un foulard sombre vint se placer dans la lumière jaune des phares puis se remit en marche en lui faisant signe de le suivre. Ils s'engagèrent ainsi dans l'allée d'un jardin fermée par une barrière. Au bout du chemin était un hangar dans lequel Aldo rangea la voiture auprès d'une camionnette en tôle ondulée dont l'arrière était ouvert.

— Descendez ! ordonna l'homme à la casquette. Prenez la serviette et montez ! ajouta-t-il en désignant l'autre véhicule à l'aide du pistolet dont il était armé. Il n'y avait rien d'autre à faire qu'à obtempérer et Aldo se retrouva assis à même le métal au milieu de pots de peinture et du matériel qui allait avec.

— J'aurais préféré finir le trajet dans l'autre voiture, soupira-t-il. C'était nettement plus confortable.

— Peut-être, mais de là-dedans on ne voit rien. Asseyez-vous où vous pourrez et tenez-vous tranquille !

Les portes refermées, c'était en effet l'obscurité totale. À tâtons, Aldo se chercha une place qu'il trouva entre deux pots sentant affreusement l'huile de lin et la paroi à laquelle il s'adossa en pensant avec mélancolie qu'après un séjour dans cette boîte, son smoking serait probablement fichu. C'était sans doute une réflexion frivole mais elle permettait au moins de ne pas s'appesantir sur la tournure que prenaient les événements. Ce changement de moyen de transport ne lui disait rien qui vaille même si c'était, après tout, de bonne guerre. Il aurait fallu être simple d'esprit pour indiquer aussi clairement l'endroit où devait avoir lieu l'échange. Dès que la camionnette se fut ébranlée, il pria pour que la destination définitive ne soit pas trop éloignée. On s'engagea dans ce qui ne pouvait être qu'un chemin de terre et, avec les cahots, le matériel au milieu duquel il était logé, se retrouva animé d'une vie propre.

— Je vais en sortir en loques et couvert de bleus, sans compter l'odeur ! grogna-t-il après qu'un pot, posé sans doute sur un autre, fut tombé sur l'une de ses jambes. Par chance il ne devait pas être plein ce qui rendit le contact moins douloureux. « J'espère que pour ramener Caroline ils me trouveront autre chose... »

Heureusement, on atteignit bientôt une route asphaltée sur laquelle l'engin roula sans trop de sursauts. Aldo en profita pour s'établir de façon moins aléatoire dans le coin le plus éloigné de la porte, les genoux remontés, les pieds calés sur une échelle et la précieuse serviette serrée contre son estomac.

On roula ainsi un temps qui lui parut affreusement long. Beaucoup plus d'une heure certainement avant de retrouver ce qui devait être un autre chemin vicinal si l'on en jugeait par les bonds des pots de peinture !... Enfin, tout se calma et la camionnette s'arrêta. Les portes s'ouvrirent et la lumière violente d'une puissante lampe électrique arriva dans les yeux de Morosini qu'elle aveugla.

— Descendez ! ordonna une voix rude qu'il n'avait pas encore entendue. Et d'abord donnez-moi les bijoux !

Une main gantée de cuir sortit du flot de lumière. Aldo y accrocha la poignée de la serviette tout en se traînant sur les fesses pour sortir de la guimbarde.

— Ça vous ennuierait d'éteindre votre phare ? vous m'aveuglez !

— Mais comment donc !

La lampe s'éteignit mais Aldo n'eut pas le loisir de goûter l'obscurité revenue. Un objet lourd le frappa brutalement à la nuque l'envoyant dans des ténèbres plus profondes que n'était la nuit...

En regagnant son bureau après avoir lancé Aldo dans l'aventure, Lemercier trouva un comité d'accueil inattendu composé d'Adalbert, de Crawford, d'Olivier de Malden et du général de Vernois, et il fut vite évident que l'humeur n'était pas à la jovialité... Fidèle à une tactique éprouvée depuis longtemps, Lemercier attaqua d'emblée :

— Qu'est-ce qui me vaut votre présence ? Vous vous donnez rendez-vous chez moi à présent ?

— Nous ne nous sommes pas concertés. Nous sommes seulement arrivés au même moment, expliqua Adalbert.

— Et vous voulez quoi ?

— Des explications ! gronda Quentin Crawford. C'est ce soir qu'expire l'ultimatum du ravisseur et vous n'avez convoqué que le prince Morosini alors que nous étions en droit d'espérer être au moins informés !

— Parce que vous appartenez au Comité ? Sachez, mon cher monsieur, que si je ne l'ai pas fait c'est uniquement pour obéir aux ordres que j'ai reçus par téléphone à la fin de l'après-midi. Seul Morosini, propriétaire d'un des joyaux et mandataire de son beau-père, devait me rejoindre au Petit Trianon pour les recevoir de ma main et se rendre au rendez-vous fixé par ce bandit. Et aucun de vous ne devait être averti...

— C'est lui qui va procéder à l'échange ? fulmina Adalbert. Et seul ?

— Qu'est-ce que vous croyez ? Que le ravisseur allait vous faire venir tous en chemise et la corde au cou comme les bourgeois de Calais, en portant les parures sur un coussin ? aboya le policier visiblement enchanté d'avoir une aussi bonne occasion de se mettre en colère. Je ne suis pas à vos ordres, que je sache ! Alors, laissez-moi faire mon métier comme je l'entends !

— Nul ne songe à vous en empêcher, répliqua Malden d'un ton conciliant, mais admettez au moins que nous soyons inquiets... Comment l'échange devait-il se faire ?

Il était difficile au commissaire de ne pas s'expliquer. Il s'exécuta mais avec une mauvaise grâce qui n'allégea pas l'inquiétude de ses visiteurs.

— À quelle heure Morosini est-il parti ? demanda Crawford.

— Il devait être un peu plus de neuf heures quand il a pris le volant de la voiture.

— Ce qui fait environ deux heures, dit Adalbert en consultant sa montre... Reste à savoir s'il allait loin ou pas ? Vous dites que la carte indiquait une croisée de chemins ?

— J'y ai envoyé immédiatement l'inspecteur Bon mais il n'a rien trouvé.

— Qu'est-ce que vous attendiez ? Vous deviez penser que le vrai rendez-vous aurait lieu ailleurs. Avez-vous pu voir, au moins l'immatriculation de la Citroën ?

— Mais vous me prenez pour un débutant, brailla Lemercier. Je sais à qui elle appartient et vous allez rire...

— Ça m'étonnerait !

— À votre présidente : cette aimable Mme de La Begassière ? Vous êtes content ?

— Très ! soupira Malden, lugubre. Autrement dit il ne nous reste plus qu'à attendre...

— Alors, faites-moi le plaisir d'aller patienter ailleurs ! Vous m'encombrez ! Je vous préviendrai quand il y aura du nouveau.

— Allons chez moi ! proposa Malden. C'est le plus près et, comme personne ce soir n'a envie de dormir et que nous sommes quatre, je propose un bridge. Cela aura l'avantage de nous occuper l'esprit...

La moue dubitative d'Adalbert indiqua qu'il n'y croyait guère mais c'était mieux que tourner en rond dans sa chambre. Il fallait seulement espérer que la partie serait interrompue rapidement. Il suivit donc les autres, se contentant d'appeler au téléphone le Trianon Palace afin que l'on délivre un message à Mlle du Plan-Crépin, lui demandant d'appeler elle-même chez les Malden pour qu'il puisse lui donner les dernières nouvelles à partager avec Mme de Sommières, mais à doses homéopathiques : la nuit risquait d'être longue et il était préférable de n'inquiéter la vieille dame qu'en cas d'absolue nécessité.

Par la suite, Adalbert devait se souvenir de cette séance de bridge comme d'une sorte de cauchemar. Jamais il n'avait joué aussi mal alors qu'en temps habituel il était d'une assez jolie force. Il perdit tout ce qu'il voulut et s'en excusa auprès de ses différents partenaires. Le plus malmené fut Crawford : tant qu'il eut l'Écossais en face de lui, Adalbert lutta contre l'envie de lui demander ce que faisait l'une des fameuses larmes de Marie-Antoinette dans la boîte à coton hydrophile de sa femme. Seule l'idée qu'il n'en savait peut-être pas plus que lui sur la question le retint mais la tentation était grande. À mesure que le temps passait à l'élégante horloge de parquet – souvenir du palais qui avait dû connaître les soins de l'industrieux Caron de Beaumarchais –, son énervement montait au diapason de son angoisse. Finalement il n'y tint plus : jetant ses cartes, il se leva et se mit à marcher dans la pièce avec agitation :

— Veuillez m'excuser tous ! exhala-t-il avec la fumée de la cigarette qu'il venait d'allumer, vous avez dû vous apercevoir que je ne suis bon à rien ce soir !

— Vous voulez dire ce matin ? fit Olivier de Malden en allant tirer les rideaux sur la plus radieuse des aurores. Il est cinq heures, messieurs. Quant à votre qualité de jeu, mon cher ami, elle a été moins mauvaise que vous ne le pensez pour la bonne raison que, tous, nous avons joué en dépit du bon sens. On ne va pas faire les comptes parce que je ne suis même pas certain que nous ayons joué au bridge. C'était du n'importe quoi ! Ah, Clothilde ! ajouta-t-il à l'adresse de sa femme qui entrait suivie d'un valet porteur d'un substantiel petit déjeuner, vous pensez toujours à tout ! Même que nous avons besoin de réconfort. Mais comment êtes-vous debout à pareille heure ?

— Simplement parce que je ne me suis pas couchée, répondit-elle en étalant une nappe blanche sur la table de bridge. Il était temps de vous apporter quelque chose de plus consistant que le contenu de ces bouteilles, ajouta-t-elle en désignant le cabaret aux verres anciens posé sur une console et dont les deux flacons s'étaient vidés au fil des heures. J'avais pensé à vous servir une soupe à l'oignon mais il y avait là un côté festif peu en rapport avec ce que vous vivez. Alors, café au lait ou chocolat? Choisissez! À présent je vous laisse!

Ce qu'elle leur offrait était si appétissant qu'ils reprirent leurs places pour y faire honneur. Adalbert surtout débordait de reconnaissance. Il se sentait comme un enfant apeuré qu'une bonne fée vient prendre par la main pour lui offrir le réconfort de son amitié. Pendant un moment ils mangèrent en silence tandis que diminuait le contenu des corbeilles de croissants, pains au lait, muffins et scones. Sans doute en l'honneur de l'Écossais!

Enfin, le général vida sa tasse, la posa et, après s'être essuyé les moustaches:

— Vous ne trouvez pas que c'est un peu long pour un échange? Je commence à craindre le pire, tonnerre de Dieu!

— Moi, il y a longtemps que j'ai commencé! Et ce satané commissaire qui n'appelle pas! Je crois que je vais y retourner!

— Cela ne vous avancera à rien, sinon à faire les frais de son mauvais caractère! dit Crawford avec une grimace de douleur parce que depuis quelques instants sa jambe malade le faisait souffrir. Agissez à votre guise, moi je rentre! Vous me raconterez la suite de l'histoire!

Il se levait, cherchait sa canne mais Adalbert fut debout en même temps que lui:

— Je me demande si vous ne la connaissez pas mieux que nous, la suite de l'histoire, comme vous dites?

— Moi ? Quelle mouche vous pique ? Me direz-vous par quelle illumination du Ciel je pourrais être mieux renseigné que vous ?

— Le Ciel n'a rien à y voir. Peut-être pourriez-vous nous expliquer...

Une suite de coups de sonnette frénétiques lui coupa la parole. Un instant plus tard, le commissaire Lemercier se matérialisait devant eux, blanc de colère et l'œil étincelant. Sans saluer qui que ce soit, il fonça droit sur Vidal-Pellicorne :

— J'avais raison de me méfier de vous, gronda-t-il, mais maintenant vous allez me dire où est passé votre brillant ami ?

— Ne deviendriez-vous pas complètement fou ? Qu'est-ce qui vous prend ? C'est bien vous qui l'avez expédié – peut-être au casse-pipe – sans avoir seulement daigné nous en informer ?

— Oh, pas de salades, mon bonhomme ! Ne jouez pas les vertus outragées. Si vous ne vous décidez pas à répondre à ma question... et un peu vite, je saurai, moi, vous faire parler !

— Avec quoi ? Les brodequins, l'eau, le fer rouge ? Espèce d'incapable ! S'il est arrivé quelque chose à Morosini...

Fou de rage, il levait le poing, prêt à frapper. Olivier de Malden s'élança entre les deux hommes et maintint Adalbert :

— Non ! Je vous en prie, calmez-vous, mon ami ! Vous le regretteriez ! Quant à vous, commissaire, votre attitude demande au moins une explication. Au cas où vous l'auriez oublié, je vous rappelle que vous êtes chez moi.

— Une explication ? cracha le policier avec mépris. Si vous la voulez, la voilà ! Votre joyeux copain n'est jamais arrivé au rendez-vous ! Le ravisseur l'attend encore !

— Qu'est-ce que vous dites ? La vérité ! Monsieur le prince Morosini, ce grand seigneur, parangon de toutes les vertus, s'est tranquillement fait la malle avec les bijoux qui lui étaient confiés ! Plus la voiture dans laquelle je l'avais embarqué moi-même ! Qu'est-ce que vous en dites ? Hahahaha !

Hors de lui, Adalbert venait de lui sauter à la gorge :

— Que vous êtes le plus fichu imbécile que la terre ait jamais porté. Il est sans doute mort à l'heure qu'il est, ou prisonnier, et vous, triple andouille, vous êtes là, à l'accuser simplement parce qu'un bandit insatiable a trouvé ce moyen pour s'en faire donner davantage ! Je vais vous apprendre moi...

Cette fois, il fallut les forces conjuguées d'Olivier et du général pour tirer des pattes d'Adalbert sa victime à moitié étranglée... et d'autant plus furibarde !

On eut quelque peine à ramener un semblant de calme, chacun des adversaires ne souhaitant visiblement que s'entre-tuer pour l'un, et pour l'autre fourrer l'ennemi dans un cul-de-basse-fosse en attendant son inévitable comparution en cour d'assises. Finalement chacun coincé dans un fauteuil sous la vigilance de deux gardiens, force resta à la diplomatie. Olivier de Malden prit la parole :

— J'ai toujours pensé, messieurs, qu'un échange d'idées franc et clair était plus judicieux qu'un échange de coups de poing. Il se peut que j'aie tort mais on ne se refait pas et c'est le concept que l'on s'est efforcé de m'inculquer rue Saint-Guillaume ainsi qu'au Quai d'Orsay...

— Vous ne pourriez pas abréger? grogna Lemercier. J'ai du travail, moi!

— Nous aussi! Abrégeons donc! À qui espériez-vous faire croire, commissaire, que le prince Morosini a pris la poudre d'escampette avec des joyaux dont l'un lui appartenait, et l'autre à sa famille...

— Ce n'est pas la même chose. Je me suis renseigné: la collection Kledermann est l'une des plus importantes d'Europe et rien ne dit qu'elle tombera un jour dans l'escarcelle de votre Morosini?

— Sa fille en héritera! grinça Adalbert. Et qui dit sa fille...

— ... ne dit pas qu'elle ne divorcera jamais! Enfin, il y a ce magnifique collier à plusieurs rangs que la Reine affectionnait, m'a-t-on dit, et qu'elle portait fréquemment, et celui-là, aucune chance de se l'approprier sauf...

— En le volant? glapit Adalbert aux épaules duquel s'accrochèrent aussitôt Crawford et Vernois pour l'empêcher de se lever. Vous n'allez pas me clouer sur ce siège jusqu'à ma mort et je vous jure que ce pâle crétin n'échappera pas, tout policier qu'il est, à la raclée que je lui réserve!

— Menaces caractérisées en public? ricana son adversaire. Votre cas s'aggrave d'instant en instant!

— Si vous saviez ce que je m'en fous! Au lieu de prendre pour argent comptant la parole d'un truand qui a sans doute trouvé un nouveau moyen de se procurer d'autres joyaux, vous feriez mieux de vous demander ce qui a pu arriver à Morosini. Car il lui est arrivé quelque chose : je vous en fiche mon billet !...

— Comme c'est vraisemblable !

— Plus vraisemblable que de l'imaginer filant je ne sais où en laissant une malheureuse fille aux prises avec un ravisseur sadique qui ne manquera pas de se venger sur elle ! Le croire un seul instant capable de commettre une telle vilenie, c'est l'insulter, et je ne l'admettrai jamais !

— Quand j'aurai prouvé que j'ai raison, vous serez obligé de l'admettre !

— Au lieu de chercher des preuves inexistantes, il serait plus utile d'essayer de le retrouver. Parce que si c'est à l'état de cadavre vous n'avez pas fini d'entendre parler de moi ! Je vais d'ailleurs m'occuper de vous sans plus tarder.

Et sautant sur ses pieds trop vite pour qu'on puisse le retenir, Adalbert sortit sans saluer personne, regagna l'hôtel de toute la vitesse de ses longues jambes, fit une toilette rapide, prévint Marie-Angéline de ce qui se passait en refusant de s'attarder, dégringola au garage, sauta dans sa voiture et prit à une allure d'enfer la route de Paris.

Trois quarts d'heure plus tard il se rangeait devant le 36, quai des Orfèvres et demandait à parler au commissaire principal Langlois...

En dépit de son impatience il s'attendait à parlementer ou, au mieux, à être prié d'attendre. Or, il fut introduit aussitôt dans un cabinet à peine moins sévère que celui qu'il connaissait déjà : en montant en grade Langlois était descendu de deux étages mais si son nouveau bureau était plus vaste et mieux meublé, il était peut-être plus encombré que le précédent.

Le policier n'y étant pas quand on le fit entrer, Adalbert se demanda un instant si c'était bien lui qu'il allait voir mais trois détails le rassurèrent : le tapis aux couleurs chaudes recouvrant le parquet – ciré cette fois ! –, la photographie du commissaire Langevin auquel Langlois vouait une sorte de vénération et le petit vase plein de bleuets et de giroflées posé sur un coin du solide bureau ministre, fonctionnel mais sans grâce. Deux minutes ne s'étaient pas écoulées que l'occupant des lieux entrait en coup de vent. Admirablement habillé selon son habitude – prince-de-galles gris et cravate assortie au bleuet de la boutonnière ! – Langlois visiblement préoccupé tendit à son visiteur une main soignée avant de lui désigner un siège :

— Vous arrivez de Versailles et les nouvelles ne sont pas bonnes, déclara-t-il d'entrée de jeu.

— C'est le moins qu'on puisse dire : Morosini a disparu et votre Lemercier l'accuse de vol en attendant de lui coller un meurtre sur le dos. C'est un cas celui-là !

— Calmez-vous d'abord ! Il est évident que vous êtes en rogne. Et notez au passage que ce n'est pas « mon » Lemercier. Maintenant, racontez en essayant d'être aussi clair et précis que possible !

— On va essayer... Vous êtes au courant du premier meurtre puisque nous nous sommes rencontrés chez Mme de Sommières ?

— Et des autres aussi. Dites-vous que ce qui se passe là-bas est trop grave pour que Paris s'en désintéresse.

— C'est déjà une bonne chose ! Où voulez-vous que je commence alors ?

— À l'enlèvement de Mlle Autié...

— Je vois. Et le marquis des Aubiers ?...

Constatant que Langlois fronçait le sourcil avec un signe de dénégation, Adalbert raconta : l'accident du marquis, sa propre visite nocturne chez Ponant-Saint-Germain, la découverte de l'extrait du journal de Léonard, la soirée chez Crawford et ce qui s'était ensuivi. Enfin la disparition d'Aldo et sa dramatique conséquence à laquelle il apporta un corollaire personnel :

— Je vous jure que je tiendrai parole. Si Morosini n'est pas retrouvé vivant, Lemercier prendra la raclée de sa vie, dussé-je la payer par de la prison.

— Je ne pense pas que vous y trouveriez une grande consolation. Pour ma part, j'en serais sincèrement désolé. L'ennui c'est qu'officiellement je n'ai pas le droit d'intervenir dans les affaires de la police de Versailles...

— Comment faites-vous dans ce cas pour être si bien renseigné ?

Pour la première fois un faible sourire étira les lèvres minces du policier :

— Depuis l'inauguration de cette damnée exposition, je me suis arrangé pour y avoir des yeux et des oreilles. Malheureusement, leur propriétaire légitime n'a pas le don d'ubiquité et ce que vous venez de m'apprendre arrive à point pour éclairer ma lanterne. Vous n'avez pas parlé à Lemercier de la feuille de papier trouvée chez Mlle Autié ni de la découverte de lady Mendl ?

— Pour qu'il nous arrête tous les deux? Moi pour effraction nocturne et elle pour avoir fouillé la propriété d'autrui? Je ne suis pas fou!

Langlois ne put s'empêcher de rire:

— En dépit du risque... réel, vous auriez dû, tout de même. Je répète ce que vous avez entendu chez la marquise: c'est un excellent policier en dépit d'un caractère épouvantable et de cette manie qu'il a de prendre les gens en grippe!

— Après ce qui s'est passé entre nous vous voulez que j'aille lui déballer mon histoire?

— Plus maintenant! Cela dit, rentrez à Versailles et faites de votre mieux pour retrouver les traces de Morosini. De mon côté, je vais m'y rendre cet après-midi afin d'essayer de remettre en place les idées de Lemercier. Étant donné l'amplitude que prend l'affaire il est normal que Paris y mette son nez. Mais je ne dirai pas que je vous ai vu.

Sur une dernière poignée de main, les deux hommes se séparèrent. Adalbert reprit sa voiture, passa chez lui rue Jouffroy afin de bavarder un moment avec Théobald, son admirable homme à tout faire.

Celui-ci était justement en train de mitonner un sauté d'agneau auquel il donnait des soins mélancoliques mais attentifs: c'est tellement triste de cuisiner pour soi seul! Mais perfectionniste, Théobald, même au fond de la douleur, était incapable de se nourrir d'un sandwich et d'une feuille de laitue mangés sur un coin de table. L'arrivée de son maître le revigora:

— Ah, Monsieur nous revient enfin!

— Pas de fol espoir, Théobald, je ne fais que passer prendre mon courrier et voir s'il y a du nouveau. Puis reniflant à la manière d'un chien qui lève une piste : Ça sent rudement bon ? Tu attends du monde ?

— Non... sauf si Monsieur voulait me faire l'honneur... et l'infini plaisir de déjeuner ici. Je pourrais ajouter des œufs brouillés aux champignons, une salade et une compote de pêches à la cannelle que j'ai faite hier.

— Oh, ma foi, oui ! Ma maison me manque, tu sais ? Et toi aussi, mais je ne peux pas quitter Versailles en ce moment : les choses y vont de mal en pis. Quant à la cuisine de l'hôtel, même excellente, elle finit par lasser...

— En ce cas je vais mettre le couvert ! Oh, que je suis heureux !

— Laisse la salle à manger tranquille ! On va déjeuner dans la cuisine ensemble ! J'en ai pas mal à te raconter...

Venant après la promesse de Langlois et accompagné d'une bouteille de son bordeaux préféré, ce fut pour Adalbert un réel moment de détente. Sa maison ne lui était jamais apparue aussi agréable. S'il n'y avait eu cette affreuse histoire de la disparition d'Aldo, il se fût glissé dans ses pantoufles avec béatitude et réinstallé dans son vieux fauteuil de bureau en cuir noir pour s'y pencher tendrement sur la découverte récente d'un tombeau royal en haute Égypte qui le passionnait.

Il en était à se demander si, finalement, il ne pourrait pas emporter le dossier au Trianon Palace afin de l'étudier à ses rares moments perdus quand le téléphone sonna dans l'antichambre. Presque aussitôt Théobald se matérialisa :

— C'est Mrs Belmont, annonça-t-il. Que dois-je lui dire ?

— Rien. Passe-la-moi !

Décidément, cette journée était à marquer d'une pierre blanche puisque Pauline l'appelait ! En fait, la jeune femme était inquiète. Croyant Mme de Sommières rentrée, elle avait voulu déposer sa carte de visite rue Alfred-de-Vigny mais on lui avait dit que Mme la marquise séjournait encore à Versailles. Aussi s'inquiétait-elle : la vieille dame n'était pas malade au moins ?

— Non. Seulement tourmentée comme nous tous. Morosini a disparu !

— Qu'est-ce que vous dites ?... Mais c'est abominable !

Adalbert lui expliqua de son mieux en essayant de ne point trop dramatiser et en précisant qu'un grand policier allait s'en occuper personnellement mais, là, il perdait son temps. Après un bref silence, Pauline demanda s'il était possible de trouver un appartement au Trianon Palace :

— J'ai énormément de sympathie pour la marquise et je voudrais être auprès d'elle pendant ces jours si pénibles !

— Il suffit de téléphoner ! Je le fais dans l'instant et je vous rappelle.

Quelques minutes plus tard, il avait la réponse : si Mrs Belmont voulait bien se contenter d'une seule chambre, la Direction serait heureuse de la recevoir.

— Parfait ! dit Pauline. Je laisse ma camériste ici et je viens !... Au fait, pourriez-vous venir me chercher ?

— Avec joie ! Je serai devant l'hôtel dans une demi-heure.

Il était même si heureux qu'il oublia de demander à sa voyageuse ce qu'elle comptait emporter comme bagages. Aussi quand la petite Amilcar s'arrêta devant l'entrée du Ritz donnant sur la rue Cambon, le bagagiste qui arrivait avec une malle cabine et deux valises faillit-il se mettre à pleurer :

— On n'y arrivera jamais, dit cet homme. À moins d'en mettre à la place du chauffeur et du passager, auquel cas je ne vois pas comment ça pourrait marcher...

— Je n'ai pourtant pris que le strict nécessaire, gémit Pauline qui n'imaginait sans doute pas qu'un égyptologue célèbre puisse rouler dans autre chose qu'une Rolls, une Bentley ou une Hispano-Suiza...

— Ne nous affolons pas ! décréta Adalbert un rien vexé. Il n'y a qu'à faire venir un taxi et il conduira vos bagages à Versailles.

L'expédition ainsi arrangée, Pauline découvrit vite le plaisir qu'il y avait à remonter les Champs-Élysées à l'air libre par un beau jour de juin. Même le bruyant pot d'échappement lui parut amusant...

On traversa le bois de Boulogne, le pont de Saint-Cloud puis la côte dont on escalada la pente raide. Tout allait au mieux quand à la sortie de Ville-d'Avray on trouva la route barrée par un camion et une grosse voiture noire qui s'étaient rentrés dedans. Plus des gendarmes, deux policiers et des badauds...

— Un accident ! constata Adalbert. Il ne nous reste qu'à reculer et à chercher un autre chemin...

Une ambulance arrivait derrière eux et stoppait parce que la voie n'était pas assez large. Comme ils étaient près de l'accident, le conducteur leur intima l'ordre de se pousser un peu sur le bas-côté et de n'en plus bouger.

— Diable ! fit Adalbert, ce doit être grave ! Je vais voir !...

Quand il revint quelques instants plus tard, il était décomposé et naturellement Pauline s'inquiéta :

— Si ça ne vous fait rien, répondit-il, nous allons suivre cette ambulance jusqu'à l'hôpital de Saint-Cloud !

— Vous connaissez le ou les blessés ?

— Il n'y en a qu'un mais c'est le commissaire principal Langlois qui se rendait à Versailles pour s'occuper d'Aldo...

— C'est sérieux ?

— C'est justement ce que je veux savoir...

XII

DE MAL EN PIS

Atteint d'une fracture au bassin, Langlois était aux mains du chirurgien quand Adalbert et Pauline quittèrent l'hôpital de Saint-Cloud, soulagés de le savoir hors de danger. Le premier restait cependant sombre. Des semaines passeraient avant que le policier puisse reprendre son activité. Son collègue versaillais allait avoir largement le temps de faire autant de dégâts qu'il voudrait et Aldo de disparaître définitivement de la surface de la Terre.

Aussi, après avoir déposé sa passagère au Trianon Palace, Adalbert encore tout bouillant de colère et de déception fonça-t-il sur l'hôtel de police. Il trouva Lemercier dans la salle des inspecteurs en train de donner des ordres à ses subalternes. Il piqua droit dessus :

— Je viens vous annoncer une nouvelle qui va vous faire plaisir, lâcha-t-il sans respirer. Le commissaire principal Langlois vient d'avoir un accident d'auto en traversant Ville-d'Avray...

— Et pourquoi cette nouvelle devrait me plaire ? fit l'autre en tournant vers lui un œil de granit.

— Mais parce que c'est vous qu'il venait voir. Il voulait vous expliquer qu'en prenant Morosini pour un truand vous vous trompez de bout en bout ! Sans compter que vous jouez avec sa vie !

Lemercier le considéra un instant puis :

— Et de cinq !... Suivez-moi !

En trois pas il eut atteint la porte de son bureau qu'il ouvrit largement découvrant Mme de Sommières, Marie-Angéline, Quentin Crawford et Olivier de Malden répartis sur divers sièges :

— Voilà !... Vous voyez, il ne manquait plus que vous ! Mais entrez donc ! Plus on est de fous plus on rit !

Aussitôt Tante Amélie fut debout :

— Il s'agit de la vie de mon neveu, monsieur, et je ne suis pas venue pour rire !

— Je n'en ai pas plus envie que vous. Sauf le respect que je vous dois, mesdames et messieurs, vous me cassez les pieds et surtout vous me faites perdre mon temps. Alors, par pitié, foutez-moi la paix et laissez-moi travailler ! Merci de votre visite !

Cette sortie fut saluée d'exclamations indignées mais Adalbert ne s'en tint pas là :

-- Un instant ! Je pourrais peut-être vous donner quelques informations supplémentaires. Savez-vous seulement que le marquis des Aubiers a été assassiné ? Sa nièce a refusé de porter plainte parce qu'elle a hâte de toucher son héritage mais le fait demeure : on l'a tué.

— D'où le prenez-vous ?

— Dans son escalier où quelqu'un avait tendu un fil. Demandez aux brancardiers de l'hôpital : il y en a un qui s'est cassé la figure dessus et qui, bien sûr, n'était pas content !

— Et pourquoi aurait-on fait ça ?

— Pour l'empêcher de parler. Il avait invité Mme de Sommières ici présente à prendre le thé afin de la convaincre de ne pas laisser Mlle du Plan-Crépin fréquenter la bande du professeur Ponant-Saint-Germain qu'il jugeait dangereuse...

— Il délirait. Ce sont de braves gens, âgés d'ailleurs, qui se réunissent dans un coin ou un autre du château ou du parc, pour célébrer le culte de Marie-Antoinette en se donnant des airs de conspirateurs !

— Il n'y a pas que des vieux ! Il y a aussi des jeunes singulièrement musclés et chargés de faire régner l'ordre. Demandez à Mlle du Plan-Crépin, elle a des lumières là-dessus ! Mais ce n'est pas tout : je désire poser devant vous une question à lord Crawford ?

— À moi ?... Ma conduite serait-elle sujette à caution ?

— C'est ce que nous allons voir ! L'autre soir, au Hameau et chez lady Mendl, votre épouse portait un admirable collier de diamants dont elle ne cachait pas qu'il avait appartenu à la Reine ?

— En effet, mais...

— Est-ce le seul joyau de cette provenance que vous possédiez ?

— Je ne vois pas pourquoi vous me posez cette question mais la réponse est oui. Pour le moment présent du moins...

— Ce qui veut dire que vous en possédiez un autre. Lequel ?

Le lourd visage de l'Écossais s'assombrit d'un seul coup :

— L'une des deux fameuses larmes de diamants...

— Tiens donc !...

— Elle m'a été volée il y a un peu plus d'un an en Écosse, dans mon château familial près d'Inverary. En même temps d'ailleurs qu'une miniature sur ivoire sur laquelle la Reine, en grand habit, porte les deux boucles d'oreilles. Une miniature à laquelle je tenais énormément ! ajouta-t-il d'une voix émue. Qui n'attendrit pas Adalbert.

— De là à penser que vous avez fait copier la larme pour la présenter à l'exposition sous le nom de Mlle Autié...

— Moi ? Pendant que vous y êtes, accusez-moi d'avoir fait massacrer tous ces pauvres gens ? Vous m'insultez, monsieur, et je n'ai jamais permis à quiconque...

— Vous voulez qu'on se batte en duel ? Vous ne trouvez pas qu'il a déjà coulé assez de sang ? D'autant que vous ignorez peut-être que le joyau... et un autre : un nœud de corsage en diamants et émeraudes...

Les yeux de l'Écossais s'ouvrirent démesurément :

— Jamais acheté !... Jamais vu non plus ! Il appartenait à la Reine ?

— Si vous ne le savez pas ce n'est pas moi qui pourrai vous le dire. En revanche, j'affirme que ces bijoux sont chez vous...

— Vous en avez menti ! Je sais ce que je possède ! Nom de Dieu !

— Si on se calmait ? trancha la voix sèche de Lemercier. Vous maintenez votre accusation ? fit-il à l'adresse d'Adalbert.

— Plutôt trois fois qu'une !

— C'est insensé ! écuma l'Écossais.

— J'ai dit : du calme ! Il y a un moyen fort simple de savoir qui dit la vérité et qui ment. Avec votre permission, lord Crawford, nous allons nous rendre chez vous sur l'heure. Avec, comme il se doit, votre accusateur qui devra nous montrer ce qu'il avance. Mesdames, messieurs, vous aurez l'obligeance de m'excuser mais je n'ai plus de temps à vous accorder. J'ai, ainsi que vous pouvez le constater, plus urgent à faire !

Olivier de Malden qui avait amené les deux dames, les ramena cependant que Lemercier, Crawford et Vidal-Pellicorne s'embarquaient dans la voiture de police. Le chauffeur de l'Écossais les suivit avec la Rolls...

Arrivés à destination, Crawford demanda que l'on avertisse sa femme mais le maître d'hôtel répondit que « Milady » était partie pour Paris avec la « petite voiture » qu'elle aimait conduire elle-même.

— Ce n'est pas plus mal, commenta Adalbert puisque le trésor – on peut l'appeler ainsi – est chez elle.

— Chez ma femme ? Mais c'est insensé ! protesta Crawford qui avait peine à se contenir.

— C'est ce que nous verrons, dit le commissaire. Si vous vouliez nous montrer le chemin ?

En pénétrant dans la chambre de Léonora, Adalbert ne put se défendre d'un sentiment de gêne, celui d'être en train de violer l'intimité d'une jolie femme mais reculer n'était plus possible : trop d'intérêts étaient en jeu. Surtout peut-être la vie d'Aldo ! Il désigna ensuite la salle de bains en marbre rose, y chercha des yeux l'armoire à pharmacie mais laissa Lemercier fouiller lui-même. Ce fut vite fait. Quelques secondes et la boîte à pansements livrait son précieux contenu. Les jambes fauchées, le mari de Léonora se laissa tomber sur un tabouret. Force fut à Adalbert d'admettre que son émotion n'était pas feinte. Il était livide...

— Je... je ne comprends pas pourquoi elle a fait cela. Je ne lui ai jamais rien refusé. Je lui avais même dit que je lui donnerais ce bijou si j'arrivais à retrouver l'autre. Sans doute n'a-t-elle pas pu attendre...

— N'importe comment, dit Lemercier, je n'ai aucun droit de l'emporter puisque c'est votre propriété. Mais ceci ? ajouta-t-il en présentant le nœud sur le plat de sa main.

Il le prit dans ses doigts et le caressa :

— Quelle merveille !... Il a effectivement orné le corsage de Marie-Antoinette mais il ne m'a jamais appartenu et j'ignore d'où il vient !

— C'est là que Morosini pourrait nous être utile ! soupira Adalbert. Il n'existe pas au monde un joyau royal dont il ne connaisse la provenance et souvent l'itinéraire. Il est vrai que ce n'est qu'un escroc de bas étage en fuite à présent ! fit-il amèrement.

— On en reparlera plus tard ! grogna le commissaire.

— Quand on aura retrouvé son cadavre ? Il a déjà failli mourir, non loin d'ici...

— Assez ! Je vous répète de me laisser faire mon travail comme je l'entends ! Quant à vous, lord Crawford, voulez-vous porter plainte ?

— Non. Je partage l'avis de M. Vidal-Pellicorne : j'aime à régler mes affaires moi-même.

— En ce cas, je vous rends cet objet ! fit Lemercier en refermant la boîte qu'il remit à Crawford. L'un des bijoux est à vous et il n'y a aucune plainte concernant l'autre. En échange... je vous demande de faire comme si rien ne s'était passé. Il me serait utile que lady Léonora ignore notre visite. Au moins pour un temps.

Crawford se releva et redressa la tête :

— Je vous remercie, monsieur le commissaire ! Cela me permettra de mener ma propre enquête mais si vous avez besoin de moi, n'hésitez pas !

— C'est possible... En attendant, donnez des ordres à vos serviteurs afin que votre épouse n'apprenne rien. Où est votre secrétaire ?

— En ville ! Je l'ai envoyé faire quelques courses !

— C'est parfait !

Dans la voiture les deux hommes roulèrent un moment en silence. La façon dont Lemercier venait de mener cette affaire surprenait Adalbert. Elle révélait en lui une facette inattendue. Depuis le premier contact, il le prenait pour le plus buté des imbéciles. Or, il découvrait en lui une certaine finesse. Se pouvait-il que Langlois ait eu un peu raison ?

Quand on fut en vue du Trianon Palace, Lemercier déclara :

— Nous avons retrouvé le taxi de votre ami Karloff.

— Où ?

— Dans la Seine, près de la machine de Marly où il s'est coincé. Malheureusement dans un triste état. Il n'est guère réparable...

— Qu'il le soit ou pas n'a guère d'importance. Le pauvre homme ne pourra sans doute plus jamais reprendre son métier...

— Sans doute, en effet! On peut se demander de quoi il vivra. Ces réfugiés russes sont généralement ruinés...

Cette question, Adalbert l'avait déjà évoquée avec Aldo. Il ne put s'empêcher de lâcher:

— C'est bien la première fois que vous donnez l'impression d'être sensible à la misère des autres! Surtout celle de Karloff! Il était pour vous un danger public...

— Je n'ai pas changé d'avis mais de là à ignorer ce qui pourrait devenir, à brève échéance, la détresse d'une famille...

La voiture s'arrêta devant la grille d'entrée de l'hôtel. Adalbert ouvrit la portière pour descendre, puis se tournant vers Lemercier:

— Ne vous tourmentez donc pas pour lui, commissaire! Morosini y a pensé avant vous. Et il a fait ce qu'il fallait. Parce qu'il n'est pas seulement très riche. Il est aussi très généreux... votre voleur!

La portière en claquant donna la juste mesure de son ressentiment... et de sa pudeur: le policier ne vit pas qu'il avait les larmes aux yeux...

Vidal-Pellicorne était encore mal remis de son émotion quand, dans le hall de l'hôtel il aperçut la moitié inférieure de Michel Berthier – reconnaissable à ses « knickerbockers » en tweed gris et à ses chaussettes écossaises – surmontée d'un journal – *L'Excelsior!* – largement déployé. Aussi louvoya-t-il dans l'espoir de gagner les ascenseurs sans se faire remarquer. Peine perdue : le journaliste avait pratiqué un petit trou dans le papier afin d'observer à loisir le tambour vitré de la porte. Il laissa choir son quotidien et, en trois sauts, rejoignit Adalbert :

— Vous avez du nouveau ?

— Non !... Si ! Le commissaire principal Langlois est à l'hôpital de Saint-Cloud avec le bassin fracturé !

— M... ! fit sobrement Berthier. Qu'est-ce qu'il faisait dans le coin ? Il n'aurait pas eu l'intention de calmer le grotesque entêtement de son confrère de voir un coupable dans Morosini ?

— Tout juste ! Avouez que ce n'est pas de chance !

— En effet, mais on va peut-être le ramener à la raison ? On n'a pas idée de confondre Morosini avec Arsène Lupin ! D'autant que celui-ci n'aurait jamais pris la fuite avec la rançon de cette malheureuse ! Qu'est-ce que vous diriez de quelques lignes bien senties à la « Une » ?

Adalbert eut un geste découragé :

— Pourquoi pas ? Au point où l'on en est !... J'espère seulement que ça ne lui servira pas d'oraison funèbre !

— Ben, dites donc ! Vous êtes optimiste, vous !

— Pas très, non ! Étant donné que le ravisseur joue les indignés et que Morosini passe pour avoir pris la fuite, il n'a aucune raison de le garder en vie ! En revanche, il en a beaucoup de s'en débarrasser...

— Sa femme a été prévenue ?

— Pas encore et on ne le fera qu'en face d'une certitude. Inutile de lui infliger des angoisses supplémentaires : elle en a eu sa large part depuis qu'ils sont mariés... Pendant que j'y pense ! Vous êtes retourné chez Mlle Autié ?

— Une seule fois mais il n'y a rien de changé. La maison est dans l'état exact où nous l'avons laissée. Les tableaux sont en place et les meubles debout ! C'est bizarre, vous ne trouvez pas ?

— C'est à elle seule que la maison en veut ! Elle est adulte pourtant ! J'ai entendu parler assez souvent de phénomènes de ce genre dans des lieux où habitait un adolescent, garçon ou fille...

— Elle a quoi ? Vingt ans au plus ? C'est pas si loin l'adolescence... et si elle est vierge !

— Vous avez peut-être raison ? Ou alors elle est morte et l'esprit est satisfait !

— Qu'est-ce qui vous prend de voir des morts partout ? protesta le journaliste. Moi je suis comme saint Thomas : pour croire il faut que je voie.

— Alors, cherchez, bon Dieu !

— Et qu'est-ce que je fais d'autre ? J'ai obtenu de mon patron de rester ici tant que le mystère ne sera pas éclairci. Mais il faut que j'arrive à quelque chose !

Un instant, Adalbert considéra le journaliste. Celui-là avait incontestablement le feu sacré. Aussi n'hésita-t-il qu'à peine avant de dire :

— Écoutez ! Si vous me donnez votre parole d'homme de ne pas vous jeter sur votre stylo pour tartiner je ne sais quelle histoire mirifique et complètement fausse, je vous raconte ce qui vient de se passer chez les Crawford !

— Ce ne serait pas mon intérêt. Les lecteurs aiment qu'on leur livre une belle histoire bien ficelée et non des lambeaux plus ou moins informes.

Je n'écrirai rien avant d'avoir tout compris. Je dis bien tout !... et vous avez ma parole.

Adalbert rapporta donc la scène qui s'était achevée dans l'appartement de Léonora. Pendant qu'il parlait le visage de Berthier s'éclairait :

— Je ne sais pas pourquoi votre Crawford ne m'a jamais inspiré une franche sympathie, fit-il quand Adalbert eut achevé son récit. C'est idiot parce que je n'ai absolument rien à lui reprocher mais j'ai envie d'aller traîner autour de sa maison avec Ledru...

— Faites-le, mais avec prudence !

— Vous pourriez venir avec nous ? À trois on est plus fort qu'à deux.

— J'en sors et je suis plus facile à repérer que vous qui êtes inconnus là-bas... Et si vous réussissiez à avoir accès au garage ? La voiture noire aux portières cannées qui a jeté en pleine nuit le corps du colonel Karloff aurait été volée à Crawford il y a déjà un moment. Si par hasard elle était rentrée au bercail elle aurait peut-être des choses à nous apprendre. Sans parler de la voiture rouge qui ressemble si fort à la mienne... Nous aurions un début de preuve.

— Et vous ? Que faites-vous ?

— Dans l'immédiat, je vais rendre compte de ce que je sais à Mme de Sommières. Elle a grand besoin de réconfort...

— Ça ne va pas s'arranger ! Bonne chance, quand même !

Mais il était écrit qu'Adalbert n'en avait pas fini, ce soir-là, avec les mauvaises surprises. En rentrant chez la marquise, il se retrouva en plein drame.

À peine la porte franchie, Marie-Angéline rouge de colère lui sauta littéralement à la figure :

— Ah, vous voilà ! Dites-moi donc ce qui vous a pris de nous ramener votre Américaine ? Croyez-vous que cette étrangère nous soit nécessaire ?

Suffoqué par la violence du ton, il chercha l'appui de Mme de Sommières mais, debout devant l'une des fenêtres, elle donnait son attention à une jardinière contenant des plantes vertes dont elle ôtait soigneusement les feuilles mortes. Et ne se détourna pas pour préciser :

— Cela fait vingt bonnes minutes qu'elle est dans cet état ! En rentrant du salut, Plan-Crépin nous a trouvées, Mrs Belmont et moi, en train de causer le plus calmement du monde et elle a pris feu. C'est votre tour, à présent !

— Ne me dites pas qu'elle a jeté Pauline à la porte ? s'écria Adalbert affolé.

— Elle n'a pas été jusque-là mais...

— J'ai été extrêmement polie ! clama Plan-Crépin. Je lui ai seulement fait entendre... avec... calme !... que nous n'avions pas besoin de quiconque pour supporter l'épreuve que nous endurons. Ce n'est malheureusement pas la première et je...

— Doux Jésus ! gémit Adalbert. Si ce n'est pas une mise à la porte ça y ressemble bigrement ! Qu'est-ce qui vous a pris ? ajouta-t-il. Mrs Belmont est fort inquiète de Morosini qu'elle aime beaucoup...

— Trop ! Qu'elle aime beaucoup trop ! Nous n'allons pas oser prétendre qu'elle n'est pas amoureuse ?

Elle revenait vers Tante Amélie qui, avec un soupir excédé, opérait un demi-tour pour lui faire face :

— Non, je ne le dirai pas, admit-elle. Il est plus qu'évident qu'elle l'aime. Les larmes lui montent aux yeux quand elle en parle. Elle a peur autant que nous !

— Mais elle n'a pas à venir nous le dire sous le fumeux prétexte de nous soutenir ! Elle n'a pas le droit de se prendre pour Lisa !...

Éclatant soudain en sanglots, Marie-Angéline se rua hors du salon. Restés seuls, Tante Amélie et Adalbert échangèrent un regard, un soupir...

— Je vais offrir mes excuses à Pauline, fit celui-ci.

— Rassurez-vous, c'est fait. Et devant Plan-Crépin en plus, mais j'irai la voir tout à l'heure et j'obligerai ma folle à faire la paix...

— Elle est peut-être déjà repartie ?

— Je lui ai demandé de rester. Si nous ne devons jamais revoir Aldo, des larmes de plus n'auront aucune importance. Le pire sera quand il faudra prévenir sa femme. Pourquoi... mais pourquoi ne vient-elle pas ? Elle ne donne même pas de ses nouvelles !

— Aldo ne doit pas écrire beaucoup non plus. Il lui en veut de ne plus s'occuper de lui à cause de ce petit bonhomme qu'elle vient de mettre au monde.

— Je peux la comprendre, dit Tante Amélie, quoique je trouve exagéré cette espèce d'exclusive. Fasse au ciel qu'Aldo nous soit rendu et qu'elle n'ait pas à se faire des reproches trop cruels ! Quant à Plan-Crépin, je ne l'aurais pas crue touchée à ce point !

— Connaît-on à fond ceux qui nous entourent?... Même les plus proches! Avec Marie-Angéline on a un peu tendance à oublier qu'elle est une femme.

— Ce doit être vrai mais je ne tolérerai jamais que l'on pleure quelqu'un avant d'être sûr de sa mort! Quant à vous, ajouta-t-elle l'œil soudain étincelant, vous feriez mieux de chercher Aldo au lieu de vous occuper des états d'âme de trois bonnes femmes! Pour ça, je peux suffire!

— Si seulement je savais par où commencer!

Le cri perça la brume cotonneuse dans laquelle Aldo flottait depuis un temps impossible à déterminer. Pas tellement désagréable d'ailleurs! C'était comme si, délivré de la pesanteur, on était suspendu entre deux eaux... mais ce cri était bien terrestre et le ramena à la surface comme au sortir d'un rêve.

Se redressant d'un seul coup, il constata qu'il était assis sur le matelas fatigué d'un de ces lits de fer à roulettes – son mouvement l'avait déplacé légèrement – et pliants qui sont la bénédiction des ménages modestes ne disposant que d'un espace vital réduit. La différence était ce qu'il y avait autour et dont n'aurait pas voulu le plus endurci des ermites pour la bonne raison que c'était le seul meuble digne de ce nom. Le reste étant une chaise en train de se dépailler, un seau et une cruche d'eau. Le décor ambiant ne valait pas mieux. Mal éclairé par une lucarne dépourvue de carreaux placée tout en haut d'un mur et grise de poussière, ce pouvait aussi bien être une cave, qu'un ancien cellier, une resserre. En outre, trois planches en voie de désintégration ornaient l'un des murs salpêtres. Pour le moment, c'était à l'évidence une prison et fortement défendue : deux barreaux en croix réduisaient l'imposte et, si la porte n'était pas neuve, la serrure l'était indéniablement.

Unique satisfaction dans ce constat déprimant, il était libre de se déplacer : aucune entrave ne lui avait été imposée et s'il apprécia ce détail à sa juste valeur, il n'en conclut pas moins qu'il devait y avoir à l'extérieur d'autres moyens de le retenir dans ce trou.

De la position assise, il voulut passer à la station debout mais une douleur accompagnée d'un vertige le renvoya sur son matelas. En même temps lui revenait la mémoire de ce qui s'était passé. Il se revit sortant de la camionnette, tendant le sac de cuir à une main gantée, se remettant sur ses pieds dans la lumière aveuglante puis le coup sur la base du crâne qui l'avait mis KO.

Ce n'était pas la première fois que cela lui arrivait et son expérience passée lui disait qu'on n'avait pas frappé lourdement, mais cela n'expliquait pas le brouillard dans lequel il errait. Un coup d'œil sur sa personne le renseigna : on lui avait enlevé sa veste de smoking, sa cravate, ouvert sa chemise dont la manche était roulée au-dessus du coude. Il vit alors sur son avant-bras la trace d'une piqûre. On l'avait drogué mais à quoi ? Il n'en savait trop rien. Son odorat ne distinguait aucune odeur

Afin de s'éclaircir les idées, il réussit à se lever en s'accrochant au lit et à faire trois pas lui permettant d'atteindre la cruche qu'il traîna sur le sol pour l'amener près de la couche où il se laissa retomber. Le grincement du sommier métallique lui vrilla le crâne mais, en fouillant ses poches de pantalon, il trouva son mouchoir dont il trempa un coin dans l'eau pour se rafraîchir le visage et le sommet de la tête. Ce qui lui fit du bien.

Ensuite il prit la cruche à deux mains pour se désaltérer. Il se sentait la gorge sèche avec, dans la bouche, un goût bizarre que l'eau lui permit de faire disparaître. Tout de suite il se sentit mieux mais, avant d'entreprendre l'examen détaillé de sa prison, il explora ses poches, trouva sa montre de gousset plate – pas question de porter un bracelet-montre avec une tenue de soirée ! – et vit qu'elle indiquait trois heures, ce qui lui rappela qu'il avait faim mais peut-être n'entrait-il pas dans le plan de ses ravisseurs de le nourrir ?... Il trouva aussi la petite loupe de joaillier qui ne le quittait jamais où qu'il aille et en quelque tenue que ce soit. Il y avait aussi le mince portefeuille avec trois ou quatre billets de banque. Malheureusement ce dont il avait le plus besoin manquait à l'appel ! Son étui à cigarettes et son briquet. En or tous les deux et à ses armes ! Il en éprouva une vive contrariété. Passe encore d'être affamé mais si, en plus, il n'avait plus rien à fumer, il allait être vraiment malheureux !

Il se leva, constata que l'équilibre était bon cette fois et effectua deux ou trois tours des lieux plus un brin de gymnastique afin de s'assurer de l'élasticité de ses muscles. C'est alors que le cri se fit entendre une seconde fois et le figea sur place, l'oreille tendue. Il aurait juré que c'était une femme qui l'avait poussé. Et en effet presque aussitôt il entendit :

— Non ! Non !... Pas ça !... Par pitié, Sylvain !...

Aussitôt suivi d'un gémissement de douleur et plusieurs mots prononcés par une voix masculine mais qu'il ne comprit pas. Sa réaction fut immédiate : courant à la porte il frappa dessus à coups de poing :

— Laissez cette femme tranquille ! hurla-t-il. Quel genre de sauvage êtes-vous ?

Mais il n'obtint que le silence. Il lui sembla seulement entendre des sanglots dont l'écho allait en décroissant : il en déduisit que l'on devait emmener la femme et personne ne répondit à son appel.

Cependant, ils étaient pleins d'enseignements, ces cris, parce qu'il aurait mis la main au feu que Caroline les avait poussés. De même il savait à présent qui était leur ravisseur à tous deux : Sylvain Delaunay ! Le fameux cousin style Arlésienne ! L'homme invisible qui écrivait de Buenos Aires des lettres qui devaient venir en gros de Versailles ! Le soi-disant fiancé ! Ce qu'Aldo refusait de croire après ce qu'il venait d'entendre. Ou alors ce garçon avait une curieuse façon de faire sa cour !... Pauvre petite Caroline !

Il pensa que la meilleure manière de lui venir en aide était de se sortir de là lui-même et il entreprit l'examen minutieux de son local mais plus par acquit de conscience que dans l'espoir réel de trouver une issue : les murs étaient faits de parpaings qui céderaient peut-être à une pioche mais pas à ses mains nues. La porte, de gros bois rugueux, semblait épaisse et, comme il l'avait constaté auparavant, était armée de serrures neuves. Si l'on arrivait à y mettre le feu, elle prendrait certainement un temps fou à brûler en dégageant une fumée asphyxiante. D'ailleurs Aldo n'avait plus de briquet ! Enfin, l'imposte. Si, en repliant le lit, en le roulant dessous et en y grimpant, il devait être possible de l'atteindre et de s'y glisser, il aurait fallu scier les barreaux en croix ! Décourageant !

Il revint s'asseoir sur son lit et, les coudes aux genoux, se prit la tête à deux mains dans l'espoir d'en extraire une idée qui ne vint pas. Restait à attendre que quelqu'un se montre, ce qui n'était pas sûr. On était capable de l'oublier au fond de ce trou, ce qui n'aurait rien d'étonnant venant de gens qui ne semblaient guère se soucier des termes d'un accord. Apparemment, on entendait garder tout : Caroline, les bijoux et lui par-dessus le marché. Certainement pas pour lui offrir une vieillesse heureuse...

Il en était là de ses cogitations quand il perçut de l'agitation derrière la porte, des bruits de ferraille. Quelqu'un entra. Et Aldo remonta le temps en direction du Moyen Âge : l'arrivant était revêtu d'un froc monacal noir, ceinturé par une corde mais, au lieu du capuchon, c'était une cagoule qui lui couvrait sa tête. À part ce détail, il était grand et d'une impressionnante largeur d'épaules. Mais le côté médiéval disparut quand Aldo vit que d'une main il braquait un revolver sur lui et tenait de l'autre une paire de menottes :

— Enfilez ça !

Aldo s'exécuta tout en évaluant mentalement quelles pourraient être ses chances à la boxe avec ce type. En attendant, l'arme disparut au bénéfice d'un bandeau que l'on appliqua avec soin sur ses yeux. L'un guidant l'autre on parcourut une cinquantaine de pas avant d'opérer un quart de tour. L'homme dit :

— On va descendre un escalier. Attention, c'est glissant !

Aldo comprit vite que sans la poigne vigoureuse de son guide, ses élégants vernis noirs lui eussent valu une chute sans doute spectaculaire. En arrivant, en effet, il avait compté vingt-cinq marches avant d'atteindre le sol que l'on aurait pu attendre en terre battue comme en haut. Or il était dallé et glissant lui aussi à cause de l'humidité ambiante qui charriait une désagréable odeur de moisi. Encore quelques pas et l'on s'arrêta. Le bandeau s'envola... et le Moyen Âge refit surface : devant Aldo il y avait une table couverte d'un tapis vert foncé derrière laquelle trois hommes étaient assis. Trois copies de son guide, leur costume étant exactement le même. Des bougies de deux chandeliers en fer forgé éclairaient le spectacle devant lequel Aldo s'offrit le luxe d'un sourire ironique :

— Eh bien ! Quelle mise en scène ! Vous êtes quoi ? L'Inquisition ? La Sainte-Vehme ? Les Compagnons de Jehu ? Une maigre survivance du Conseil des Dix réduits à trois ? La confrérie des Pénitents noirs ou...

— Les Vengeurs de la Reine !

— Tiens donc ! Moi qui croyais qu'il n'y en avait qu'un ? Aurait-il fait des petits ?

— Pensez-vous que le sarcasme soit à l'ordre du jour ?

L'inconnu avait une voix sourde, basse, presque feutrée et cependant précise. Aldo haussa les épaules :

— L'ordre du jour ? Il me semble qu'il devrait être limpide aussi bien pour vous que pour moi. Un marché a été passé. J'ai accompli ma part en suivant scrupuleusement vos instructions. J'attends à présent que vous fassiez la vôtre. Autrement dit : vous avez les bijoux, rendez-moi Mlle Autié et les moyens de rentrer à Versailles. En conclusion : je ne vois pas ce que je fais ici.

— Je pourrais vous dire que ces joyaux ne sont à mes yeux qu'une faible contrepartie au fait que je n'ai jamais reçu la larme de diamant que je réclamais...

— Et dont vous continuez à payer en vies humaines l'absence. Vous êtes un étrange négociateur, monsieur Sylvain Delaunay !

— Ah ! Vous connaissez mon nom ?... C'est surprenant mais à la limite cela ne me déplaît pas. Les choses n'en seront que plus claires !

— Moi, je les trouve franchement boueuses et j'attends que vous me remettiez Mlle Autié, votre cousine !

— Et aussi ma fiancée, ne l'oubliez pas ! Nous devrions nous marier...

— En prison alors ? C'est le seul endroit qui me paraisse en adéquation avec vos actes. À ce propos une question s'impose : si elle est votre fiancée, pourquoi la faites-vous souffrir ? Je viens de l'entendre crier et même vous supplier de l'épargner ? Je veux la voir !

— Ce serait difficile : elle dort ! Cessez, je vous prie, de vous occuper d'elle et revenons à vous ou plutôt à votre situation actuelle. Je ne vous cache pas que votre présence à Versailles n'était pas prévue au programme et qu'elle m'a gêné...

— Qu'est-ce à dire : pas prévue au programme ?

— Eh non ! Quand nous avons monté l'opération « Magie d'une reine » vous deviez nous envoyer vos girandoles, comme l'ont fait la comtesse de Huntington et M. Kledermann. Et voilà que vous arrivez en personne ! Mieux encore : vous vous permettez de vous introduire chez Caroline dont vous vous constituez le défenseur avec un tel art qu'elle a fini par tomber amoureuse de vous. Du moins elle le croit ! En conséquence, ne vous en prenez qu'à vous de ce qui vous arrive. Vous n'aviez qu'à rester chez vous !

— Autrement dit : vous avez décidé de me tuer ?

— Peut-être mais pas dans l'immédiat ! J'ai encore besoin de vous. Lorsque j'ai arrangé la remise des joyaux de la Reine, il m'est apparu que je serais stupide de ne pas profiter de la situation. Vous êtes une véritable aubaine, mon cher prince, et je tiens, avec vous, la clef d'une fortune d'autant plus séduisante que je n'y songeais pas a priori.

— Je ne possède pas d'autres bijoux ayant appartenu à Marie-Antoinette.

— Non, mais vous en avez de provenances différentes et aussi illustres. Sans oublier un compte en banque certainement confortable...

— Encore ?

Le mot était parti tout seul. C'était la seconde fois qu'on lui jouait le tour : l'escamoter afin de le mettre à rançon ! Sans d'ailleurs la moindre intention de le libérer et, à cette époque, il avait échappé d'un cheveu à une mort affreuse !

— Que signifie cet encore ?

— Que vous n'êtes pas le premier truand qui ait eu l'idée de faire argent de moi. Seulement vous oubliez une chose : en ne nous voyant pas revenir, Mlle Autié et moi, on nous cherchera...

Sylvain Delaunay eut un rire aussi déplaisant que possible :

— Sans aucun doute mais pas pour ce que vous pensez : à l'heure qu'il est ce brave commissaire Lemercier qui s'est toujours méfié de vous est persuadé que vous avez pris la fuite avec les bijoux de la rançon...

— Des bijoux qui m'appartiennent en partie ? Ça ne tient pas debout !

— Pour le commun des mortels, sans doute, mais pas pour ce type. Il vous a détesté d'emblée et il doit être ravi de penser qu'il avait raison. Il tient maintenant une bonne excuse pour lancer ses sbires à vos trousses ! Remarquez : vous n'avez rien à craindre. Ils sont à son image. Aussi bêtes !

Aldo serra les poings et ferma un instant les yeux, méditant ses chances de sauter à la gorge de ce sinistre individu et de l'étrangler. Il n'avait que trop raison : Lemercier allait envoyer toutes les polices de France sur une trace inexistante au lieu de fouiller méthodiquement les environs de Versailles. Il pensa, naturellement, que les siens ne croiraient pas un mot d'une pareille ânerie mais ils seraient les seuls. Avec son ami Langlois... Celui-ci le connaissait assez pour ne pas avaler une couleuvre de cette taille. En attendant... mais en attendant quoi ? Là était la question.

Après avoir pris une profonde inspiration pour se calmer, il laissa tomber, méprisant :

— Quel est mon prix sur le marché d'aujourd'hui ?

— Il faut que j'y réfléchisse mais je pense que... la totalité de ce que vous possédez devrait me convenir. Évidemment, il faudra du temps pour réaliser mais nous procéderons par degrés...

— En me découpant en morceaux comme vous aviez menacé de le faire pour votre « fiancée » ? Alors, sachez-le : vous pourrez me torturer si ça vous fait plaisir, vous n'aurez rien...

— La torture ? Vous retardez ! Il existe des moyens plus efficaces pour obtenir satisfaction. Tenez, voulez-vous parier qu'un moment viendra où vous me supplierez de prendre votre collection et votre fortune... Savez-vous ce qu'est ceci ?

Une seringue hypodermique apparut soudain dans la main gantée de Sylvain :

— Naturellement je le sais... Tout dépend de ce que vous comptez mettre dedans ?

— De quoi faire de vous un homme heureux ! Du moins dans les débuts. Vous allez énormément apprécier ma petite drogue à base d'héroïne – quel joli mot pour un poison ! – et vous trouverez votre captivité de plus en plus agréable jusqu'à ce que l'on vous en prive brusquement ! Alors, je vous prédis que vous vous traînerez à mes pieds, que vous m'offrirez ce que je voudrai pour que je vous en donne. Une loque ! Voilà ce que vous deviendrez...

Un débris que je n'aurai plus qu'à jeter à la poubelle...

— Joyeux programme. Vous êtes fou, ma parole !

— Je ne crois pas. C'est vous qui allez le devenir... et plus vite que vous ne le pensez ! Les choses seront minutieusement ajustées. D'ailleurs nous allons commencer sur-le-champ !

— C'est faux ! Vous m'aviez déjà drogué !

Un geste fit sortir de l'ombre deux autres cagoules visiblement musclées qui s'emparèrent d'Aldo, le couchèrent sur la table avec l'aide de ceux qui assistaient Sylvain afin de l'immobiliser complètement. Ce qui ne fut pas facile parce qu'il fournit une défense vigoureuse en dépit de ses menottes. Ensuite on releva la manche de sa chemise, un garrot fut posé et enfin Sylvain lui-même enfonça l'aiguille dans la veine... Après quoi on le laissa se relever.

— La dose n'est pas méchante mais nous allons augmenter rapidement. Vous verrez. Comment vous sentez-vous ?

— Qu'est-ce que ça peut vous faire ?

— C'est vrai ! Excusez-moi ! On va vous ramener dans votre logis et on vous apportera à boire et à manger. Il n'est pas dans mon intérêt de vous laisser mourir de faim... et de soif ! D'autant qu'un peu d'alcool renforce l'effet de la mixture. Je pense que nous avons devant nous une suite d'entretiens pleins d'agrément... en attendant que vous soyez à point !

— Et Caroline ? Qu'allez-vous en faire ? Je veux savoir pourquoi elle criait ?

— Parce que je venais de l'informer de l'obligation où j'étais de la priver d'un auriculaire ! Rassurez-vous, elle a été anesthésiée et ce sera le seul mais vis-à-vis des jocrisses de Versailles il était nécessaire que je mette à exécution au moins le début de mes menaces. Cela fait plus plausible !

Une nausée, dans laquelle la drogue injectée n'était pour rien, souleva le cœur d'Aldo. Il faillit vomir. La fureur l'en préserva :

— Vous êtes un fier misérable ! Comment pourrait-elle jouer encore du piano après, espèce d'ordure !

— Oh, c'est sans importance. Elle n'en aura plus vraiment besoin ! À présent emmenez-le, vous autres ! Il commence à me fatiguer...

— Vous aurez largement le temps de vous reposer lorsqu'on vous aura bouclé entre les quatre murs d'une prison et mieux encore quand le bourreau en aura fini avec vous. Car sachez-le, ceux qui me recherchent sauront me trouver.

— Ici ? Ça m'étonnerait ! Mon cher monsieur, ce repaire est enfoui dans des bois où il ne passe jamais personne. En outre, et au cas bien improbable où l'on nous trouverait, il y a à proximité un trou naturel dans la terre, une faille profonde où au début de la guerre de Cent Ans, le Prince Noir jetait ceux qui lui déplaisaient quand il occupait la région. Les gens du coin en ont toujours eu une peur bleue : ils prétendent qu'il mène droit en enfer. C'est là que je vous jetterais si d'aventure, on s'intéressait à nous de trop près. Mais que votre galanterie se rassure, vous n'iriez pas seul : ma douce fiancée sera si heureuse de vous accompagner...

— Votre fiancée ? Mais pourquoi ?

— Elle ne brille pas par son intelligence. Vous n'avez pas remarqué ?... Et puis je n'ai plus besoin d'elle ! À y réfléchir, l'épouser serait franchement inutile !

Morosini était tellement dégoûté qu'il ne lui disputa pas le mot de la fin. Il se laissa emmener avec un haussement d'épaules méprisant.

Peuplé de rêves étranges et de périodes d'exaltation plus étranges encore, le temps s'abolit pour Aldo qui, à certains moments, ne savait plus au juste s'il était réellement éveillé. Un homme encagoulé dont il était incapable de savoir s'il était toujours le même lui apportait ses repas et venait, à heure fixe sans doute, lui faire une piqûre qui le renvoyait pour une durée impossible à déterminer dans un pays pas toujours agréable dans lequel il se sentait extraordinairement vivant cependant que ses souvenirs semblaient reculer... Il ne revit pas Sylvain Delaunay. Si toutefois on pouvait employer le verbe voir puisqu'il n'y avait aucun moyen de savoir si son fantôme quotidien était lui ou un autre car il ne lui adressait jamais la parole.

Toutefois, un matin – ou un après-midi, il constatait seulement qu'il faisait jour ! –, il fut rappelé à la réalité par une main qui le secouait. Ouvrant les yeux, il vit Caroline Autié assise au pied de son lit. Elle lui tendait une tasse contenant un breuvage :

— Buvez ! Vous aurez les idées plus claires !

Docilement il avala et après quelques instants la brume dans laquelle il flottait parut se dissiper. Il sourit à la jeune fille :

— C'est gentil de venir me voir ! Vous n'êtes donc pas enfermée ?

— Toujours quand il est là mais il y est rarement dans la journée et j'ai le moyen de sortir de chez moi. Comme celui d'entrer chez vous d'ailleurs ! Comment vous sentez-vous ?

— Bien !... Oui, tout compte fait, je me sens bien ! Si nous allions faire un tour ?

— C'est impossible ! La maison est étroitement gardée ! Moi je me suis fait un ami dans la place, mais un seul, et qui risque sa vie si cela se savait. Ce que je peux faire c'est venir passer un moment avec vous... et ce ne sera sûrement pas possible tous les jours. Alors il faut en profiter.

— Volontiers mais d'abord je voudrais comprendre. Vous êtes venue ici volontairement ou avez-vous été réellement enlevée ?

— J'ai été enlevée. Et ne me demandez pas où nous sommes, je suis incapable de vous le dire. Cette maison ressemble à un ancien manoir ou plutôt une ancienne ferme mais au fond je n'en sais rien : je suis prisonnière presque autant que vous. Les premiers jours je ne comprenais pas et j'ai désespéré jusqu'à ce que quelqu'un s'intéresse à moi et s'efforce d'adoucir mon sort... et le vôtre ! Une vraie chance !

— Elle fait tout de même partie d'une bande sans foi ni loi qui assassine, vole, etc. Et si vous me parliez de Sylvain Delaunay ? Votre cousin et aussi votre fiancé si j'ai bonne mémoire ? À peine rentré de Buenos Aires alors que, j'en jurerais, il n'y a jamais mis les pieds... Un amoureux qui n'a pas hésité à vous amputer, ajouta-t-il en désignant l'épais pansement qui enveloppait la main gauche de la jeune fille.

Caroline parut subitement extrêmement malheureuse. Son dos se courba, ses yeux s'emplirent de larmes et elle détourna la tête :

— Je vais essayer de vous expliquer : j'ai connu Sylvain environ deux ans avant la mort de mon grand-père. Sa mère, avec laquelle celui-ci était brouillé, venait de quitter ce monde lui laissant fort peu de choses. Il espérait attendrir mon aïeul sur son sort mais il commettait une grave erreur parce que Grand-Père avait reporté sur lui la haine qu'il vouait à sa mère et l'a mis à la porte sans rien vouloir entendre. Il m'a même frappée quand j'ai tenté de prendre la défense de Sylvain parce que je le trouvais charmant. Et il l'était, croyez-moi ! En outre, si sa mère n'était pas riche, elle avait obtenu qu'il fasse de bonnes études. Ainsi, il a été un moment l'élève du professeur Ponant-Saint-Germain que vous avez dû rencontrer à propos de l'exposition Marie-Antoinette ?

— En effet. Un curieux personnage ! répondit Aldo qui entrevoyait une lueur.

— Il paraît ! Sylvain l'aimait beaucoup et il aimait beaucoup Sylvain. C'est même lui qui lui a donné de l'argent pour quitter Versailles. La vie y était trop chère pour lui et un camarade lui proposait de venir le rejoindre dans le Midi. J'aurais aimé partir moi aussi parce que nous nous aimions – enfin, je le croyais – mais c'était impossible. Pour le moment du moins. Sylvain disait, non sans raison, que ce serait idiot de me faire déshériter par Grand-Père qui était vieux et n'avait sans doute plus très longtemps à vivre. Ensuite, je pourrais le rejoindre et nous serions enfin heureux. Ce qui était un peu bizarre, c'est que Sylvain ne voulait pas me laisser son adresse : je devais lui écrire poste restante à Nice.

À la mort de Grand-Père je lui ai écrit pour la lui annoncer et lui dire qu'il y avait un contretemps : d'après le testament, je n'héritais qu'à condition de continuer à vivre dans la maison et à l'entretenir de mon mieux !

— Et qu'a-t-il répondu ?

— À ma surprise, il a été moins contrarié que je ne le pensais. Il m'a conseillé de chercher le pendentif de diamant. Lorsque je l'aurais trouvé, sa valeur compenserait largement la perte du reste de l'héritage.

— Il connaissait donc l'histoire du pendentif?

Caroline esquissa un sourire :

— Oh, vous savez, c'était la grande affaire de la famille, sa légende en quelque sorte !... À cette différence près que Sylvain savait qu'il ne s'agissait pas d'un pendentif, justement, mais d'une boucle d'oreille. Cela m'a toujours étonnée...

— Pas moi ! S'il a été l'élève de Ponant-Saint-Germain, il a dû lui en parler et l'autre l'a éclairé à ce sujet. Il sait tout, absolument tout ce qui concerne Marie-Antoinette. Mais revenons à Sylvain : après la mort de votre grand-père il n'est pas venu vous voir ?

— Non. C'est à ce moment-là qu'il est parti pour l'Argentine. À Nice il n'a pas réussi à se faire une place et on venait de lui offrir une situation intéressante dans une mine du río Negro. Malheureusement il ne pourrait pas me donner de nouvelles avant longtemps et dans l'immédiat il lui était impossible de me donner une adresse exacte. Il fallait que je sois patiente. Si tout marchait comme il l'espérait nous serions réunis plus vite que je ne le pensais...

— Et il vous a écrit souvent?

— Deux fois! La première c'était il y a quelques mois. Il était souffrant mais ses affaires avançaient. La seconde... c'est vous qui me l'avez apportée. Il disait qu'il rentrait et que nous allions nous marier... La suite, j'ai l'impression que vous la connaissez...

— J'en sais même plus que vous. L'épître en question est arrivée dans votre boîte aux lettres par porteur et elle n'avait jamais vu l'Argentine! Les timbres étaient vrais mais pas les compostages. Votre Sylvain devait être déjà revenu à Versailles...

Caroline haussa des épaules, désabusée:

— Ce n'était guère qu'un mensonge de plus! Je n'en souffre pas vraiment: Sylvain a perdu beaucoup de son importance... depuis... peu. À présent je sais ce qu'il est... ce qu'il vaut! Au fond, mon Grand-Père avait raison.

— Mais, enfin, il vous a aimée et vous l'avez aimé...

Elle eut à nouveau son petit sourire triste:

— Je l'ai aimé, oui. Il réunissait en lui mes espoirs d'une vie meilleure parce que vécue auprès de lui. Différente surtout de celle qui était la mienne. Voilà pour moi ! Quant à lui...

Elle leva sa main blessée, infiniment plus éloquente qu'un discours.

— Évidemment ! soupira Aldo.

Il n'eut pas le temps d'en dire plus. Un bruit de moteur se fit entendre au-dehors signalant l'arrivée d'une voiture, qui parut soudain assez familier à Aldo : cela ressemblait à l'Amilcar d'Adalbert. Mais aussitôt, Caroline saisie de frayeur se leva :

— C'est lui qui revient ! Il faut que je vous quitte !...

La porte d'ailleurs s'ouvrait sous la main d'un des hommes masqués. Il fit signe à la jeune fille de se hâter et l'emmena sans lui laisser le temps d'ajouter quoi que ce soit. Pour Aldo il n'eut pas un regard. Seulement un geste impératif lui intimant l'ordre de se recoucher. Ce qu'il fit en adoptant la position du chien de fusil qui lui permettait de garder un œil entrouvert. Quelques secondes plus tard Delaunay entrait. Il fit le tour de la pièce, examina Aldo qui ne réagit pas quand il souleva l'une de ses mains. Persuadé que son prisonnier dormait profondément, il appela :

— François ! Viens lui faire sa piqûre !

— Déjà ? Mais il ne va plus se réveiller !

— Ce ne serait pas une grosse perte. Les choses bougent à Versailles et je me demande si j'aurai le temps de le réduire à l'état que je lui ai promis. Le mieux serait peut-être de l'envoyer dans le Trou, après lui avoir prélevé son alliance... avec le doigt bien sûr... ou alors la main entière. Si la situation se gâtait il faudrait en venir à notre position de repli.

— Et... elle ?

Sylvain eut un ricanement fort désagréable :

— Qu'est-ce que tu veux qu'on en fasse ? Elle est tombée amoureuse de ce type et je n'ai plus d'influence sur elle. On les ligotera ensemble pour faire le plongeon. Elle sera contente !... Ah, pendant que j'y pense, il faut que je dise à Nestor de repeindre la Renault ! Comme on partira avec, on n'a déjà que trop tardé à la débarrasser de son cannage ridicule...

— On ne tiendra jamais tous dedans !

— Aussi nous ne serons que quatre ! J'ai trouvé de l'occupation pour les autres : une bonne lettre anonyme à la police lancera cet âne de Lemercier sur ce vieux fou de Ponant-Saint-Germain et sa bande...

— Sous quel prétexte ?

— Trafic de drogue ! On veillera à ce que les flics en trouvent ! Mais assez parlé ! Il faut que je reparte : grouille-toi de lui faire sa piqûre ! Et mets-en une bonne dose !

XIII

UN ALLER SIMPLE VERS L'ENFER...

À Versailles, l'inquiétude faisait place à l'angoisse depuis l'arrivée chez la présidente du Comité du lugubre trophée prélevé sur Caroline Autié. Ce qui était une cruauté inutile et tellement imméritée ! En ouvrant le paquet, la pauvre femme s'était écroulée avec un cri d'horreur sur le tapis de son boudoir. Aussi, son maître d'hôtel appela-t-il, dans l'ordre : son médecin habituel, le commissaire Lemercier et le général de Vernois, qui était un intime. Le premier prodigua les soins nécessaires et ordonna le transport immédiat dans une clinique privée afin de retrancher la malade de l'atmosphère délétère régnant alors autour d'elle. Le second, plus bourru que jamais, fourra le sinistre envoi – contenant et contenu – dans un sac en papier, expédia le tout au laboratoire de la Sûreté puis, avant de partir en claquant les portes, intima au général l'ordre de « fermer une fois pour toutes cette foutue exposition » qui était en train de tourner au cauchemar. Ajoutant que, faute d'exécution immédiate, il s'adresserait au préfet et même au ministre de l'Intérieur.

Rentré chez lui, Vernois réunit le Comité. Réduit, puisque à part lui-même il ne réussit qu'à trouver

Malden, Elsie Mendl et une Plan-Crépin livide avec des besaces sous les yeux. Gilles Vauxbrun n'était pas revenu de Strasbourg, quant à Crawford, il était impossible à joindre : personne ne répondait au téléphone ou à l'entrée. Les volets étaient clos et la maison semblait inhabitée. Enfin, le professeur Ponant-Saint-Germain fit savoir qu'il avait la grippe. Une vraie rareté au mois de juin ! Restait Polignac à Paris ! Bien qu'on ne le vît jamais, il pouvait être utile. Hélas, il n'y était pas lui non plus, il prenait ses quartiers d'été dans l'un de ses châteaux. Le quorum n'étant pas atteint on décida de fermer momentanément Trianon pour « travaux d'urgence ».

— Ce qu'il faut, c'est gagner du temps ! conseilla Olivier de Malden. Quelques jours peuvent changer le cours des événements. Crawford vient d'avaler une amère pilule et il doit avoir besoin de souffler. Vauxbrun ne va pas passer sa vie à Strasbourg, Mme de La Begassière va se remettre et nous n'allons pas permettre à ce vieux timbré de Ponant de jouer les coquettes pendant une éternité. Si nécessaire on ira chez lui... Donnons-nous un délai avant d'en appeler au comité d'honneur.

— Qui serait capable de nous laisser tomber ! dit lady Mendl. Si le malheur voulait que l'on ne retrouve pas le prince Morosini...

— Ne dites pas ça ! s'écria Marie-Angéline. C'est... c'est une idée que je ne peux pas supporter ! D'ailleurs... tous tant que vous êtes n'y croyez même pas ! Vous attendez tranquillement que l'on retrouve son cadavre ?

— Je ne vois pas ce que nous pourrions faire ? soupira Vernois.

— Aller chez le professeur et le passer à la question. Je suis sûre qu'il en sait beaucoup plus long que nous tous réunis sur « le Vengeur de la Reine » ! Et puis essayer de voir ce qui se passe au juste chez les Crawford !

— Nous n'avons aucune raison de forcer sa porte, fit remarquer Malden. Encore moins de demander un mandat de perquisition... que l'on ne nous donnerait pas !

— Ce serait pourtant instructif, émit la voix railleuse de Vidal-Pellicorne qui entrait en coup de vent, dépassant le serviteur qui n'eut pas le temps de l'annoncer. Mes excuses, mon général, de forcer ainsi votre porte mais je cherchais Mlle du Plan-Crépin et l'on m'a dit qu'elle était chez vous.

— Ne vous excusez pas ! Si vous avez des informations importantes...

— Je vous laisse en juger : on a retrouvé l'imprimeur qui a tiré le supplément d'invitations pour le jour de l'inauguration.

— Et c'est ?

— Le même qui avait imprimé les autres. Il a cru de bonne foi que vous aviez besoin d'un supplément et n'avait aucune raison de suspecter celle qui les lui commandait.

— Celle ? s'enquit Malden.

— Lady Crawford ! Elle a payé royalement et demandé le secret : sa version était que son époux comptait faire venir plusieurs personnalités inattendues comme par exemple les acteurs en costume du film *Le Collier de la Reine* et d'autres artistes... Qu'en dites-vous ?

— Qu'il faut prévenir immédiatement Lemercier. Vous avez raison, cher ami, le nœud de l'histoire est là...

Mais, de toute la journée, il fut impossible de mettre la main sur le policier. Aux demandes instantes du général et du diplomate, l'inspecteur Bon répondit que son chef avait reçu, en fin de matinée, un message à la suite duquel il s'était jeté sur son chapeau et était parti à vitesse grand V en clamant qu'il avait un rendez-vous et que l'on expédie sans lui les affaires courantes.

— Il avait sa tête des mauvais jours ! leur confia-t-il d'un air accablé...

— Parce qu'il y a des jours où il en a une autre ? lâcha Malden exaspéré. Et quand doit-il revenir ?

— Je n'en ai pas la moindre idée ! Si vous voulez bien m'excuser ?

Le téléphone, en effet, se mettait à sonner.

Quand Adalbert et Marie-Angéline pénétrèrent dans le hall de l'hôtel, le directeur et Michel Berthier convergèrent sur eux. Le premier avait à dire que, Mme la marquise de Sommières ayant eu un léger malaise, le médecin de l'hôtel avait été appelé et se trouvait auprès d'elle. Il n'eut pas le temps d'en dire davantage : Mlle du Plan-Crépin, dédaignant l'ascenseur, escaladait déjà l'escalier à une allure de courant d'air.

— C'est grave ? demanda Adalbert.

— Je ne pense pas. Il est là depuis une demi-heure et il n'a pas encore réclamé d'ambulance.

— Ça ne veut strictement rien dire ! Qu'y a-t-il ? demanda-t-il au journaliste qui se tenait en retrait.

— J'ai à vous parler !

— Un instant ! Je vais voir où en est Tante Amélie et on cause ! Allez m'attendre au bar !

Adalbert redescendit au bout d'un moment : le diagnostic n'était qu'à moitié rassurant : les nerfs de la vieille dame venaient de lui jouer un tour : elle leur avait trop demandé ces derniers temps.

— Un traitement léger, du repos, et surtout pas d'émotions ! avait recommandé l'homme de l'art, plongeant Marie-Angéline dans un abîme d'incertitudes.

— C'est que nous sommes justement fort inquiète d'un parent très cher. Que faire si les nouvelles sont mauvaises ?

— Les lui cacher le plus longtemps possible ! Et me rappeler ! Elle est âgée, vous le savez, ajouta-t-il avec un geste désabusé.

— Le rappeler ? Sûrement pas ! confia-t-elle à Pauline dont elle s'était enfin décidée à apprécier le présence tonique et rassurante. Je vais faire venir son vieil ami le professeur Dieulafoy. Il la connaît comme personne. D'ailleurs il nous connaît tous à fond. À commencer par Aldo qu'il a sorti d'un mauvais pas, pendant l'affaire de la « Régente » !

Naturellement Pauline voulut en savoir plus et Marie-Angéline entreprit de la satisfaire. Ce qui eut l'avantage de leur changer les idées à elles deux. Mme de Sommières s'endormait. Adalbert descendit rejoindre Berthier. Contrairement à son habitude, celui-ci n'était pas assis au bar mais à un guéridon où il buvait une tasse de café d'un air absent.

Adalbert fit signe au barman de lui apporter la même chose, s'assit et demanda :

— Alors ? Y a-t-il du nouveau chez Crawford ? Lemercier pense qu'il est parti. C'est fermé chez lui.

— Possible, mais je suis sûr qu'il est là.

Et Berthier raconta comment il avait réussi à franchir le seuil de cette maison si bien close... Il la surveillait depuis sa voiture arrêtée de façon qu'on ne la remarque pas, quand il avait vu arriver une femme portant deux cabas dont l'un laissait dépasser des feuilles de poireau. Elle les posa près du portail où se découpait une porte destinée à l'entrée des piétons et chercha sa clef. Aussitôt le journaliste courut vers elle afin de lui demander de l'eau pour le radiateur de sa voiture qui était en panne.

— Elle a hésité un moment en me dévisageant mais elle a fini par accepter de me laisser entrer dans la cour en disant qu'il y avait un robinet près du seuil de la cuisine. Pour la remercier je lui ai pris ses sacs, plutôt lourds d'ailleurs – après avoir coincé mon broc sous mon bras. Par conséquent, elle a été obligée de me laisser entrer avec elle. Il y avait là une petite bonne en train d'éplucher des pommes de terre et deux serviteurs hindous occupés à briquer l'argenterie dans l'office dont la porte était grande ouverte. Sur la table il y avait un gigot où la cuisinière introduisait des gousses d'ail. J'aurais aimé poser des questions mais je n'avais pas vraiment l'impression d'être le bienvenu. J'ai été remplir mon pot et je suis parti en remerciant chaleureusement... Je ne suis donc pas resté longtemps mais en prenant l'eau j'ai pu apercevoir l'avant d'une Rolls dans le garage entrouvert.

— Donc ils sont là ! conclut Adalbert.

— Oui, mais du dehors on ne s'en douterait pas. Dans la partie visible de la maison les volets sont fermés. J'ai tiré la porte d'entrée prêt à prétendre que j'avais dû laisser tomber un gant dans la cour mais on n'a pas répondu.

— Pas plus qu'on ne répond au téléphone. Qu'est-ce que ça signifie ?

— Que ces gens sont de moins en moins catholiques et qu'on y retourne !

— Pour quoi faire ?

— Examiner les alentours, voir s'il y aurait un moyen d'effectuer une brève visite. Nocturne évidemment ! Pourquoi me regardez-vous de la sorte ?

— Oh, pour rien !... Seulement, je n'imaginais pas un archéologue capable de jouer les monte-en-l'air ?

— Vraiment ? Mais c'est l'enfance de l'art ! On grimpe énormément, chez nous, ou alors on descend, on creuse, on fouille. Quant à ouvrir les portes les mieux fermées, nous sommes passés maîtres en la matière ! Allons-y maintenant ! On prend votre voiture : la mienne n'est pas suffisamment discrète.

On repartit pour Chèvreloup. On y était presque lorsque Berthier freina brusquement puis fit demi-tour :

— Quelque chose ne va pas ? demanda Adalbert.

— La femme là-bas, en noir avec une valise à la main ! C'est celle de tout à l'heure.

— Qui revenait du marché avec des poireaux ?

— Ouais ! Et elle semble avoir appris une mauvaise nouvelle. On dirait qu'elle pleure : j'ai failli ne pas la reconnaître.

Il la dépassa, stoppa et sauta à bas de sa voiture pour la rejoindre :

— Pardonnez-moi, madame, mais on dirait que vous avez des ennuis ! Vous me reconnaissez au moins ? s'inquiéta-t-il devant le regard éteint qu'elle posait sur lui.

— Bien sûr, je vous reconnais ! Laissez-moi tranquille ! Vous m'avez fait assez de mal !

— Moi je vous ai fait du mal en demandant de l'eau ? Comment est-ce possible ?

— Je vous ai laissé entrer dans la maison et c'est défendu ! Alors on m'a chassée... Et maintenant il me sera difficile de retrouver une aussi bonne place !

— Pas si bonne puisqu'on vous renvoie pour une broutille, intervint Adalbert qui les avait rejoints. On vous a payée, j'espère ?

— Oui, et même deux mois d'avance mais c'est dur : être jetée dehors de cette façon après des années de bons services... et par un blanc-bec encore ! Et sans voir Mylord !

— Un blanc-bec ?... Le secrétaire peut-être ?

— Exactement ! Oh, ce n'est pas qu'il soit désagréable mais c'est un Anglais ça dit tout !

— Venez avec nous, madame, dit Adalbert en la prenant par le bras. On va essayer de vous aider.

— Pourquoi le feriez-vous? fit-elle, l'œil redevenu méfiant.

Le journaliste lui offrit son plus beau sourire :

— C'est à cause de moi si vous en êtes là. Je voudrais essayer de réparer.

— J'vois pas comment?... Et lui qui c'est? demanda-t-elle en désignant Adalbert du menton.

— Un ami ! Montez ! Vous alliez où ?

— Prendre le train. Ma sœur habite Nantes. J'espère qu'elle me recevra.

— En attendant on vous emmène déjeuner, proposa Adalbert. Après on verra ce que l'on peut faire. Vous vous appelez ?

— Aurélie Dubois ! Mme veuve Dubois, précisa-t-elle dans un soudain souci de dignité.

On rentra dans Versailles et, place Notre-Dame, on alla s'installer dans un petit restaurant célèbre pour son lapin en gibelotte et ses moules marinières. Réchauffée par l'ambiance et quelques verres d'un excellent beaujolais, Mme veuve Dubois finit par se confier tout à fait. Depuis des années, elle et son époux Albert étaient les gardiens de la propriété. Et peu de mois plus tôt elle avait perdu son mari. De ce fait, elle avait dû quitter le pavillon de l'entrée pour intégrer la maison où Milady l'avait affectée à la lingerie et lui avait donné une chambre convenable. À ses moments perdus elle aidait à la cuisine et on l'envoyait volontiers au marché parce que les commerçants la connaissaient et qu'elle savait acheter « mieux que ces guignols à turban qui n'inspirent pas confiance et qui vous font manger n'importe quoi ».

— Et puis, l'autre soir, il y a eu un drame. Du moins j'crois. J'ai entendu qu'on se disputait. Milady était allée à Paris avec la petite voiture...

— Quelle couleur, la petite voiture ? questionna Adalbert sans paraître remarquer le regard ahuri d'Aurélie.

— En quoi ça vous intéresse ?

— J'écris une statistique sur les couleurs préférées des automobilistes, répondit Adalbert avec aplomb mais en évitant de regarder Berthier.

— Ah bon... Ben elle était rouge ! Rouge et noire et elle faisait un potin du diable !

— Très, très instructif ! Mais continuez, madame Dubois, ajouta-t-il en lui servant un nouveau verre.

— Où j'en étais ?

— Madame venait de rentrer de Paris et...

— ... et Milord l'a rejointe chez elle et ils se sont chamaillés. Comme c'était en anglais j'comprenais pas. Et ça a duré un moment. Enfin, Milord est ressorti... en enfermant sa femme à clef. Il a mis la clef dans sa poche et, le lendemain, il a prévenu la cuisine que Madame était malade... contagieuse même et qu'il se chargerait personnellement de lui porter ses repas...

— Malade ? Il a fait venir un médecin ?

— Jamais on n'en appelle. C'est son valet de chambre indien qui s'en occupe. Il sait soigner, paraît-il, mais il n'est pas monté chez Madame. Après Milord a fait fermer les volets, sauf ceux de son appartement et de celui de Madame, qui donnent sur le jardin et qu'on ne peut voir du dehors. Puis il a défendu de répondre à la porte et au téléphone. Il a dit qu'il fallait faire comme s'ils étaient partis pour n'être dérangés par qui que ce soit... sous peine de « sanctions ». Personne ne devait plus entrer jusqu'à nouvel ordre.

— Et le facteur?

— Il y a une grande boîte aux lettres dans le portail d'entrée. Personne! Je viens de vous le dire... Et voilà le résultat!

— On est sincèrement navrés! protesta Adalbert. Mais j'ai peut-être une solution...

Une heure plus tard, Mme veuve Dubois entrait au service de lady Mendl en principe en tant que lingère. Adalbert n'avait eu aucune peine à la faire engager après avoir mis Elsie au courant de ce qui se passait chez les Crawford. Curieuse comme un chat, celle-ci se promettait quelques passionnants bavardages avec Aurélie que d'ailleurs elle connaissait un peu.

— Et maintenant, que fait-on? demanda Berthier quand l'archéologue sortit de la Villa Trianon.

— On retourne chez Crawford pour examiner les lieux et chercher un moyen d'entrer cette nuit!

— Ça nous servira à quoi? Vous avez entendu Aurélie: on ne voit plus Crawford ni sa femme. C'est le secrétaire qui mène le train!

— Justement! Ce n'est pas naturel! Que l'Écossais ait posé des questions désagréables à Léonora qui l'a volé comme dans un bois, c'est normal. Qu'il l'enferme? On peut se poser la question, mais qu'il s'enferme lui aussi après avoir abdiqué ses pouvoirs entre les mains du jeune Baldwin, c'est louche. Alors moi je vais voir! Je ne vous oblige pas à me suivre!

Berthier se mit à rire:

— Pour m'en empêcher il faudrait me mettre KO et me boucler dans un placard après m'avoir ficelé comme un poulet...

Il était près de onze heures, ce soir-là, quand Berthier vint prendre Adalbert sous l'œil discrètement surpris du voiturier qui n'arrivait pas à comprendre la raison pour laquelle son client s'était emballé dans un imperméable boutonné jusqu'au cou par une belle nuit, douce, étoilée et totalement dépourvue de nuages. Il n'avait pas besoin de savoir que le vêtement cachait un étroit pantalon et un tricot de fin jersey, noirs, constituant la tenue d'été du parfait cambrioleur. Quand la voiture démarra il se contenta de soulever sa casquette galonnée en guise de salut...

En dépit de l'heure tardive il y avait encore du monde dehors. Essentiellement des piétons venus profiter d'une belle soirée et la voiture allait d'autant plus lentement que le trajet était court. Et soudain tout bascula dans l'effroi. La route de Saint-Germain s'effaça sous des torrents de fumée noire au-dessus desquels des langues de flammes rougissaient le ciel. Les deux hommes eurent à peine le temps de se demander ce qui se passait : la voiture des pompiers arrivait sur eux et les doublait en clamant des pin-pon... pin-pon... pin-pon frénétiques. Une autre suivit mais on n'alla pas beaucoup plus loin. Rapidement, le ruban d'asphalte fut barré devant la Citroën par un soldat du feu qui leur intimait l'ordre de faire demi-tour. Ce que Berthier exécuta instantanément pour s'arrêter bientôt sur l'herbe du bas-côté. Puis ils descendirent sans un mot, rendus muets par la même inquiétude. Le léger doute qui leur restait se dissipa : c'était effectivement la maison du capitaine des chasses royales qui brûlait...

L'incendie semblait couvrir un vaste espace comme s'il était parti de plusieurs endroits à la fois. Un groupe de promeneurs curieux s'assemblait déjà, contenu par des gendarmes arrivés peut-être avant les secours...

— Reculez ! reculez ! ne cessaient-ils de répéter, mais il était impossible d'avancer de toute façon. Les lances d'arrosage venaient d'entrer en action et la fumée se faisait de plus en plus dense. Cependant, Vidal-Pellicorne et Berthier restèrent là, les mains dans les poches et les pieds dans l'herbe mouillée. Durant des heures...

À peu près au même moment, Aldo, qui somnolait sur son lit, fut réveillé par le fracas des verrous que l'on ouvrait. Son gardien entra – toujours en cagoule ! –, vint droit à lui, lui remit les menottes et, pendant qu'il était penché sur lui, lui fourra une pilule dans la bouche...

— Qu'est-ce que...

— Chut !... Puis à haute voix : Venez !... Vous tenez debout ?

Avec plus d'aisance qu'il ne l'aurait cru, Aldo se leva. Depuis sa séquestration, il baignait généralement dans une atmosphère fluide, plutôt agréable, même si l'on s'en tenait au fait que les cauchemars des premiers jours avaient cessé. Il avala une gorgée d'eau pour faire passer la médecine qui s'était collée à sa gorge.

— Où allons-nous ? demanda-t-il mais évidemment on ne lui répondit pas.

Il pensait que l'on allait redescendre à la cave pour affronter de nouveau les fantômes noirs qui s'octroyaient le droit de le mettre en jugement. Ce ne fut pas le cas... On l'introduisit dans ce qui avait dû être une salle commune pourvue d'une longue table et de chaises de paille. Du feu était allumé dans le vieil âtre et, debout devant, un homme masqué y faisait brûler des papiers. Il y avait ici et là des sacs, même deux valises, et cela sentait le départ. Aldo n'eut pas le loisir de se demander ce que ces préparatifs signifiaient pour lui. On le lia sur une chaise et pendant cette opération on amena Caroline qui subit le même sort. Elle semblait ne rien comprendre à ce qui lui arrivait mais elle avait très peur : le regard qu'elle tourna vers Aldo était affolé :

— Que va-t-on faire de nous ?

— Je ne sais pas mais ce préambule n'est guère rassurant.

Il ne dura guère. On entendit, à l'extérieur, la voix de Sylvain Delaunay qui se rapprochait en donnant des ordres puis la porte s'ouvrit et il fut dans la pièce. Cette fois il ne portait pas sa défroque noire mais un costume de voyage en whipcord d'une coupe parfaite et quand il apparut dans la lumière tremblante des chandelles qui éclairaient la scène, Caroline s'écria :

— Sylvain ? Que signifie... ?

Avec un synchronisme parfait, Aldo lâchait :

— Comment ? C'est vous ?

Il venait en effet de reconnaître Frédéric Baldwin, le secrétaire de Quentin Crawford. Et n'en fut qu'à peine surpris :

— Je me doutais bien, jeta-t-il avec mépris, que l'Écossais n'avait pas les mains nettes et qu'il devait convoiter les joyaux de la Reine ! Ainsi c'est lui qui a tout manigancé, à commencer par cette exposition en forme de piège ! Je savais qu'entre collectionneurs on employait parfois des méthodes douteuses mais à ce point, jamais ! Votre patron a fait très fort !

Le jeune homme éclata de rire, d'un rire où retentissaient les trompettes du triomphe :

— Mon patron ? Vous plaisantez ? Ce brave homme n'a été qu'un instrument jusqu'à ce qu'il devienne ma victime, lui aussi.

— Votre victime ? Vous l'avez tué ?

— J'en suis convaincu. À cette heure, mon cher monsieur, Chèvreloup est la proie des flammes. J'ai personnellement arrosé d'essence tapis et tentures aux quatre coins de la maison ! Je serai surpris qu'il y ait des survivants.

— Vous avez osé faire une chose pareille ? gronda Aldo en écho au cri d'horreur de Caroline. Vous les avez tous condamnés à cette mort atroce ?

— Tous ? Non. Rassurez votre cœur sensible. Léonora est saine et sauve. Léonora, ma maîtresse ! Elle s'apprête à partir avec moi quand j'en aurai fini avec vous deux. Parce que, mon cher prince, nos relations s'arrêtent là. Il se trouve que je n'ai plus le temps de vous transformer en torchon et vous emmener avec nous serait trop risqué. Alors je vais vous offrir un aller simple pour l'enfer après vous avoir emprunté en passant quelques menus objets qui me seront fort utiles pour que l'on vous croie toujours en vie. Vas-y ! ordonna-t-il à l'homme qui se tenait auprès de lui.

Celui-ci s'avança et sans précautions arracha des doigts d'Aldo la sardoine gravée à ses armes qui ne l'avait jamais quitté et son alliance...

— J'ai pensé un instant vous amputer... d'un index... d'une oreille ? grinça Delaunay, mais leur mauvaise conservation les rendrait moins crédibles. Fouillez ses poches ! ordonna-t-il.

Il ne restait plus dans celles-ci que la loupe de joaillier et un mouchoir. Aldo tremblait de rage tandis qu'on le dépouillait ainsi mais contenait sa colère pour ne pas ajouter au plaisir de ce misérable qui était en train de jouer avec son étui à cigarettes et son briquet. Caroline, de son côté, suivait la scène d'un regard halluciné... Elle poussa un cri quand, après en avoir fini avec Aldo, l'homme lui arracha le jonc d'or qu'elle portait au poignet et son petit collier de perles...

— Là où vous allez, commenta Delaunay, vous n'aurez plus besoin de ces babioles. En outre, au cas improbable où l'on retrouverait vos cadavres ils seront plus difficiles à identifier...

— Mais enfin pourquoi elle ? s'insurgea Morosini. Je peux comprendre que vous vouliez me supprimer mais elle, elle n'a commis d'autre crime que vous aimer. Elle pensait au mariage...

— Je sais. J'ai fait ce qu'il fallait pour qu'il en soit ainsi. Quant à votre question : « Pourquoi elle ? », je répondrai... surtout elle ! Cela vous semblera peut-être difficile de le croire mais ce beau titre de « Vengeur de la Reine » dont je me suis paré n'était qu'un masque comme ceux dont je signais mes victimes. En réalité, j'avais juré l'extinction des porteurs du sang de l'infâme Léonard Autié ! C'est moi qui ai tué son grand-père. Je ne vous dirai pas comment : ce serait trop long...

— Ne perdez-vous pas un peu la tête ? Vous oubliez que vous en êtes un vous aussi ? Votre mère...

— ... n'était Autié que de nom. Sa mère à elle l'avait eue hors mariage d'un amant dont elle ne m'a pas révélé le nom. Ce qui comptait d'ailleurs c'était le sang paternel : ce Delaunay qui aurait dû s'écrire de Launay. Dès l'enfance, on m'a appris que je descendais d'un brave officier du général de Bouillé, assassiné par l'ignoble Léonard au lendemain de l'arrestation de la famille royale à Varennes, dans le but de lui reprendre les joyaux de la Reine qu'on lui avait donnés en garde ! C'est lui que poursuivait ma vengeance. La Reine – que je révère réellement comme certains élèves de ce digne Ponant-Saint-Germain qui m'ont rejoint dans mon action – m'a offert une occasion magnifique avec cette exposition que Léonora et moi avons pu convaincre Crawford de mettre sur pied. Mais ma chance a été ma rencontre avec elle à Nice.

— À Nice ? protesta Caroline. Je croyais que c'était à Monte-Carlo et qu'elle...

— ... m'avait sauvé du suicide ? C'est la version, ma chère, destinée à une jeune fille romantique. En réalité nous nous sommes rencontrés au casino de Nice et je suis devenu son amant. C'est elle qui sous le nom de Baldwin m'a introduit chez son époux ! Oui, je suis béni des dieux, ajouta-t-il avec orgueil, et je suis persuadé que l'âme de mon aïeul, Frédéric, sera définitivement apaisée dans quelques minutes...

— Si j'avais les mains libres j'applaudirais ! ironisa Morosini. Quelle histoire édifiante !... Le malheur, mon vieux, c'est que vous ne vengez rien ni personne et qu'à la limite vous avez tout à recommencer. Si l'on peut dire ! Léonard n'a jamais tué votre ancêtre : il s'est contenté de reprendre la cassette pendant que celui-ci se battait avec un autre soldat dans la nuit de Stenay !

— Quelle bêtise ! glapit Sylvain. Vous diriez n'importe quoi pour sauver votre vie et celle de cette dinde qui n'a jamais été fichue de retrouver la fameuse larme ! Dieu sait pourtant que je lui ai laissé assez de temps...

— C'est vrai, au fait ! Pourquoi ne l'avez-vous pas tuée plus tôt puisque c'est elle surtout que vous vouliez atteindre ?...

— Mais parce qu'elle m'était utile. Si elle était morte sans héritier, la maison aurait été vendue à je ne sais qui et je suis sûr qu'elle cache un secret.

— Ne l'avez-vous pas trouvé, ce secret ? Le journal de Léonard dissimulé derrière une plinthe. Malheureusement dans votre hâte vous n'avez pas fouillé à fond et il vous manque une page. La plus importante selon moi puisqu'elle innocente le coiffeur du meurtre de votre aïeul.

— Comment le savez-vous ?

— C'est moi qui l'ai. Vous voyez, vous n'avez plus aucune raison de tuer Mlle Autié... ni moi non plus d'ailleurs !

Si Morosini espérait quelque chose de sa révélation, il déchanta. La surprise peinte un instant sur le visage du jeune homme fit rapidement place à sa froide cruauté naturelle :

— Vous voulez rire ! fit-il avec un haussement d'épaules méprisant. Je dois au contraire me débarrasser de vous dans les meilleurs délais : vous laisser derrière moi serait la pire des sottises...

— Sylvain ! pria Caroline sortant de la torpeur accablée où la plongeait ce qu'elle venait d'entendre, je croyais que tu m'aimais ?

— Je l'ai cru, figure-toi ! Tu es une très jolie fille même si tu n'es pas très intelligente. Et cela m'a gêné. C'est pourquoi je t'ai envoyée en Italie auprès de ta marraine soi-disant malade. Avoue que tu as passé un bon moment avec elle ?

— C'est vrai : elle était si heureuse de me voir que je me suis attardée volontiers.

— Ce qui m'a laissé toute latitude pour réaliser mon idée de faire exposer à ton nom une fausse larme que Léonora avait fait copier sur la vraie. J'en ai profité aussi pour passer ta maison au peigne fin en simulant un cambriolage. À ton retour, tu as failli y rester mais cet imbécile richissime a fait son entrée et les données du jeu s'en sont trouvées modifiées : la récolte promettait d'être beaucoup plus juteuse. Et puis il ne manquait pas de jugeote : faire exhumer Florinde, j'avoue que je n'y aurais pas pensé. Sous quel prétexte d'ailleurs ?...

— Oh, je vous fais confiance, fit Aldo sarcastique. Vous auriez fini par trouver. À moins que vous n'ayez fait faire le travail par vos hommes ? Des anciens condisciples, si je vous ai compris...

— Oui, des fanatiques de la Reine ! Comme je le suis moi-même, ajouta-t-il vertueusement.

— Et se changer en truands, cela ne les gêne pas ?

— Au contraire ! Ils servent toujours la même cause...

— Et... le professeur ?

— Le vieux Ponant ? fit Sylvain en ricanant. Il se contente d'être immensément fier de disposer d'une garde rapprochée mais il ignore nos activités secrètes...

Le claquement rapide de hauts talons sur les dalles se fit entendre et Léonora apparut dans le faible cercle lumineux des chandelles. Visiblement mécontente.

— Que faites-vous là à ergoter, Frédéric ? Vous perdez du temps et c'est un luxe que nous n'avons pas les moyens de nous offrir !

— Mes hommages, lady Crawford ! ironisa Aldo. Et mes compliments pour l'habileté avec laquelle vous nous avez trompés. Je ne vous en aurais pas crue capable : ce sont vos... voix qui vous ont inspirée ? Marie-Antoinette aurait-elle finalement choisi de se ranger du côté des malfrats ? Vous me décevez...

Brusquement Léonora se mit à hurler :

— Taisez-vous !... Je vous défends d'en parler ! Vous... vous...

Ne trouvant rien d'autre à dire elle vira sur ses talons et s'enfuit. Son amant expliqua avec indulgence :

— Cela passera : elle a été fortement secouée l'autre soir. Elle avait tellement l'habitude de feindre la médiumnité pour Crawford qu'elle n'imaginait pas qu'un esprit pouvait réellement se manifester. C'est ce qui s'est passé. Maintenant il faut y aller !

— Un mot encore ! Cet esprit qui lui a fait si peur, était-ce réellement celui de la Reine ?

Le visage soudain fermé, le jeune bandit ne répondit qu'en donnant un ordre :

— Amenez les prisonniers ! Lady Léonora a raison : nous devons nous dépêcher !

Délivrés des liens qui les attachaient à leurs chaises, mais non de leurs menottes, Aldo et Caroline furent empoignés chacun par deux hommes et presque traînés dehors. Aldo affichait une dédaigneuse froideur, à l'inverse de Caroline qui pleurait terrifiée à l'idée de sa mort prochaine. À l'extérieur, l'obscurité était quasi totale, le repaire des sinistres « vengeurs » se trouvant en effet au milieu d'une forêt ou tout au moins d'un bois touffu. C'est à peine si, après quelques instants d'accoutumance, on pouvait distinguer un coin de ciel entre les cimes des arbres... Néanmoins les yeux aigus de Morosini aperçurent une grande voiture garée un peu à l'écart des bâtiments. Léonora avait dû y chercher refuge...

On s'engagea dans un étroit sentier. Tout en marchant, Aldo se mit à prier. Il savait n'avoir rien à attendre de ces fanatiques, même de celui qui avait montré à Caroline de la compassion née sans doute de l'admiration que lui inspirait sa beauté. Non sans douleur il pensait à ceux qu'il aimait et ne reverrait pas. Lisa d'abord, « sa Lisa » dont il ne savait plus rien, qui n'avait pas répondu à sa dernière lettre et qui devait dormir paisiblement dans sa chambre de jeune fille à Rudolfskrone auprès du berceau du petit Marco. Le pleurerait-elle quand on aurait perdu l'espoir de le retrouver? Ne fût-ce qu'un instant: le temps d'un dernier baiser, d'un dernier « je t'aime »? De toutes ses forces il repoussa ensuite l'image des jumeaux, Antonio et Amelia, parce que l'évocation de leurs frimousses pouvait le priver du courage avec lequel il voulait affronter une mort qu'il devinait cruelle. Rejetant aussi celle de Tante Amélie, d'Adalbert et de Plan-Crépin il s'efforça de s'absorber dans son appel silencieux à la clémence de Dieu.

Le chemin qu'éclairaient deux lampes de poche aboutit soudain à une clairière au milieu de laquelle quelques grosses pierres délimitaient une faille dans le sol, un trou noir vaguement caché par les broussailles. On amena les prisonniers au bord et l'odeur humide des entrailles de la terre emplit leurs narines. Cependant, les pinceaux lumineux se concentraient sur les futures victimes et leur bourreau. Un instant, Aldo caressa l'idée de fuir: courir les mains liées derrière le dos ne lui posait aucun problème mais il ne pouvait abandonner Caroline. Il était évident que la peur la terrassait et qu'elle ne réagirait pas. Elle n'était plus qu'une marionnette brisée aux mains d'un montreur impitoyable qui savourait visiblement sa victoire:

— Vous voilà chez vous, grinça-t-il en désignant le trou. Admirez ma bonté! Toi surtout, Caroline. Tu vas entreprendre le plus long des voyages de noces en compagnie de celui que tu aimes. Car il est évident que tu l'aimes...

— Vous trouvez ? le coupa Aldo, sarcastique. On pourrait se demander si elle est encore capable de ressentir une autre émotion que la terreur. Regardez-la ! Elle est inerte : un animal que l'on mène à l'abattoir !

— Vous avez raison ! fit l'autre un pli soucieux entre les sourcils. J'avoue qu'elle me déçoit ! J'attendais des pleurs, des supplications.

— Alors laissez-la vivre ! Je vous donne ma parole que vous n'avez aucune raison de la tuer étant donné que Léonard n'a pas assassiné votre ancêtre ! Vous allez partir. Sûrement très loin...

Dieu seul savait pourquoi mais Aldo cherchait à gagner du temps. Peut-être parce qu'il espérait une réaction courageuse de la part de celui qui avait montré de la compassion pour la jeune fille. Encore qu'il vît mal ce qu'il pourrait faire ? Même pas trancher ses liens d'un couteau libérateur, les menottes n'ouvrant qu'avec une clef qu'il ne possédait sans doute pas.

— Oui. Loin, répondit Sylvain sur le ton mondain d'une conversation de salon. Hors frontières, sans nul doute !

— Alors que vous importe ? Elle est peut-être en train de perdre la raison. Faites-lui grâce et contentez-vous de moi !

— C'est beau, la chevalerie ! Seulement, mon bon monsieur, vous me faites perdre mon temps. Il faut que la cérémonie commence ! Voyons lequel de vous deux va sauter le premier ? La galanterie voudrait que la préséance soit donnée à la dame sauf lorsqu'il s'agit d'ouvrir devant elle un chemin difficile. Ce qui est le cas ! Ce trou est très profond mais votre corps peut amortir sa chute ! Une belle consolation pour le galant homme que vous êtes ? Il est vrai que son agonie n'en sera que plus longue... Alors, allez-y rondement !... Ou doit-on vous...

Le coup de feu lui coupa la parole. Atteint en plein front il s'écroula entre ses deux victimes. Simultanément, une voix ordonnait :

— Couchez-vous, Morosini ! Elle aussi !

Ce qu'il fit. Quant à Caroline il n'eut pas besoin de la bousculer : parvenue au bout de l'épouvante, elle venait de s'évanouir. Simultanément, la lumière blanche d'un phare puissant illumina ce qui n'avait pas réussi à être la scène d'un crime. Des gendarmes et des policiers en uniforme surgissaient, fonçaient afin de capturer les hommes de Delaunay qui tentaient de fuir.

— Ils ont une voiture près des bâtiments, hurla Aldo. Lady Crawford est dedans...

Un bruit de moteur lui répondit. Léonora allait faire de son mieux pour s'échapper.

— ... ira pas bien loin !

En même temps, une main secourable aidait Aldo à se relever, ce qui n'était pas si facile, les mains attachées dans le dos.

— Pas trop de mal ? demanda le colonel Karloff en soufflant sur le canon de son pistolet.

Le regard éberlué d'Aldo alla de l'arme au corps inerte du malfaiteur :

— C'est vous qui... ?

— Joli coup, hein ? Faut dire que j'étais l'un des meilleurs tireurs des armées du tsar. Ça fait plaisir de voir que je n'ai pas perdu la main...

Morosini tenta d'exprimer son sentiment. Mais le commissaire Lemercier surgissait en apostrophant le Russe :

— Pas un peu fou, non ? Et mes ordres, alors ? Vous deviez les attendre. Vous ne vous rendez pas compte que vous auriez pu les tuer tous les trois ?

— Le temps pressait et je savais ce que je faisais ! C'est agaçant à la fin, commissaire, cette manie que vous avez de toujours vouloir commander !

Abasourdi, Aldo les écoutait se disputer en se demandant s'il n'était pas encore aux prises avec les rêves délirants de la drogue.

— Quand vous aurez fini, gronda-t-il, il y en aura peut-être un qui consentira à m'enlever ces menottes ? Elles me scient les poignets !

Lemercier s'en chargea avant de rendre le même service à Caroline qu'un gendarme était en train d'examiner. Il avait pris la main blessée de la jeune fille et désignait le pansement :

— Vous avez vu ?

— Pauvre petite fille ! Elle en aura subi plus que son content ! Portez-la dans une voiture et conduisez-la à l'hôpital... J'irai après.

Cependant, assis sur une pierre, Aldo acceptait avec joie la cigarette que lui offrait Karloff :

— Si vous me disiez comment vous en êtes arrivé là ? Je vous croyais amnésique ?

— Je ne l'ai jamais été. Ce n'est pas si facile à simuler, surtout auprès de ceux que l'on aime, mais je dois admettre que mon chirurgien m'a aidé. Quand je me suis réveillé après l'opération, j'ai entendu quelqu'un demander si j'allais garder des séquelles, genre amnésie, et j'ai pensé que ce serait la meilleure façon de protéger les miens. Ces salopards m'ont cru mourant quand ils m'ont jeté dans une rue de Versailles. S'ils apprenaient que je survivais, ils achèveraient leur œuvre et en supprimant aussi les miens pour faire bonne mesure. Ça me faisait drôle de ne pas pouvoir vous reconnaître mais j'y étais obligé parce que je voulais mener ma petite enquête. Quand on m'a enlevé près de la grille du Dragon alors que j'allais suivre le gamin porteur du message, on m'a bandé les yeux et bâillonné mais il y avait une simple déchirure qui m'a permis d'observer certains détails.

Revenu à la maison, je les ai mis bout à bout mais il y avait des manques. Je me suis confié à ma femme qui a joué le jeu à merveille : surtout vis-à-vis de Marfa qui aurait empli le quartier d'actions de grâces tonitruantes. Elle a posté discrètement une lettre pour mon ami Panine qui tient un garage à Courbevoie. Il est venu me voir et lui aussi il a joué le jeu : il venait chercher dans une voiture le pauvre infirme que j'étais pour lui faire prendre l'air. Je dois dire qu'on a mis un certain temps à retrouver la vieille bâtisse à moitié ruinée enfouie au plus épais de la forêt de Marly. Je n'étais pas encore sûr de mon fait quand j'ai appris qu'on vous avait enlevé depuis un moment déjà. Alors j'ai pris mon courage à deux mains : on n'avait plus de temps à perdre. J'ai envoyé un mot, non signé, au commissaire Lemercier en lui donnant rendez-vous dans un coin du parc.

— Il a dû avoir un choc en vous voyant ?

— Vous pouvez le dire. Mais il a vite compris et on s'est mis d'accord pour tenter un coup de filet demain soir...

— Alors, par quel miracle êtes-vous ici cette nuit ?

— Quand on a vu brûler la maison de Crawford, Lemercier a compris qu'il y avait urgence. Il a rassemblé son monde et nous voilà !

— L'extraordinaire, c'est que vous ayez réussi à vous entendre avec lui ! Cela tient du prodige !

— Pas tant que ça ! Il a un foutu caractère mais il est beaucoup plus intelligent qu'on ne le croit. Je me demande même s'il ne le fait pas exprès...

— En tout cas, soupira Aldo, je n'aurais jamais pensé être aussi heureux de le voir...

Le retour au Trianon Palace fut ce qu'il devait être, une explosion de joie, une sorte de triomphe auquel participèrent les clients de l'hôtel. Cette nuit-là personne ne dormit. La totalité de la bande des « Vengeurs » – sauf ceux qui avaient été abattus pendant la brève et inégale bataille contre les forces de l'ordre – était sous les verrous. Y compris Léonora. Il avait fallu tout de même trois hommes pour la maîtriser quand le commissaire s'empara de sa mallette à bijoux...

On s'attarda chez Mme de Sommières avec Pauline, Karloff mais aussi Adalbert que l'on avait rencontré sur la route du retour avec le journaliste, vexés tous deux de ne pas avoir participé à l'assaut final ! Caroline, épuisée et très choquée, avait été transportée à l'hôpital. Aldo promit de s'y rendre le lendemain aux fins d'examens. Son expérience forcée de la drogue le laissait légèrement flottant mais se dissiperait sans doute assez rapidement.

Michel Berthier, lui, avait tenu à rejoindre l'ambulance qui emportait Caroline, bien qu'Aldo eût essayé de l'en empêcher :

— C'est inutile. Ils vont la faire dormir et vous ne pourrez pas la voir.

— Peut-être mais j'ai besoin de savoir comment elle va sortir de ce cauchemar...

— Bel exemple de conscience professionnelle ! ironisa Aldo à qui le visage crispé du reporter parlait un tout autre langage...

— Ça n'a rien à voir avec le boulot ! Vous rendez-vous compte de ce qu'elle a perdu ? Même sa possibilité de travailler ? Lui couper un doigt ! Le salaud !

— Il lui en reste encore neuf... et aussi quelques bons amis !

— Vous pouvez en être sûr ! Moi, j'entends veiller sur elle...

Aldo le regarda s'engouffrer dans sa voiture et démarrer sur les chapeaux de roues :

— Espérons qu'elle saura t'en remercier ? fit-il en allumant sa dernière cigarette...

Le lendemain, Pauline pensa qu'il était temps de rentrer à Paris. Elle n'avait plus rien à faire à Versailles et Gilles Vauxbrun qui la réclamait à cor et à cri promit de venir la chercher en fin d'après-midi ainsi qu'elle le lui avait demandé.

— Auparavant, confia-t-elle à Mme de Sommières, je voudrais visiter la maison de Mlle Autié. On m'a dit qu'il s'y trouvait des sculptures d'une certaine qualité et si elle acceptait de me les vendre ce pourrait être pour elle une source de revenus ?

— Surtout si on acceptait de les surpayer ? Ce qui ménagerait sa dignité puisque nous craignons qu'elle ne refuse une aide financière, sourit Aldo avec un clin d'œil à Marie-Angéline. Cela vous ressemble bien, Pauline. Quant à la maison, Adalbert va vous en ouvrir les portes comme un ange !

Après le déjeuner, Lucien et la vieille Panhard emmenèrent Pauline, Aldo, Adalbert et Marie-Angéline. Il faisait un temps splendide et la vieille maison, entourée de son jardin pratiquement inculte où les fleurs poussaient n'importe comment, séduisit Mrs Belmont :

— Des réparations me paraissent nécessaires, dit-elle après l'avoir visitée, mais c'est charmant. Il devrait être possible d'y vivre heureux ?

— Le malheur est qu'un mauvais esprit l'habite et fait tous ses efforts pour en chasser sa jeune propriétaire...

— Ce problème, fit Marie-Angéline, j'en ai fait mon affaire. M. le curé de Notre-Dame m'a promis de voir l'évêque. Avec les témoignages que nous apporterons, l'exorcisme ne tardera pas...

— À merveille ! Maintenant, si vous nous montriez l'atelier, Aldo !

Elle lui prit le bras d'autorité et les narines de Plan-Crépin frémirent d'indignation. Depuis le retour de son cousin, ses préventions contre la belle Américaine étaient revenues en masse. Elle prit son élan pour les rattraper. Adalbert la retint :

— Aldo repart bientôt. Laissez-le-lui deux minutes. Le comportement de Mrs Belmont a été exemplaire depuis qu'il est rentré !

— Vous oseriez le dire à Lisa ?

— Certes non, et dans cette affaire je ne lui donne pas raison. Elle devrait être présente...

— Ne me dites pas que vous passez à l'ennemi? Moi, je vais voir!

Et, assurant son canotier orné de cerises, elle courut les rattraper. Adalbert suivit avec un soupir.

Quand elle les rejoignit, ils étaient déjà séparés. Pauline, au seuil, avait marqué une pause en reniflant l'air ambiant:

— Quelle atmosphère!... Tout vient de là, n'en doutez pas!

— Vous versez dans le spiritisme? fit Aldo en riant.

— Oh, c'est très à la mode, chez nous! Mais ne me parlez pas! Laissez-moi regarder sans m'interrompre!

À pas lents, elle fit le tour de l'atelier en examinant chaque pièce avec le soin d'un commissaire-priseur. De temps en temps on entendait:

— Pas mal!... J'aime moins... en revanche ceci...

Finalement, elle rejoignit Aldo qui s'était planté devant le buste de la dame au pendentif et sa plantation de cierges éteints:

— Qu'est-ce que c'est? On dirait une idole païenne!

— C'en est une! Celle du grand-père!

— Quelle horreur! Comment cette jeune fille a-t-elle pu vivre à côté de ce monstre?

— Elle n'avait pas le choix. Si elle voulait garder la maison, elle devait la laisser intacte. Et voilà le fameux « pendentif » qui était, en réalité, un pendant d'oreille de Marie-Antoinette.

Pauline fronça les sourcils et plissa le nez:

— Cela ne manque pas d'une certaine beauté barbare mais c'est de là que vient tout le mal! Cette... cette chose est pétrie... de... de maléfices.

Tirant de son sac une paire de lunettes, elle les mit pour mieux détailler la sculpture. Elle semblait si concentrée que l'on aurait entendu une mouche voler. Aldo ouvrit la bouche pour émettre une opinion mais Marie-Angéline qui l'observait la lui fit refermer d'un geste.

Soudain Pauline vira sur ses talons, cherchant des yeux quelque chose.

— Vous voulez..., commença Aldo.

— Les outils ? Où sont-ils ?

Sans attendre la réponse, elle fila vers une étagère fixée à l'un des murs, y choisit un burin, un maillet de bois puis revint et grimpa sur la marche du socle, le visage tellement tendu que plus personne n'osait souffler mot ni faire le moindre geste quand, avec décision, elle porta le fer contre le pendentif. Ensuite elle se mit à taper dessus avec la vigueur nécessaire à un bon sculpteur. Et brusquement le motif de pierre céda, tomba à terre. Aussitôt l'iconoclaste lâcha son matériel, s'agenouilla pour ramasser les débris.

— Regardez ! dit-elle. J'avais remarqué que ce machin n'avait pas été pris dans la masse mais rapporté.

Les trois têtes se penchèrent en même temps : l'intérieur du pendentif était creux. Il contenait un morceau de coton que Pauline déballa :

— Et voilà ! dit-elle avec satisfaction en faisant miroiter sur sa paume la larme de Marie-Antoinette. Je pense qu'avec cette babiole et sa pareille, l'avenir de Caroline pourrait s'éclaircir...

ÉPILOGUE

La place Vendôme connaissait ce soir-là un surcroît d'animation.

Éclairé par des projecteurs, le vaste magasin d'antiquités de Gilles Vauxbrun brillait des mille feux de ses lustres et de ses candélabres à cristaux. Un tapis rouge barrait le trottoir entre la chaussée et le seuil surmonté d'un dais blanc et flanqué de deux ifs taillés en pointe dans des caisses dorées. Les limousines laquées de noir se succédaient déversant le *nec plus ultra* du Tout-Paris venu assister au vernissage d'une exposition attendue avec curiosité : celle des œuvres de Pauline Belmont.

Il ne s'agissait pas d'une foule mais de personnalités triées sur le volet. La foule, elle, était dehors, maintenue par des barrières métalliques et un important service d'ordre. On citait des noms au passage, on détaillait les robes du soir, les bijoux. Les flashes de la presse jetaient des éclairs. Parfois des applaudissements crépitaient cependant qu'à l'intérieur critiques d'art, diplomates, vedettes de cinéma et gens du monde se dispersaient autour des blanches sculptures présentées sur des socles de marbre noir au milieu des magnifiques tapisseries anciennes dont les murs étaient recouverts. La colonie américaine, ambassadeur en tête, était largement représentée ainsi que la politique et le faubourg Saint-Germain. Le Comité de « Magie d'une reine » était présent au complet, ou presque. Manquaient évidemment les Crawford – on avait retrouvé les restes de lord Quentin dans sa maison incendiée et Léonora était en prison. Manquait aussi le professeur Ponant-Saint-Germain qui avait frôlé de peu l'apoplexie quand la police lui avait appris le rôle joué par ses chers « jeunes gens » mais il s'en remettrait. Après une interruption relativement courte, l'exposition de Trianon – au complet cette fois ! – avait renoué avec le succès et se prolongerait jusqu'au 14 juillet.

Aux côtés de l'artiste dont l'œuvre aux lignes pures, proches de l'art cycladique, déroutait tout en s'imposant par sa beauté pure, Vauxbrun éclatait d'orgueil. Cette soirée était son triomphe, presque égal à celui de Pauline et il ne cachait pas la joie qu'il en tirait tandis qu'il recevait, saluait et présentait.

À quelques pas, lady Mendl commentait les arrivées et Aldo, une cigarette aux doigts, regardait Pauline. Savamment drapée par Grès d'un crêpe neigeux, des diamants aux oreilles, aux bras et dans les cheveux, elle ressemblait à une déesse grecque descendue de l'Olympe passée par la rue de la Paix et accaparait la lumière... En la voyant sourire à tous ces gens, leur répondre, offrir sa main à des lèvres inconnues et parfois sa joue, Morosini avait l'impression qu'une distance était en train de s'établir entre eux qui, demain, s'étirerait peut-être à l'infini. Pour lui, c'était son dernier jour avant son retour à Venise et, en dépit de la présence cordiale d'Elsie Mendl et de son humour, il se sentait seul. Tante Amélie qui se préparait à partir pour sa cure à Vichy avait décliné l'invitation – trop fatigant pour son âge ! Plan-Crépin était restée auprès d'elle. Quant à Adalbert, il devait voltiger dans l'assistance auprès des plus jolies femmes.

Soudain, il eut l'impression que quelque chose se passait. Le bruit des conversations s'apaisait ; tous les regards se dirigeaient vers l'entrée ; Elsie articula un « oh ! » admiratif. Gilles se figea, murmura un mot à l'oreille de Pauline et se précipita à la rencontre de celle qui venait d'entrer et se tenait debout, au seuil, comme une reine contemplant sa cour. Sa tête couronnée d'or fauve, ses belles épaules et ses mains émergeant seules d'une fantastique robe à traîne de chantilly noire qui faisait chanter sa peau, sans un bijou autre que la grosse émeraude de son annulaire, l'apparition jouait négligemment d'un grand éventail de même dentelle que sa robe. Des chuchotements admiratifs couraient. Lady Mendl murmura :

— Dieu, qu'elle est belle ! Qui est-ce ?

— Ma femme ! Voulez-vous m'excuser un instant ?

Avant même que Vauxbrun l'eût rejointe, Aldo était près d'elle.

— Sacrée Lisa ! pensait-il amusé. Pour une entrée, c'est une entrée !

Luttant contre l'envie de l'étreindre devant cette assemblée, il se contenta de prendre sa main pour en baiser la paume dans un geste tendre qui lui était familier.

— Enfin toi ! exhala-t-il. Tu viens me chercher ?

Elle lui dédia un sourire impertinent :

— Ma foi non ! La Grande Semaine de Paris commence et je viens seulement passer quelques jours. J'ai laissé les enfants chez Grand-Mère.

— Tous ?

— Ne dirait-on pas que nous en avons une ribambelle ? fit-elle en riant. Oui tous... sauf un : toi ! On ne peut pas te laisser seul cinq minutes sans que tu déchaînes des cyclones. Cela dit, rentre si tu veux : moi je veux m'amuser ! Et puis écarte-toi, s'il te plaît, que je puisse embrasser Gilles. Pardonnez-moi d'arriver à l'improviste, cher ami, ajouta-t-elle en se tournant vers l'antiquaire, mais j'avais envie de vous revoir et, surtout, je tenais à faire la connaissance de Mrs Belmont. Il en est temps, je crois, conclut-elle avec un sourire moqueur à l'adresse de son époux.

Au bras de Vauxbrun, elle s'avança vers Pauline.

— Doux Jésus ! souffla Adalbert qui se matérialisait au côté de son ami. Je me demande s'il ne va pas y avoir des étincelles ? Quand un diamant en rencontre un autre...

— Tu confonds avec le silex, mon bon, et ce sont de nobles dames.

En dépit de son assurance il n'était pas tranquille. Les deux femmes, le sourire aux lèvres, échangeaient des paroles qu'il n'entendait pas. Et, soudain, il eut la surprise de les voir s'embrasser.

— Ça alors ! lâcha Adalbert. Décidément, j'ai de plus en plus de mal à connaître le sexe qu'on dit faible !

— Ce qui veut dire que tu commences à vieillir... que nous commençons à vieillir, corrigea Aldo avec une grimace. Parce que si tu veux le fond de ma pensée, je suis exactement comme toi...

Et il se hâta d'allumer une autre cigarette...

Saint-Mandé, décembre 2005

TABLE

Première partie

LES CADAVRES DE VERSAILLES

Prologue 9

I. « Magie d'une reine ». 15
II. Où l'on retrouve un vieil ami 46
III. Une nuit agitée 80
IV. Du cimetière Notre-Dame au bassin du Dragon. 116
V. Un appel au secours 156
VI. La maison « visitée » 187
VII. Une lettre de Buenos Aires. 222

Deuxième partie

VENGEANCE... MAIS POUR QUI ?

VIII. Revoir Pauline 257
IX. Où l'on en apprend un peu plus 292
X. Le médium. 321
XI. Le rendez-vous. 355
XII. De mal en pis 386
XIII. Un aller simple vers l'enfer 418

Épilogue 449

Achevé d'imprimer par N.I.I.A.G.
en décembre 2006
pour le compte de France Loisirs, Paris

N° d'éditeur : 47492
Dépôt légal : Janvier 2007
Imprimé en Italie